"复旦大学中国周边外交研究丛书"系
复旦大学中国与周边国家关系研究中心、
国家领土主权与海洋权益协同创新中心研究项目

Fudan University Series on China's Neighboring Diplomacy Studies
are the research projects supported by
the Center for China's Relations with Neighboring Countries(CCRNC)
at Fudan University and the Collaborative Innovation Center of
Territorial Sovereignty and Maritime Rights (CICTSMR) .

《冷战后中国周边地区政策的动力机制研究》
由复旦大学中国与周边国家关系研究中心和外交学院中央高校
基本科研业务费专项资金资助出版。
特此致谢!

The publication of
The Dynamics and Mechanism of China's Regional Policy after the Cold War
was made possible through a generous grant from
the Center for China's Relations with Neighboring Countries (CCRNC)
at Fudan University andthe Fundamental Research Funds for
the Central Universities at China Foreign Affairs University.

复旦大学中国周边外交研究丛书
Fudan University series on China's Neighboring Diplomacy Studies

丛书主编
石源华　祁怀高

冷战后中国周边地区
政策的动力机制研究

The Dynamics and Mechanism of China's Regional
Policy after the Cold War

吴琳　著

中华书局

图书在版编目(CIP)数据

冷战后中国周边地区政策的动力机制研究/吴琳著. —北京：中华书局,2016.6
(复旦大学中国周边外交研究丛书)
ISBN 978-7-101-11851-3

Ⅰ.冷…　Ⅱ.吴…　Ⅲ.对外政策-研究-中国　Ⅳ.D820

中国版本图书馆 CIP 数据核字(2016)第 102734 号

书　　　名	冷战后中国周边地区政策的动力机制研究
著　　　者	吴　琳
丛 书 名	复旦大学中国周边外交研究丛书
责任编辑	张荣国
出版发行	中华书局
	(北京市丰台区太平桥西里 38 号　100073)
	http://www.zhbc.com.cn
	E-mail:zhbc@zhbc.com.cn
印　　　刷	北京瑞古冠中印刷厂
版　　　次	2016 年 6 月北京第 1 版
	2016 年 6 月北京第 1 次印刷
规　　　格	开本/710×1000 毫米　1/16
	印张 17¾　插页 2　字数 250 千字
国际书号	ISBN 978-7-101-11851-3
定　　　价	58.00 元

丛书总序

周边地区是 21 世纪中国和平发展的"首要"地区,周边外交在中国国家外交布局中处于"首要"地位。21 世纪第二个十年以来,中国的周边环境面临着严峻挑战。挑战既来自外部大国尤其是美国对中国周边事务的干预力度加大,也来自周边部分邻国对中国快速崛起产生的疑惧和担忧。为此,必须正视中国周边地区进入动荡升温期和矛盾多发期的现实。

2013 年 10 月,中央召开"周边外交工作座谈会",既表明中国政府对周边外交的重视,也突显周边在中国发展大局和外交全局中的重要地位。中国国家主席习近平在座谈会上指出,做好周边外交工作,是实现"两个一百年"奋斗目标、实现中华民族伟大复兴的中国梦的需要,提出要更加奋发有为地推进周边外交,为我国发展争取良好的周边环境,使我国发展更多惠及周边国家,实现共同发展。

在中国周边安全环境面临严峻挑战和中国政府日益重视周边外交的背景下,中国周边外交亟需在总结历史经验和教训的基础上,用立体、多元、跨越时空的视角思考如何开展周边外交。中国学术界亟需对未来 5-10 年中国周边外交工作的战略目标、基本方针、总体布局进行深入研究和顶层设计。

2012 年 9 月,根据教育部"2011 计划"关于"国家急需、世界一流、制度先进、贡献重大"的精神,在中央海权办、外交部、国家海洋局、水利部、国家测绘地理信息局的直接支持下,由武汉大学牵头,联合复旦大学、中国政法大学、外交学院、郑州大学、中国社会科学院中国边疆研究所、水利部国际经济技术合作交流中心、国家海洋局海洋发展战略研究所等协同单位,共同组建了"国家领土主权与海洋权益协同创新中心"。2014 年 10 月,"国家领土主权与海洋权益协同创新中心"被认定为 2014 年度

"2011 协同创新中心"。

2013 年 10 月,根据"国家领土主权与海洋权益协同创新中心"的分工,复旦大学在既有中国与周边国家关系研究的深厚基础上,整合队伍,成立了"复旦大学中国与周边国家关系研究中心",对接"国家领土主权与海洋权益协同创新中心"的培育和建设。"复旦大学中国周边外交研究丛书"(以下简称"丛书")应运而生。

"丛书"首批计划出版 5 部著作,包括:《中国崛起背景下的周边安全与周边外交》(已于 2014 年 7 月出版)、《冷战后中国周边地区政策的动力机制研究》、《转型期日本的对华认知与对华政策》、《中国周边外交十四讲》、《近代中国周边外交史论》(增订再版)。在此基础上,"丛书"计划未来每年出版 1-2 本著作。涵盖的领域将包括:新中国领导人治理疆域问题思想研究、中国周边外交的文化因素研究、中国周边外交的经济因素研究、中国与周边国家争端与利益共同体建设研究、中国对周边国家的公共外交研究、中国在周边国家的话语权提升研究、中国在周边的国际形象塑造研究、中国周边外交与地区公共产品提供研究、中国周边外交与地区合作组织研究、宗教问题与中国周边外交、民族问题与周边外交等。

"丛书"出版的主旨在于对中国周边外交进行原创性、理论性、前沿性、战略性、实践性的研究。回顾总结近代以来中国周边外交的历史经验,客观认识新时期中国周边外交的战略机遇期;科学评估中国迅速崛起后的中国周边环境局势,准确定位中国周边外交的战略取向;系统梳理中国周边众多结构性矛盾,按照中国的战略取向排列这些矛盾的轻重缓急;全面研判外部大国(尤其是美国)介入中国周边对我国阶段性正负面影响,努力建设中美在中国周边"兼容共处"的新型大国关系;理性认识中国与部分邻国的领土领海争端,找到双方都能接受的解决途径等。"丛书"在研究方法上将超越一般政策分析的方法,注重对于中国周边外交的学理性分析,不断提出新概念、新理念、新观点、新战略,使"丛书"的成果更加科学化和理性化,为中国周边外交建设作出务实的贡献。

"丛书"的出版是复旦大学中国与周边国家关系研究中心的主要工作之一,也将是"国家领土主权与海洋权益协同创新中心"的重要成果之一。我们希望这套"丛书"的出版能为新时期中国更好地开展周边外交做出学术界应有的理论贡献;也希望通过这套"丛书"的出版,凝聚一支从事中国周边外交研究的学术队伍,更期待在中国外交学术界形成复旦特色的中国周边外交研究学派。

复旦大学中国与周边国家关系研究中心
暨国家领土主权与海洋权益协同创新中心
石源华　祁怀高
2016 年 3 月

目　录

导　论

第一节　选题理由及意义

对于一个国家来说,地缘政治环境是影响其对外政策的基础性和首要性因素。中国位于亚欧大陆东部、太平洋西岸,是一个兼具陆地边界和海洋边界的国家。中国与 14 个国家陆地接壤,与 8 个国家海上相邻。这一地缘位置决定了其周边①安全形势非常复杂,地缘环境非常脆弱,极易受到周边国家的影响。同时,中国幅员辽阔,是亚洲最大的国家,这一疆土特点决定了维护国内政权稳定是它生存和发展的立命之本。这种内向型的发展模式奠定了中国外交政策的基调,即外交为国内政权稳定和经济社会发展服务,维护"周边"稳定是中国外交政策的重中之重。因此,中国历来为了保障庞大国家的稳定,尤为关注自身的边界安全,注重加强与邻国的友好关系。然而,近代以来,中国遭受西方殖民者的侵略和压迫,争取民族独立成了国家的首要甚至是惟一任务。认识西方、处理与西方的关系成为中华民族的重大课题,影响了中国一个多世纪的内政外交思维。改革开放后确立了以经济建设为中心的战略方针,中国开始用全面发展与各大国的关系和稳定周边安全环境"两条腿走路"。稳定周边

---

① 牛大勇和沈志华认为,所谓"周边"不仅是指在陆上或海上同中国相邻的国家和地区,而且还包括相对而言处于中国边缘的区域。一些对中国的国家安全和外交战略有重大影响的国家和地区,也是不可忽视的。这其实是一种"大周边"的看法。见牛大勇、沈志华主编:《冷战与中国的周边关系》,北京:世界知识出版社 2004 年版,第 5 页。本书所指的"周边"是传统意义上的、以中国为圆心的、紧密环绕中国的区域,按四个方位大致分为四个区块,分别是东南亚、南亚、中亚和东北亚。本书所指的"周边地区政策"也是指中国对这四个区块的政策。

安全环境能够增加中国大国外交的砝码,有利于大国关系的稳步发展;而发展与大国的关系,对于稳定周边安全环境至关重要,两者相辅相成,缺一不可。

冷战结束后,以经济实力为基础的综合国力的竞争更趋激烈。各国普遍将战略重点转向发展经济,经济优先已是一种世界潮流。经济利益成为各国制定对外政策的基本出发点。① 为了推动国内经济建设的快速发展,中国需要与东亚"四小龙"等经济发达国家和地区开展经济合作,因此政治关系的建立成为冷战结束之初中国首先要解决的问题。这时的"周边"更多时候是指"周边国家",是双边关系的集合。1998 年亚洲金融危机平息以后,中国逐渐意识到区域公共问题的普遍性和严峻性;而中国真正开始把"周边"看作一个区域,把自己看成这个区域中的一个重要角色,是进入新世纪以后的事了。2002 年中共十六大报告明确指出"加强睦邻友好,坚持与邻为善、以邻为伴,加强区域合作",将区域合作放在与睦邻外交同等重要的地位。2003 年温家宝总理提出的"睦邻、安邻、富邻"则体现出中国的战略意图,即塑造有利于整个区域持续发展和稳定和谐的安全环境。只有立足于周边,中国才能实现其"有限的全球利益"。②

长期以来,中国确立了"大国是关键,周边是首要,发展中国家是基础,多边是舞台"的外交布局,形成了面向周边的全方位对外开放,即从东南沿海方向面向以亚太地区为主的对外开放、从西北方向面向以中亚地区和俄罗斯为主的对外开放、从东北方向面向以东北亚地区为主的对外开放,以及从西南方向面向南亚地区的对外开放。③ 随着中国与周边四个区块(即东南亚、中亚、东北亚、南亚)相互依赖程度的加深,其周边利益的内涵不断丰富,利益边界得以拓展;在与地区的互动过程中,中国逐渐融入地区体系,不仅通过不断增强的国家物质实力对地区产生影响,

---

① 中华人民共和国外交部政策研究室编:《中国外交》,北京:世界知识出版社 1995 年版,第 3—4 页。

② Wu Xinbo, "Four Contradictions Constraining China's Foreign Policy Behavior," *Journal of Contemporary China*. 2001(27), p.294.

③ 任佳:《加强与南亚国家的合作构筑西南和谐周边》,载《中国社会科学报》2010 年 6 月 10 日,第 14 版。

而且越来越多地输出观念和参与或创建多边机制；与此同时，方兴未艾的地区多边合作也有助于培育地区认同，塑造地区秩序，使得地区逐渐成为国际交往的重要依托。那么，冷战后中国周边地区政策框架是否成型？如果成型，周边地区政策框架该如何界定和概括？在此框架下，中国对周边地区的政策是否相同？如果不同，体现在哪些方面，是什么导致了差异的出现？要回答这些问题，实际上就是要在描述冷战后中国对周边地区政策的框架基础上，阐释其形成和发展的动力机制。这也是本书要解决的核心问题。为了阐释中国周边地区政策的动力机制，笔者选取的是政治科学的研究路径，即构建分析框架、提出基本假定和推论、找出变量及变量关系、对假定和推论进行验证并做出结论。其中，对假定和推论的验证需要通过实证分析来完成，在中国面对的四个周边地区中选取个案进行比较研究是必要的，也是可行的。

本书具有较强的理论意义和实践意义，具体体现在以下三个方面：

首先，中国周边地区政策在理念和实践上的形成是与中国外交的整体变化密切相关的。随着中国国力的增强，中国的国家利益在各个领域、各个层面上拓展，不仅利益所及的地理范围在延伸，利益的细化和深化程度也在加深。研究这一新变化是中国外交研究的应有课题，将中国周边政策细化为针对四个区块的地区政策无疑是一个可以选择的切入点。通过研究中国周边地区政策的动力机制，不仅有助于我们深化对仍在发展和调整中的周边地区政策的认识，而且能以小见大、更为全面而深入地把握中国外交的新变化，因而具有很强的现实意义。

其次，中国外交在利益主体、内容和结构层面上的调整是一个重大的理论课题，而在实证分析的基础上展开理论探讨更是本书的核心任务。笔者在对中国周边地区政策的框架进行描述的基础上，试图通过提出假设—找到变量—建立变量关系—验证—进一步验证的政治科学研究路径，对中国周边地区政策的动力机制进行理论建构。该分析框架的建立不仅对于中国周边地区政策研究，而且对于整个中国外交研究来说都具有一定的理论价值。

再次，对中国周边地区政策形成和发展的动力的分析，事实上是一种基于现状和实证的理论建构。它不仅具有解释发展现状和社会事实的作用，而且包含着很强的政策意义。从决策者的角度看，理解现状是第一要务。在此基础上,加深对造成现状的国内和外部动因的认识有助于决策者在决策过程中把握预期和权衡利益。第一,周边地区政策框架的确立有助于决策者更好地将资源合理调配于双边、次区域和地区三个层次上,同时协调和规划好这三个层次之间的关系;第二,周边地区政策动力机制的分析框架是建立在国内和地区互动两个层面上的。认识国内因素与中国周边地区政策的关系有助于决策者在制定政策时通过引导和协调等方式动员和发挥国内多元利益主体的积极作用,并最大限度地实现国家的周边地区利益;第三,地区自主性是政策制定和实施的重要的社会情境因素,认清该因素与中国周边地区政策的关系有助于决策者更为全面而准确地把握中国在地区秩序中的作用和地位,并制定相应的周边地区政策。

第二节 研究现状与政策文献梳理

一、中国周边政策的研究现状

国内外中国问题学者对于中国近年来积极而有效的周边外交给予了高度关注,但对于相关提法存在分歧。部分学者倾向于采用"亚洲政策/战略"的提法,而大多数学者仍沿用"周边政策/大周边战略/睦邻外交"这一传统说法。不同提法的背后反映出研究视角的差异。提出"亚洲政策/战略"的学者是站在亚洲这一宏观视角中去看待中国与国际体系的关系,在研究方法上,更注重地区研究(area study)和外交政策研究的结合;而沿用"周边政策/大周边战略/睦邻外交"的学者倾向于以中国为中心,审视它与邻近国家的双边关系,研究方法较为单一。笔者对这部分文献的综述仍沿用"周边政策"的提法。

关于中国是否已经形成了系统的周边政策,学者们并未达成一致。

一些学者提出中国的周边战略在外交实践中逐渐清晰,并尝试对这一战略作出系统的阐述。唐世平和张蕴岭在《中国的地区战略》一文中指出中国的周边战略包括六个重要理念,即伙伴关系、承担责任、接受美国优势、开放市场、区域主义加多边主义、国际贡献等;并把中国的亚洲战略实践概括为:积极参与、自我克制、提供保证、开放市场、促进相互依存、创造共同利益、减少冲突。① 在《与中国共处》(Living with China: regional states and China through crises and turning points)一书中,李明江尝试解释中国与邻国的积极接触行为,以及周边战略的观念来源。他认为三个主要因素导致了这一战略的产生:经济发展的战略需要;对美国包围中国的持续担忧;邻国的"拉动"效应(尤其是东盟国家,还包括俄罗斯和中亚国家),同时,这三个因素不是单独而是相互作用,共同塑造了中国的周边战略。② 此外,这本论文集还收录了多篇从地区国家的视角解读中国地区政策的文章。朱立群在《美国学界对中国亚洲政策的认知》一文中综述了美国学者对中国周边政策的评价,指出"亚洲外交目标清楚、日益系统化"。③ 有学者将中国的周边政策概括为"建立在合作安全、对话、经济互利基础上的"遍及中国周边360度的"安抚"外交。④ 王缉思在《中国在亚洲变化中的角色》(China's Changing Role in Asia)一文中提出中国现在制定周边战略已超越了东亚范畴,这是由中国历史上是一个陆权国家决定的。他认为决定中国在亚洲地位和与地区国家关系的因素有,双边关系、多边安全和经济安排、美国的影响力和利益与中国目标的结合。⑤

　　西方学者关注的则更多是中国周边政策变化所导致的结果和国际影响。沈大伟(David Shambaugh)认为中国融入整个地区的做法是质变的结果,将为大国关系尤其是中美关系提供共赢的局面。⑥ 罗伯特·萨特(Robert Sutter)则认为中国周边政策的新变化是外界压力的结果,是一种

---

① 唐世平、张蕴岭:《中国的地区战略》,载《世界经济与政治》2004年第6期,第10—11页。

② Tang Shiping, "Introduction: Understanding 'Living with China'," in Tang Shiping, Li Mingjiang and Amitav Acharya, eds., *Living with China: regional states and China through crises and turning points* (New York: Palgrave-Macmillan, 2009), p.9.

③ 朱立群:《美国学者对中国亚洲政策的认知》,载《外交学院学报》2005年第2期,第63页。

④ 朱立群:《美国学者对中国亚洲政策的认知》,载《外交学院学报》2005年第2期,第63页。

⑤ Wang jisi, "*China's Changing Role in Asia*," Asia Programs Occasional Paper in Atlantic Council of the United States, January 2004.

⑥ See David Shambaugh, "China's New Engagement with the Region," *The Asian Wall Street Journal*, Feb. 19, 2004, A9; "China Engages Asia: Reshaping the Regional Order", *International Security*, Vol.29, No. 3(Winter 2004/05); *Power Shift: China and Asia's New Dynamics* (Berkeley, Los Angeles, London, University of California Press, 2005).

临时性的权宜之计。美国的权力和政策在中国的周边政策中起着重要的作用。① 除此之外，相关文献还有卡洛琳·彭姆弗瑞（Carolyn W. Pumphrey）主编的《中国在亚洲的崛起：安全影响》（The Rise of China in Asia：Security Implications）、斯图尔特·哈瑞斯（Stuart Harris）在《澳大利亚国际事务研究》上发表的《中国的地区政策：有霸权成分吗？》（China's regional policies：how much hegemony？）、伊万·梅德瑞斯（Evan S. Medeiros）和泰勒·弗拉维（Taylor M.Fravel）在《外交》上发表的《中国的新外交》（China's New Diplomacy）、艾伦·弗罗斯特（Ellen L.Frost）等人在《战略论坛》上发表的《中国崛起中的亚洲影响力：对美国政策的影响》（China's Rising Influence in Asia：Implications for U.S.policy）以及达纳·迪力安（Dana Dillion）和约翰·特卡茨克（John Tkacik）在传统基金会网站上发表的文章《中国在亚洲的需求》（China's Quest for Asia）等。

也有学者认为中国缺少系统的周边战略和政策，中国没有把周边或亚洲当作一个整体来对待，没有明确自己在自己所处区域的利益及其利益关切。因此，现在是到了整合中国的亚洲政策、发展出一个新的亚洲战略和提出新的亚洲日程的时候了。这一观点在庞中英的《中国与亚洲：观察·研究·评论》（上海：上海社会科学院出版社 2004 年版）一书和《中国的亚洲战略：灵活的多边主义》等文中均有论述。他运用多边主义理论对中国亚洲政策的内容和核心提出了政策建议，提出中国应加强区域认同、追求经济地区主义、形成亚洲包容政策以及尽可能代表亚洲等，走多边外交的合作之路。上海国际问题研究院于 2008 年 10 月出版的《建设合作共进的新亚洲——面向 2020 年的中国亚洲战略》研究报告考察了中国与亚洲地区和国家的关系，认为中国同亚洲有关行为体的互动基本面是建设性和互补性的，中国已具备实现其亚洲战略主要目标的条件。对于面向 2020 年的中国亚洲战略，报告认为其总体目标应为在睦邻

---

① See Robert G.Sutter, "China's Recent Approach to Asia：Seeking Long-term Gains," *NBR Analysis* 13, no.1（March 2002）；*China's rise in Asia：promises and perils*（Rowman & Littlefield Publishers,2005）；"China's Regional Strategy：An American View," speech at the conference "China and Asia：Towards a New Regional System",Dec.5-6,2003,at the Elliott School of International Affairs,The George Washington University；"China's Regional Strategy and Why it may not be good for America," in David Shambaugh, ed., *Power Shift：China and Asia's New Dynamics*（Berkeley, Los Angeles, London, University of California Press,2005）,pp.289-305.

友好和共同发展的基础上,建设合作共进的新亚洲,具体包括建设地区利益共进机制,推动地区综合安全,达成具有时代特点的共同价值观,建立更加公正合理的地区秩序。在次地区,①中国的战略目标各有侧重。在东北亚基本解决冷战遗留问题,构建经济和安全合作机制;在东南亚重点是巩固和推进多边和双边合作;南亚是中国推进次地区合作新增长点的重要地区;中亚是中国西部的重要邻近地区;西亚则已经成为中国周边的延伸部分。②

　　基于对周边政策的基本判断,学者们的研究多集中于对中国与周边国家关系进行历史、现状与走向分析,从研究方法来看多为描述性的实证研究,从研究路径来看,传统的政策研究方法仍占主导地位。张蕴岭主编的《中国与周边国家:构建新型伙伴关系》(北京:社会科学文献出版社2008年版)是国内在该领域出版的较为全面的一部新作,研究对象是中国的睦邻关系。从历史维度进行论述的成果主要有:唐希中等人编著的《中国与周边国家关系:1949—2002》(北京:中国社会科学出版社2003年版)、张小明在《国际政治研究》上发表的《中国与周边国家关系的历史演变:模式与过程》以及石源华在《当代中国史研究》上发表的《论新中国周边外交政策的历史演变》等。也有学者尝试对睦邻外交进行理论分析。陈向阳在《对中国睦邻外交的国际关系理论分析》和《务实王道睦邻外交——21世纪中国和平崛起的民族传统战略文化资源》两篇论文中对中国睦邻外交的历史延续性做了理论解释。他认为既有以儒家为主、传统王道战略文化的主观原因,也有国家利益与实力对比的客观原因。只有将强调主观因素的建构主义与强调客观因素的现实主义相结合,才能比较充分地解释中国睦邻外交的延续性。③

　　随着国际关系中不同国家和地区相互依存程度的加深,近年来学界

①　这里的"次地区"是相对于"亚洲"这一"地区"而言,东北亚、东南亚、南亚、中亚等被视为亚洲地区的次级区域单位。由于参照系不同,笔者在行文中是将东北亚、东南亚、南亚和中亚作为"地区",其次级单位则作为"次区域"加以界定。

②　陈东晓等:《建设合作共进的新亚洲——面向2020年的中国亚洲战略》,上海国际问题研究院报告,2008年10月,第6页。

③　陈向阳:《对中国睦邻外交的国际关系理论分析》,载《江南社会学院学报》2006年第4期,第21—24页;《务实王道睦邻外交——21世纪中国和平崛起的民族传统战略文化资源》,载《江南社会学院学报》2004年第4期,第24—27页。

出现一种"大周边"的说法。阮宗泽认为"大周边"外交主要包括两个层次，第一个层次是指中国与传统近邻之间的关系；第二个层次是指中国与俄罗斯、欧盟国家及美国的关系。[1] 陈向阳则将中国周边外交分为三个层次，第一个层次可称"接壤型"周边外交，即小周边；第二个层次针对东北亚、东南亚、中亚和南亚四个区域，称为"定向与区域型"周边外交；最高层即所谓大周边外交，可称之为"全球战略型"周边外交，即中国从地区大国走向世界大国的进程中的周边外交。[2] 这种泛周边的研究视角一定程度上虚化了周边外交研究的焦点，在实际的理论和实证研究中并没有很大意义。

以上是对中国周边政策研究基本现状的总结。从总体上看，周边政策的研究视角还是历史的、描述性的和以双边关系为研究对象的。由于中国的对外利益逐渐趋于多样化，参与对外交往的行为体也越来越多元化，中国的周边政策也随着发生着变化。其中，多边外交是周边政策手段的新特点。而利益的细化和分化带来的另一个政策结果是周边政策的"地区化"，即中国对东南亚、东北亚、中亚和南亚这四个相邻地区的政策在周边政策的整体取向下，具有了各自的特点和差异。在这种情况下，系统的周边政策研究已无法对这些新变化作出充分的解释，需要从新的研究视角和路径找到出路。

二、中国周边地区政策的研究现状

对周边政策领域的新变化有所观察并试图对此进行解释的学者们主要采用的是多边主义、国内政治等视角，这是与中国外交研究的整体发展密切相关的。随着中国外交的多边化，学界对多边外交的研究兴趣大增；而参与对外交往的国内行为体的增多，也促使越来越多的学者开始关注国内政治与对外行为的关系。

---

[1] 阮宗泽：《构筑新世纪大周边外交》，载《瞭望》2001 年 9 月第 38 期，第 3 页。

[2] 参见陈向阳：《尽快制定新的"大周边"战略》，载《瞭望》2006 年第 29 期，第 64 页；陆忠伟、张蕴岭、傅梦孜、陈向阳：《解读中国大周边》，载《世界知识》2004 年第 24 期，第 21—22 页；翟崑：《最是大周边》，载《世界知识》2006 年第 6 期，第 67 页。还可参见姚继德：《"大周边"战略与未来中阿关系》，载《阿拉伯世界研究》2006 年第 6 期；阮宗泽：《构筑新世纪大周边外交》，载《瞭望》2001 年 9 月第 38 期。

（一）对中国参与周边地区多边合作动因的解释

国内外学者在描述性研究的基础上，越来越注重对中国参与周边地区多边合作动因的解释。学者们大多从制度主义和建构主义的视角进行解读，将地区多边合作的动因大致归结为威胁认知的变化、利益目标的变化和身份认同的变化。

威胁认知的变化。苏长和认为对威胁认知的变化是导致中国地区多边外交行为产生的主要原因，他在《发现中国新外交——多边国际制度与中国外交新思维》一文中提到跨国共同问题的增多是解释中国外交变化的最主要变量。他认为自20世纪90年代以来的制度外交中，中国着力建设性地构造自己的周边制度性合作网络。目前，独特的中央—地方—周边国家的制度性合作网络已经初具雏形。①

利益目标的变化。方长平则认为利益目标是根本决定因素，他在《多边主义与中国周边安全战略》一文中通过考察中国参与上海合作组织和东盟地区论坛这两个多边合作案例，提出中国参与多边主义机制既是为了维护现实的国家利益，也是在通过参与多边主义进程，创设以新安全观为代表的国际制度。②

身份认同的变化。谢淑丽（Susan L. Shirk）、江忆恩（Alastair Iain Johnston）、爱丽丝·芭（Alice D. Ba）、肖欢容、韦红、马嫚、邢悦等人从不同侧面论证了身份认同变化对中国地区多边外交所起的重要作用，是建构主义的研究视角。江忆恩在其著作《社会国家：国际制度中的中国（1980—2000）》（Social States: China in International Institutions, 1980 - 2000）中，从社会化理论的视角解释了中国在对待国际制度上的态度转变。芭在其论文《谁在社会化谁？复合接触与中国—东盟关系》（Who's socializing whom? Complex Engagement and sino-ASEAN Relations）中分析了中国与东盟的社会化过程。谢淑丽在《中国在亚太地区的多边外交》（China's Multilateral Diplomacy in the Asia-Pacific）一文中通过考察中国在东盟地区论坛、亚太经合组织、东盟加中、日、韩和上海合作组织中的多

---

① 苏长和：《发现中国新外交——多边国际制度与中国外交新思维》，载《世界经济与政治》2005年第4期，第41页。相关论述还有苏长和：《周边制度与周边主义——东亚区域治理中的中国途径》，载《世界经济与政治》2006年第1期。
② 方长平：《多边主义与中国周边安全战略》，载《教学与研究》2004年第5期，第47—52页。

边实践以及中国的新安全观,指出中国多边外交主要是为了向邻国和美国保证其良好的意图。她认为唯有通过参与多边组织构筑"负责任大国"身份,才是对"中国威胁论"最有效的政策回应。[①] 肖欢容在《中国的大国责任与地区主义战略》一文中将建构主义的身份认同与地区主义战略结合起来论述,提出亚洲地区主义战略是中国实现本土责任和地区大国责任、发挥全球责任的重要手段。[②] 韦红在《从周边外交看中国在国际体系变动中的身份定位》一文中通过考察中国的周边外交,指出中国在国际体系力量结构变动中,做平等者非支配者;在国际体系秩序变动中,做社会秩序的推动者和建设者非挑战者;在国际体系互动性变化中,做平等互利的合作者非"搭便车者"。[③] 马嬷在《中国参与地区合作的理念演进、特点及前瞻》一文中指出中国参与地区合作的理念经历了谨慎观望、适应熟悉、主动参与以至积极创建的演进过程。在这个过程中,"中国机遇论"已得到越来越多国家的认同。[④] 邢悦等在《新身份·新利益·新外交——对中国新外交的建构主义分析》一文中指出中国国际身份认同转变导致了对国家利益认识的变化,从而带来外交的变化。他们认为中国的国际身份正由一个注重经济利益、独善其身的发展中国家逐渐成为一个注重发展软实力、兼济天下的"负责任大国"。[⑤]

也有学者不拘泥于某一种研究视角,而是在实证考察的基础上分析中国参与地区多边合作的动因。林珉璟和刘江永在《上海合作组织的形成及其动因》一文中将现有的对上合组织形成动因的解释分为三类,即历史必然说、安全和经济共同利益说、中俄对美国制衡说。历史必然说的

---

① Susan L.Shirk,"*China's Multilateral Diplomacy in the Asia-Pacific*,"Before the U.S.-China Economic and Security Review Commission "China as an Emerging Regional and Technology Power:Implications for U. S. Economic and Security Interests" February 12 – 13, 2004, http://www. uscc. gov/hearings/ 2004hearings/ written_testimonies/04_02_12wrts/ shirk.htm.2010 年 5 月 4 日登录。

② 肖欢容:《中国的大国责任与地区主义战略》,载《世界经济与政治》2003 年第 1 期,第 46—51 页。

③ 韦红:《从周边外交看中国在国际体系变动中的身份定位》,载《当代世界与社会主义》2008 年第 2 期,第 86—89 页。

④ 马嬷:《中国参与地区合作的理念演进、特点及前瞻》,载《毛泽东邓小平理论研究》2008 年第 7 期,第 36—40 页。

⑤ 邢悦、詹奕嘉:《新身份·新利益·新外交——对中国新外交的建构主义分析》,载《现代国际关系》2006 年第 11 期,第 18—23 页。

解释是从"上海五国"到"上海合作组织"的过程是"五国合作机制深入发展合乎逻辑的结果"。然而，这一说法仅限于具体描述，缺乏对动因之间的有机关系的讨论。基于信任的安全和经济共同利益说认为五国具有打击"三股势力"（暴力恐怖势力、民族分裂势力、宗教极端势力）的共同安全利益和经济合作的经济利益，但这些利益的一直存在并不能很好地解释它们为何促使了上海合作组织的合作性质发生变化。还有一种解释是中俄对美制衡说，中外学者在中俄主导的解读上有分歧，但都认为中俄的主导作用对于上海合作组织的产生具有重要意义。在这三种解释的基础之上，林珉璟和刘江永认为上海五国之所以会转变为一个全面安全合作组织，源于信任、主导国和共同安全利益这三个在时间上具有承继性、在程度上具有累积效应的因素。边界问题的解决形成的互信是基础，作为边界地区合作转变成安全会议机制核心推力的中俄信任关系催生了中俄主导，而共同和互补的安全利益更加深化，则推动了上海五国提升为上海合作组织。此外，对该问题进行探讨的还有许涛、季志业主编的《上海合作组织：新安全观与新机制》（北京：时事出版社 2002 年版）、郭清水的论文《中国参与东盟主导的地区机制的利益分析》、罗斯玛丽·福特（Rosemary Foot）的论文《东盟地区论坛中的中国：组织进程和国内理念》（China in the ASEAN Regional Forum: Organizational Process and Domestic Modes of Thought）等。

（二）对国内政治与中国周边地区政策关系的研究

近年来，结合国内政治与对外政策的研究路径越来越受到政策研究者的关注，这一趋势也影响了一些研究周边外交和地区政策的学者们。

1.国内区域发展与周边安全环境

赵常庆、孙壮志、张力、王士录、罗捷、于国政等学者从西部大开发与周边安全环境的关系的角度，考察中国周边外交中的国内—国际互动问题。[①]

赵常庆、潘志平、蒲开夫、孙壮志、倪国良等学者合著的《中亚五国与

---

① 参见张力：《从周边安全看"西部大开发"的外部环境》，载《国际观察》2001 年第 6 期；罗捷：《试论西部大开发对我国周边安全环境的影响》，载《云南行政学院学报》2003 年第 2 期；陈继东：《中国西部大开发的南亚周边环境》，载《云南社会科学》2001 年第 6 期；许红缨等：《西部大开发与我国的周边外交战略》，载《社会主义研究》2003 年第 3 期。

中国西部大开发》（北京：昆仑出版社2004年版）一书从经济、政治、社会、民族、宗教、外交、安全等各个方面论述了中亚五国与中国西部大开发的关系，并对影响中国西部大开发的最主要因素做了辩证分析，是一部从国际因素影响角度来研究中国西部大开发问题的学术著作。四川大学亚洲研究中心的张力教授在《从周边安全看"西部大开发"的外部环境》一文中指出冷战后中国的周边环境发生了重大变化，尤其是中亚、南亚地区新出现的地缘政治变动对我国的西部安全稳定构成了难以低估的影响。他认为从优化"西部大开发"的外部环境着眼，中国的周边政策应注重在探索双边、多边安全合作机制的基础上稳定周边地区，执行更平衡的对外政策，并密切关注西方大国的战略动向。云南省社会科学院东南亚研究所的王士录所长在《东南亚形势的发展与中国西部大开发》一文中则重点分析了东南亚地区在中国周边环境中的地位以及东南亚地区形势变化对我国西部大开发的影响，并在此基础上提出了我国应采取的对策。解放军南京政治学院的罗捷考察了西部大开发的周边效应，认为它将使经济安全和国土安全成为新世纪我国周边安全的重要内容，使本世纪初期我国的周边安全环境总体趋于稳定，并成为我国新世纪经济安全的有力保障。吉林省东北亚研究中心的于国政研究员撰文指出，图们江地区在中国对外开放的格局中占有重要地位，它不仅是中国参与"大图们倡议"的主要窗口，对于振兴东北老工业基地也具有重要意义。

2.地方政府对周边制度建设的参与

陈志敏、苏长和等学者从理论和宏观的层面对地方政府参与地区合作进行了系统的研究，赵常庆、翟昆、李玉潭等则分别对中国的西北、西南和东北部地方政府参与周边制度建设进行深入探讨。

陈志敏在《次国家政府与对外事务》（北京：长征出版社2001年版）一书中以各国次国家政府的国际行为为中心，系统研究了次国家政府参与对外事务的理论和实践，对于分析中国外交也具有重要意义。他还在《国际关系的次国家层面：地方政府与东北亚合作》等多篇论文中对中国地方省份与周边合作进行了深入研究。[①] 苏长和在《周边制度与周边主

---

① 陈志敏：《国际关系的次国家层面：地方政府与东北亚合作》，见陈玉刚、袁建华编：《超越威斯特伐利亚体系——21世纪国际关系的解读》，北京：时事出版社2004年版。

义——东亚区域治理中的中国途径》一文中从地区公共问题入手,指出将中国看作是各个经济区域所构成的国家,会发现中国国内各个区域与周边国家之间在公共问题上的差别决定了中国与周边国家围绕这些跨国问题所产生的合作呈现出不同的特点,而地方政府正是参与解决不同跨国问题的周边制度的主要行为体。[1] 在《中国地方政府与次区域合作:动力、行为及机制》一文中,他通过对港澳、沿海省份、西南省份、西北省份和东北省份参与次区域合作的研究,指出中国地方政府参与国际合作的动力与改革开放以来中国对外关系领域的分权是分不开的;在现行中国国家结构下,地方参与国际合作对中央外交起着配合、补充和支持的作用;从中国与周边制度建设看,地方政府参与的次区域合作形成了多层次枝状制度性安排。赵常庆等学者在合著的《中亚五国与中国西部大开发》一书中,还详细论述了中亚五国与中国西北部(包括陕西、甘肃、青海、宁夏、新疆)的关系,尤其是在维护国家安全、反对"三股势力"以及发展经贸合作问题上。翟昆、许宁宁、李光辉等学者是参与制定《泛北部湾经济合作研究报告》的主要智库成员,也是推动泛北部湾经济合作机制建立的重要参与者,对中国参与大湄公河次区域经济合作也很有发言权,他们所编写的研究报告和相关成果具有很强的参考价值。吉林大学东北亚研究院的李玉潭院长在《东北亚区域经济合作与地方政府作用》一文中重点分析了东北亚区域经济合作的现状和发展趋势及其地方政府在其中所发挥的作用,并指出,较长时期内,东北亚区域经济合作将很难直接上升为各国中央政府的行为,而地方政府作为区域开发与合作的重要参与者,却有其参与东北亚国际合作的内在动因和有利条件。

　　综上,尽管学者们对多边合作和国内政治因素给予了更多关注,但事实上,他们大多是对中国周边地区政策的描述和对部分事实的解释,没有形成具有较强解释力和较大适用范围的分析框架。

　　(三)中国与中亚、中国与东南亚问题研究

　　研究中亚问题的赵华胜教授从分析地区利益入手,在《中国的中亚外交》(北京:时事出版社 2008 年版)一书中对中国在中亚的基本利益进

---

[1]　苏长和:《周边制度与周边主义——东亚区域治理中的中国途径》,载《世界经济与政治》2006 年第 1 期,第 11 页。

行了全面的分析,并在此基础上阐述了中国在双边和多边层次上的中亚政策。可以说,这是目前国内周边地区政策研究领域中较为完整而系统的研究成果。

相关的中亚研究著作还有薛君度、邢广程主编的《中国与中亚》(北京:社会科学文献出版社 1999 年版);赵常庆、孙壮志、邢广程合著的《二十一世纪的中国与中亚》(东欧中亚研究所 2001 年版);杨恕的《转型的中亚和中国》(北京:北京大学出版社 2005 年版);郑羽主编的《中俄美在中亚:合作与竞争(1991—2007)》(北京:社会科学文献出版社 2007 年版);许勤华的《新地缘政治:中亚能源与中国》(北京:当代世界出版社 2007 年版);季志业主编的《俄罗斯、中亚"油气政治"与中国》(哈尔滨:黑龙江人民出版社 2008 年版);蒋新卫的《冷战后中亚地缘政治格局变迁与新疆安全和发展》(北京:社会科学文献出版社 2009 年版)等。

在东南亚研究方面,大多是对中国与东盟国家及其东盟组织的关系的研究,如王光厚的《冷战后中国东盟战略关系研究》(长春:吉林大学出版社 2008 年版);曹云华的《新中国—东盟关系论》(北京:世界知识出版社 2005 年版);贺圣达等合著的《走向 21 世纪的东南亚与中国》(昆明:云南大学出版社 1998 年版)、吴翠玲(Evelyn Goh)于 2007 年出版的专著《发展湄公河:中国—东南亚关系中的地区主义和地区安全》(Developing the Mekong:regionalism and regional security in China-Southeast Asian relations)等。也有一些着眼于中国周边地区政策的分析报告问世,如中国现代国际关系研究所东盟课题组于 2002 年撰写了《中国对东盟政策研究报告》,泛北部湾经济合作可行性研究课题组于 2007 年提交的《泛北部湾经济合作研究报告》等。这些报告从一定程度上反映了智库和国家层面上对政策制定和实施的具体考量和规划,具有较大的研究意义。

随着研究的深入,一些学者也尝试运用比较研究方法解释和分析相邻四个地区板块在中国周边外交中的地位及中国的应对。姜宅九在《中国地区多边安全合作的动因》一文中通过比较中国加入东盟地区论坛、六方会谈及上海合作组织这三个案例,提出威胁程度和利益目标有助于解释中国为什么对不同的多边安全合作制度采取不同的政策立场。他认为在面临传统安全威胁时,中国慎重地参与地区多边安全合作。中国加入东盟地区论坛和六方会谈即是如此。而利益目标有助于判定中国对其

参加的多边安全合作制度持积极还是稳健态度。当中国在制度内只能维
持既有利益或无法主导该组织时,中国采取稳健支持态度。如对东盟地
区论坛的态度。而主动参与创建上海合作组织则体现了利益目标的拓
展。他同时对有些学者所指出的"螺旋上升式"政策演变表示质疑,他认
为中国在 2003 年参加六方会谈属于谨慎加入,就是一个反例。在可预见
的未来,中国对地区多边安全组织的大体趋势是慎重参加、积极支持。①
侯松岭和迟殿堂在《东南亚与中亚:中国在新世纪的地缘战略选择》一文
中指出东南亚和中亚地区均具有重要的地缘经济和地缘政治意义,因此
重点谋划地区战略有利于维护核心利益。他们认为"中国威胁论"和周
边大国的影响导致中国与东盟国家在政治、安全等方面的关系很难有新
的突破,而经贸合作却日益密切。这就决定了中国在东南亚地区宜采取
"经济优先,政治跟进,以经带政,以经促政"的地缘战略;对于中亚地区,
则宜采取"在继续巩固并加强双方目前的政治、安全关系的基础上,大力
加强双方的经贸关系,以政带经,以政促经"的地缘战略。② 此外,还有学
者指出中亚和东南亚分别作为中国石油安全战略选择的陆上和海上地缘
线,对于确保石油来源供应和海上石油运输安全,具有十分重要的地缘战
略意义,也是中国石油安全的地缘战略选择中需要重点经营的两个地
区。③ 罗斯·门罗(Ross.H.Munro)在哈菲兹·马利克(Hafeez Malik)主编
的论文集《世界新秩序下美国、俄罗斯和中国的角色》(The Roles of the U-
nited States,Russia and China in the New World Order)中的文章《转变中的
中国与东南亚、南亚和中亚关系》(China's Changing Relations with South-
east,South and Central Asia)重点探讨了中国在东南亚、南亚和中亚这三
个地区的角色和地位。④

　　综上,学界对中国周边地区政策的研究是在传统的周边政策研究基

①　[韩]姜宅九:《中国地区多边安全合作的动因》,载《国际政治科学》2006 年第 1 期,第 1—27 页。
②　侯松岭、迟殿堂:《东南亚与中亚:中国在新世纪的地缘战略选择》,载《当代亚太》2003 年第 4
　　期,第 9—15 页。
③　钱娟、范瑞杰:《中亚与东南亚:中国石油安全的地缘战略选择》,载《新疆大学学报》2007 年第 2
　　期,第 93—95 页。
④　Ross.H.Munro,"China's Changing Relations with Southeast,South and Central Asia,"in Hafeez Malik,
　　ed.,The Roles of the United States,Russia and China in the New World Order(New York:St.Martin's
　　Press,1997).

础上发展而来的。尽管在研究路径和视角上有了新的变化,尤其是注重新自由制度主义和建构主义理论的运用,但在周边地区政策的动力机制分析方面是欠缺的,特别是对于为何在"睦邻、安邻、富邻"的周边政策之下,中国对周边四个区块的政策会出现差异解释不够。

三、政策文献梳理

研究冷战后中国周边地区政策,对重要的政策文献进行全面而细致的梳理是必不可少的。作为政策研究的重要依据,中国与周边国家自冷战结束以来签署或发表的双边和多边条约、协定、宣言,以及中国在多边场合发布的重要立场文件等,不仅有助于我们厘清中国与周边地区国家关系发展的脉络,而且也是我们对不同地区的政策进行差异性比较的重要基础。基于这一基本考虑,笔者对四个相邻地区进行分类梳理,并将每个地区的政策文献分为双边和多边两类,以期为全面把握中国与周边地区关系提供直观的分析依据。

(一)冷战后中国与东南亚地区关系文献

在表0—1中,笔者重点梳理了冷战后中国与东南亚国家之间签署的重要的双边文件。通过该表可以发现,中国同东南亚十国都建立了合作伙伴关系,并且新世纪以来,彼此之间通过发表联合声明、制订面向新世纪的合作计划、伙伴关系再定位等方式,为深化双边关系和推进务实合作打下了坚实的基础。

自1991年与东盟建立了对话关系以来,中国—东盟合作已经成为中国与东南亚地区关系乃至中国周边外交关系中的重要标杆。中国对东南亚、东亚乃至整个周边的地区构想和秩序塑造都与发展同东盟的关系密切相关。近年来,中国在10+1、10+3、东盟地区论坛、东亚峰会、大湄公河次区域经济合作、泛北部湾经济合作等重要的地区多边机制中发挥了举足轻重的作用。与东盟共同发表的宣言、协议、条约以及中方立场文件、白皮书、国家报告等,见证了中国—东盟合作全面深入发展的历程(见表0—2)。

表 0—1　冷战后中国与东南亚国家签署的重要双边文件

序号	时间	签署文件
1	1991.10	中老边界条约
2	1991.11	中越联合公报
3	1993.12	中老边界制度条约
4	1994.11	中越联合公报
5	1995.12	中越联合公报
6	1999.2	中泰关于二十一世纪合作计划的联合声明
7	1999.2	中越联合声明
8	1999.5	中马关于未来双边合作框架的联合声明
9	1999.8	中文联合公报
10	1999.12	中印尼联合新闻公报
11	2000.4	中新关于双边合作的联合声明
12	2000.5	中菲关于21世纪双边合作框架的联合声明
13	2000.5	中印尼关于未来双边合作方向的联合声明（建立长期稳定的睦邻互信全面合作关系）
14	2000.6	中缅关于未来双边合作框架文件的联合声明
15	2000.11	中柬关于双边合作的联合声明
16	2000.11	中老关于双边合作的联合声明
17	2000.12	中越关于新世纪全面合作的联合声明,中越关于在北部湾领海、专属经济区和大陆架的划界协定,北部湾渔业合作协定
18	2001.8	中泰联合公报
19	2004.4	中印尼联合声明
20	2004.5	中马联合公报
21	2004.9	中文联合公报
22	2004.9	中菲联合新闻公报
23	2004.10	中越联合公报
24	2005.4	中印尼关于建立战略伙伴关系的联合宣言

序号	时间	签署文件
25	2005.4	中菲联合声明
26	2005.7	中越联合公报
27	2005.11	中越联合声明
28	2005.12	中马联合公报
29	2006.4	中柬关于建立全面合作伙伴关系的联合公报
30	2006.11	中越联合声明、关于扩大和深化双边经贸合作的协定
31	2006.11	中老联合声明
32	2007.1	中菲联合声明
33	2007.5	中泰战略性合作共同行动计划
34	2008.6	中越联合声明
35	2008.10	中越联合声明
36	2009.6	中马关于战略性合作共同行动计划
37	2009.10	中菲关于战略性合作共同行动计划
38	2009.11	中越陆地边界勘界议定书等
39	2010.1	中印尼关于落实战略伙伴关系联合宣言的行动计划
40	2011.4	中印尼关于进一步加强战略伙伴关系的联合公报
41	2011.5	中缅关于建立全面战略合作伙伴关系的联合声明
42	2011.9	中菲联合声明
43	2011.10	中越联合声明,关于指导解决中越海上问题基本原则协议
44	2012.3	中印尼联合声明
45	2012.4	中泰关于建立全面战略合作伙伴关系的联合声明、中泰战略性合作共同行动计划(2012—2016)
46	2013.6	中越联合声明
47	2013.9	中老联合声明,关于落实中老全面战略合作伙伴关系的行动计划
48	2013.10	中泰关系发展远景规划
49	2013.10	中马关于建立全面战略伙伴关系的联合新闻稿

序号	时间	签署文件
50	2013.10	中印尼全面战略伙伴关系未来规划
51	2013.10	新时期深化中越全面战略合作的联合声明
52	2014.6	中马建立外交关系40周年联合公报
53	2014.11	中缅关于深化两国全面战略合作的联合声明
54	2015.11	中马联合声明
55	2015.11	中越联合声明
56	2015.11	中新关于建立与时俱进的全方位合作伙伴关系的联合声明

表0—2　冷战后中国与东盟签署的主要政策文件

序号	时间	地点	签署文件
1	1997.12	吉隆坡	面向二十一世纪的中国—东盟合作联合声明
2	1999.11	马尼拉	东亚合作联合声明
3	2001.7	河内	东盟地区论坛的三个文件
4	2002.5	斯里巴加湾	关于加强非传统安全领域合作的中方立场文件
5	2002.7	斯里巴加湾	中方关于新安全观的立场文件
6	2002.11	金边	中国—东盟全面经济合作框架协议
7	2002.11	金边	南海各方行为宣言
8	2002.11	金边	中国与东盟关于非传统安全领域合作联合宣言
9	2003.10	巴厘岛	面向和平与繁荣的战略伙伴关系联合宣言
10	2004.11	万象	落实中国—东盟面向和平与繁荣的战略伙伴关系联合宣言的行动计划（2005—2010）
11	2005.7	昆明	大湄公河次区域经济合作第二次领导人会议《昆明宣言》
12	2005.12	吉隆坡	关于东盟与中日韩领导人会议的吉隆坡宣言
13	2006.10	南宁	中国—东盟建立对话关系15周年纪念峰会联合声明

序号	时间	地点	签署文件
14	2007.11	新加坡	东亚合作联合声明——深化东盟与中日韩合作的基础
15	2007.11	新加坡	2007—2017年东盟与中日韩合作工作计划
16	2008.3	万象	中国参与大湄公河次区域经济合作国家报告
17	2009.10	华欣	东盟与中日韩粮食安全与生物能源开发合作声明
18	2009.10	华欣	东盟与中日韩领导人会议主席声明
19	2010.10	河内	中国和东盟领导人关于可持续发展的联合声明,落实中国—东盟面向和平与繁荣的战略伙伴关系联合宣言的行动计划(2011—2015)
20	2011.11	巴厘岛	中国—东盟建立对话关系20周年纪念峰会联合声明
21	2011.12	内比都	大湄公河次区域经济合作新十年(2012—2022)战略框架
22	2013.10	斯里巴加湾	纪念中国—东盟建立战略伙伴关系10周年联合声明
23	2015.11	云南	澜沧江—湄公河合作首次外长会联合新闻公报

(二)冷战后中国与东北亚地区关系文献

在表0—3中,笔者重点梳理了冷战后中国与东北亚国家之间签署的重要的双边文件。与东南亚国家不同,东北亚大国云集,双边关系也更加错综复杂。中国与它们均建立了友好合作伙伴关系,且性质定位呈现明显的差异化特点;与此同时,不同的双边关系定位随着形势的变化也在发生改变。

相比而言,东北亚的多边合作起步较晚,由于信任缺失,地区机制建设滞后,但从长远看,潜力巨大。中、日、韩合作尤为引人关注。经济方面,2012年11月,中日韩自贸区谈判启动,目前已举行了六轮谈判。尽管至今为止谈判未能就贸易自由化水平目标的设定达成共识,但谈判进程始终在稳步推进。

表0—3　冷战后中国与东北亚国家签署的重要双边文件

序号	时间	签署文件
1	1992.8	中韩关于建立外交关系的联合公报
2	1992.12	关于中俄相互关系基础的联合声明
3	1994.4	中蒙友好合作关系条约
4	1994.9	中俄联合声明,中俄国界西段协定
5	1996.4	中俄关于建立平等信任、面向21世纪的战略协作伙伴关系的联合声明
6	1997.4	中俄关于世界多极化和建立国际新秩序的联合声明
7	1998.11	中日关于建立致力于和平与发展的友好合作伙伴关系的联合宣言
8	1998.11	关于世纪之交的中俄关系的联合声明
9	1998.12	中蒙关于建立面向21世纪的睦邻友好合作关系的联合声明
10	1999.4	中俄关于《反导条约》问题磋商的新闻公报
11	1999.12	中俄联合声明
12	2000.7	中俄北京宣言,中俄关于反导问题的联合声明
13	2001.7	中俄睦邻友好合作条约
14	2002.1	中蒙联合公报
15	2003.5	中俄联合声明
16	2003.6	中蒙关于建立睦邻互信伙伴关系的联合声明
17	2004.10	中俄联合声明,《中俄睦邻友好合作条约》实施纲要(2005年至2008年),中俄国界东段补充协定
18	2005.7	中俄联合公报,中俄关于21世纪国际秩序的联合声明
19	2005.11	中蒙联合声明
20	2006.3	中俄联合声明
21	2006.10	中日联合新闻公报
22	2007.4	中日联合新闻公报
23	2008.5	中日关于全面推进战略互惠关系的联合声明
24	2008.5	中俄关于重大国际问题的联合声明

续表

序号	时间	签署文件
25	2009.9	中华人民共和国东北地区与俄罗斯联邦远东及东西伯利亚地区合作规划纲要(2009—2018 年)
26	2011.6	中俄关于当前国际形势和重大国际问题的联合声明,关于《中俄睦邻友好合作条约》签署 10 周年联合声明
27	2011.6	中蒙关于建立战略伙伴关系的联合声明
28	2012.6	中俄关于进一步深化平等信任的全面战略协作伙伴关系的联合声明
29	2013.3	中俄关于合作共赢、深化全面战略协作伙伴关系的联合声明
30	2013.6	中韩面向未来联合声明
31	2014.7	中韩联合声明
32	2014.8	中蒙关于建立和发展全面战略伙伴关系的联合宣言
33	2015.5	中俄关于深化全面战略协作伙伴关系、倡导合作共赢的联合声明,中俄关于丝绸之路经济带建设和欧亚经济联盟建设对接合作的联合声明
34	2015.11	中蒙关于深化发展全面战略伙伴关系的联合声明

表 0—4　冷战后中国与东北亚国家签署的主要多边文件

序号	时间	地点	签署文件
1	2003.10	巴厘岛	中日韩推进三方合作联合宣言
2	2004.11	万象	中日韩三国行动战略,中日韩合作进展报告
3	2005.9	北京	第四轮六方会谈共同声明
4	2007.1	宿务	第七次中日韩领导人会议联合新闻声明
5	2007.2	北京	第五轮六方会谈第三阶段会议《落实共同声明起步行动》共同文件
6	2007.10	北京	第六轮六方会谈第二阶段会议《落实共同声明第二阶段行动》共同文件
7	2008.12	福冈	中日韩三国伙伴关系联合声明,国际金融和经济问题的联合声明,三国灾害管理联合声明,推动中日韩三国合作行动计划

序号	时间	地点	签署文件
8	2009.10	北京	中日韩合作十周年联合声明,中日韩可持续发展联合声明
9	2010.5	济州岛	2020中日韩合作展望,中日韩加强科技与创新合作联合声明,中日韩标准化合作联合声明
10	2010.12	首尔	中日韩关于建立三国合作秘书处的协议
11	2011.5	东京	第四次中日韩领导人会议宣言
12	2012.5	北京	中日韩合作(1999—2012)白皮书,关于提升全方位合作伙伴关系的联合声明,关于加强农业合作的联合声明,关于森林可持续经营、荒漠化防治和野生动物保护合作的联合声明,中日韩关于促进、便利和保护投资的协定
13	2015.11	首尔	关于东北亚和平与合作的联合宣言

(三)冷战后中国与中亚地区关系文献

表0—5重点梳理了中国与中亚国家签署的重要的双边文件。

中国与中亚国家的多边合作已成为中国周边外交的一大亮点。从表0—6可以看出,冷战结束后,中国与新独立的中亚国家的交往是从边界问题开始的。基于边界谈判建立的"上海五国"机制,不仅为各国推动双边合作营造了稳定的政治环境,也为上海合作组织的成立奠定了互信基础。这一历史进程表明了冷战后中国进入中亚并非为了填补"权力真空",争夺地缘优势,而是出于稳定西北边疆局势,保障国家经济社会发展。中国大力推动建立上海合作组织,则是多极化、全球化进程迅速发展背景下与中亚地区深化相互依赖的必然选择。

表0—5　冷战后中国与中亚国家签署的重要双边文件

序号	时间	签署文件
1	1992.1	中乌建交联合公报
2	1992.1	中土建交联合公报

序号	时间	签署文件
3	1992.3	中乌联合公报
4	1992.11	中土联合公报
5	1993.3	中塔关于相互关系基本原则的联合声明
6	1993.10	中哈关于友好关系基础的联合声明
7	1994.4	中哈国界协定
8	1994.10	中乌关于相互关系的基本原则和发展与加深互利合作的声明
9	1995.9	中哈关于进一步发展和加深友好关系的联合声明
10	1996.7	中吉友好关系基础的联合声明,中吉国界协定
11	1996.7	中乌联合声明
12	1996.7	中哈联合声明
13	1996.9	中塔联合声明
14	1997.9	中哈国界补充协定
15	1998.7	中哈国界补充协定的规定
16	1998.8	中土关于进一步发展和加强两国友好合作关系的联合声明
17	1999.8	中吉国界补充协定
18	1999.8	中塔关于进一步发展两国睦邻友好和互利合作关系的联合声明,中塔国界协定
19	1999.11	中乌关于进一步发展两国友好合作关系的联合声明
20	1999.11	中哈关于两国边界问题获得全面解决的联合公报,中哈关于在二十一世纪继续加强全面合作的联合声明
21	2000.7	中塔关于发展两国面向二十一世纪的睦邻友好合作关系的联合声明
22	2000.7	中土联合声明
23	2001.9	中哈联合公报,中哈关于利用和保护跨界河流的合作协定等
24	2002.5	中塔联合声明,中塔国界的补充协定
25	2002.6	中吉睦邻友好合作条约,中吉关于在能源领域开展合作的框架协定

序号	时间	签署文件
26	2002.12	中哈睦邻友好合作条约,中哈打击恐怖主义、分裂主义、极端主义合作协定;中哈两国政府关于预防危险军事活动协定
27	2003.6	中哈联合声明,中哈2003年至2008年合作纲要
28	2003.9	中塔关于打击恐怖主义、分裂主义和极端主义的合作协定
29	2003.9	中乌关于打击恐怖主义、分裂主义和极端主义的合作协定
30	2004.5	中哈联合声明
31	2004.6	中乌关于进一步发展与加深两国友好合作伙伴关系的联合声明
32	2004.9	中吉联合公报,中吉2004年至2014年合作纲要,中吉关于中吉国界线的勘界议定书
33	2005.5	中乌友好合作伙伴关系条约
34	2005.7	中哈关于建立和发展战略伙伴关系的联合声明
35	2006.1	中哈联合公报
36	2006.4	中土联合声明,中土关于打击恐怖主义、分裂主义、极端主义的合作协定,中土关于实施中土天然气管道项目和土库曼斯坦向中国出售天然气的总协议
37	2006.9	中塔联合公报
38	2006.12	中哈21世纪合作战略
39	2007.1	中塔睦邻友好合作条约
40	2007.7	中土关于进一步巩固和发展友好合作关系的联合声明
41	2007.8	中哈联合公报,中哈非资源经济领域合作规划
42	2007.11	中乌联合公报
43	2008.4	中哈联合公报
44	2008.8	中塔关于进一步发展睦邻友好合作关系的联合声明
45	2008.10	中哈联合公报
46	2009.4	中哈联合声明
47	2009.10	中乌长期贸易协定
48	2010.4	中塔关于中塔国界线的勘界议定书

序号	时间	签署文件
49	2010.6	中乌关于全面深化和发展两国友好合作伙伴关系的联合声明,中乌非资源和高科技领域合作规划
50	2010.6	中哈联合公报
51	2010.11	中塔联合公报
52	2011.2	中哈联合公报,中哈跨界河流水质保护协定
53	2011.4	中乌联合声明,中乌关于鼓励和保护投资协定,中乌双边本币互换协议
54	2011.6	中哈关于发展全面战略伙伴关系的联合声明,中哈环境保护合作协定
55	2011.11	中土关于全面深化友好合作关系的联合声明
56	2012.6	中乌关于建立战略伙伴关系的联合宣言
57	2012.6	中哈联合宣言
58	2012.6	中吉联合宣言
59	2012.6	中塔联合宣言,中塔关于加强中华人民共和国新疆维吾尔自治区和塔吉克斯坦共和国合作的协议
60	2013.5	中塔关于建立战略伙伴关系的联合宣言
61	2013.9	中乌关于进一步发展和深化战略伙伴关系的联合宣言,中乌友好合作条约
62	2013.9	中哈关于进一步深化全面战略伙伴关系的联合宣言
63	2013.9	中吉关于建立战略伙伴关系的联合宣言,中吉关于天然气管道建设运营的合作协议
64	2013.9	中土关于建立战略伙伴关系的联合宣言
65	2014.5	中哈联合宣言
66	2014.5	中吉关于进一步深化战略伙伴关系的联合宣言,中华人民共和国公安部和吉尔吉斯共和国国家禁毒总局关于边境地区合作的协议
67	2014.5	中土关于发展和深化战略伙伴关系的联合宣言
68	2014.8	中乌联合宣言
69	2014.9	中塔关于进一步发展和深化战略伙伴关系的联合宣言

序号	时间	签署文件
70	2015.8	中哈关于全面战略伙伴关系新阶级的联合宣言
71	2015.12	中吉联合公报

表0—6　冷战后中国与中亚国家签署的主要多边文件

序号	时间	地点	签署文件
1	1996.4	上海	中哈吉俄塔关于在边境地区加强军事领域信任的协定
2	1997.4	莫斯科	中哈吉俄塔关于在边境地区相互裁减军事力量的协定
3	1998.7	阿拉木图	中哈吉俄塔阿拉木图联合声明
4	1999.8	比什凯克	中哈吉俄塔国家元首比什凯克声明
5	2000.7	杜尚别	中哈吉俄塔杜尚别声明
6	2000.7	杜尚别	中塔吉关于三国国界交界点的协定
7	2001.6	上海	上海合作组织成立宣言,打击恐怖主义、分裂主义和极端主义上海公约,中哈吉俄塔乌元首联合声明
8	2001.9	阿拉木图	上海合作组织成员国政府间关于区域经济合作的基本目标和方向及启动贸易和投资便利化进程的备忘录
9	2002.6	圣彼得堡	上海合作组织宪章,上海合作组织成员国元首宣言
10	2003.5	莫斯科	上海合作组织成员国元首宣言
11	2003.9	北京	上海合作组织成员国多边经贸合作纲要
12	2004.6	塔什干	塔什干宣言,上海合作组织成员国禁毒合作协议,上海合作组织成员国外交部协作议定书
13	2004.9	比什凯克	《上海合作组织成员国多边经贸合作纲要》措施计划
14	2005.7	阿斯塔纳	上海合作组织成员国元首宣言
15	2006.6	上海	上海合作组织五周年宣言

序号	时间	地点	签署文件
16	2007.8	比什凯克	上海合作组织成员国长期睦邻友好合作条约,上海合作组织成员国元首理事会会议联合公报,比什凯克宣言,上海合作组织成员国保障国际信息安全行动计划,政府间文化合作协定
17	2008.8	杜尚别	杜尚别宣言,上海合作组织成员国元首理事会会议联合公报
18	2009.3	莫斯科	上海合作组织阿富汗问题特别会议宣言,上海合作组织成员国和阿富汗伊斯兰共和国关于打击恐怖主义、毒品走私和有组织犯罪的声明及其行动计划
19	2009.6	叶卡捷琳堡	叶卡捷琳堡宣言,反恐怖主义公约,关于应对威胁本地区和平、安全与稳定事态的政治外交措施及机制条例,上海合作组织成员国保障国际信息安全政府间合作协定
20	2009.10	北京	上海合作组织成员国关于加强多边经济合作、应对全球金融经济危机、保障经济持续发展的共同倡议
21	2010.6	塔什干	塔什干宣言,上海合作组织程序规则,上海合作组织接收新成员条例,上海合作组织成员国政府间农业合作协定,上海合作组织成员国政府间合作打击犯罪协定
22	2011.6	阿斯塔纳	上海合作组织十周年阿斯塔纳宣言,2011—2016年上海合作组织成员国禁毒战略及其落实行动计划,上海合作组织成员国政府间卫生合作协定
23	2012.6	北京	上海合作组织成员国元首关于构建持久和平、共同繁荣地区的宣言,上海合作组织中期发展战略规划
24	2013.9	比什凯克	比什凯克宣言
25	2013.11	塔什干	上海合作组织成员国政府首脑(总理)关于进一步开展交通领域合作的联合声明
26	2014.9	杜尚别	上海合作组织成员国杜尚别宣言

序号	时间	地点	签署文件
27	2015.6	莫斯科	上海合作组织地区安全与稳定问题高级别会议联合声明
28	2015.7	乌法	上海合作组织成员国元首乌法宣言,关于应对毒品问题的声明
29	2015.12	郑州	上海合作组织成员国政府首脑关于区域经济合作的声明

（四）冷战后中国与南亚地区关系文献

表0—7中重点梳理了冷战后中国与南亚国家之间签署的重要的双边文件。从中可以看出,中国与南亚国家的关系正日益紧密。中国不仅与印度、巴基斯坦等南亚地区大国升级了双边关系,与其他地区小国的交往也在不断加深。

在南亚,中国于2006年正式成为南亚区域合作联盟的观察员,并以观察员身份参加了此后的南盟峰会。然后,相较中国与东南亚、东北亚和中亚地区的多边合作,中国与南盟的合作相对滞后。

表0—7　冷战后中国与南亚国家签署的重要双边文件

序号	时间	签署文件
1	1993.9	关于在中印边境实际控制线地区保持和平与安宁的协定
2	1996.11	关于在中印边境实际控制线地区军事领域建立信任措施的协定
3	2002.1	中印旅游合作协定
4	2003.6	中印关系原则和全面合作的宣言
5	2003.11	中巴关于双边合作发展方向的联合宣言
6	2005.4	中印联合声明,解决中印边界问题政治指导原则的协定,中印全面经贸合作五年规划,在中印边境实际控制线地区军事领域建立信任措施的实施办法的议定书等
7	2005.4	中巴睦邻友好合作条约

续表

序号	时间	签署文件
8	2005.4	中斯进一步深化双边经贸关系协议
9	2006.2	中巴联合声明,中巴能源领域合作框架协议
10	2006.6	中阿联合声明,中阿睦邻友好合作条约,中阿关于打击跨国犯罪的协议,中阿贸易和经济合作协定
11	2006.11	中印联合宣言,中印外交部合作议定书,中印双边投资促进和保护协定
12	2006.11	中巴联合声明,中巴自由贸易协定
13	2007.4	中巴联合声明
14	2008.1	中印关于二十一世纪的共同展望
15	2009.12	中尼联合声明
16	2010.3	中阿联合声明,中阿经济技术合作协定
17	2010.12	中印联合公报
18	2012.1	中尼联合声明
19	2012.6	中阿关于建立战略合作伙伴关系的联合宣言
20	2013.5	中印联合声明
21	2013.5	中斯联合公报
22	2013.9	中阿关于深化战略合作伙伴关系的联合声明,中阿经济技术合作协定,中阿引渡条约
23	2013.10	中印战略合作伙伴关系未来发展愿景的联合声明
24	2014.2	关于深化中巴战略与经济合作的联合声明
25	2014.6	中孟关于深化更加紧密的全面合作伙伴关系的联合声明
26	2014.9	中印关于构建更加紧密的发展伙伴关系的联合声明
27	2014.9	中马尔代夫联合新闻公报
28	2014.10	中阿关于深化战略合作伙伴关系的联合声明
29	2015.5	中印联合声明,中印关于气候变化的联合声明

第三节　研究设计与结构框架

一、研究设计

本书对中国周边地区政策动力机制的基本假定是基于对政策框架的归纳总结和整体认知而提出的。笔者认为,冷战后中国周边地区政策已逐渐发展为次区域—双边—地区的多层次政策框架。其中,双边层次上不断深化的睦邻外交是中国周边地区政策的基石;次区域经济合作和地区合作都是多边层次上的跨国界合作形式,也是培育共同体意识的重要途径。

在冷战后中国周边地区政策框架的基础上,笔者提出解释其形成和发展动力机制的"国内—地区互动"研究视角。理由有二:一是该视角试图避免从二元对立的本体论和认识论出发,将政策的形成与影响决策过程的国内施动者、体系结构和进程放在同一个分析框架中考量,揭示中国周边地区政策在国内和地区互动两个层面上的动力机制。二是中国周边地区政策的形成和发展不仅与国内和地区互动因素有关,还与全球和跨地区层面的诸多因素相关,但本书不探讨全球和跨地区因素。全球层面的因素主要包括具有全球性影响的大国关系、[1]全球性多边合作机制及其进程[2]等。跨地区层面的因素主要包括具有跨地区性影响的大国关系、[3]

---

[1]　具有全球性影响的大国关系主要有中美关系、中俄关系、美俄关系、美日关系、中日关系、美印关系、中印关系等。以中美关系为例,这是一对兼具双边、地区和全球意义的双边关系。它们在全球层面上的互动必然会对中国周边地区政策的走向产生重大影响,这很大程度上是由于中美两国利益主要交汇于中国的周边地区,中国在政策制定过程中必定会考虑到美国的关切。

[2]　全球性多边合作机制及其进程主要有联合国、世界贸易组织、世界银行、国际货币基金组织、二十国集团等。以世界贸易组织为例,在中国即将加入世界贸易组织之际,东盟担心其经济利益受损。在这种情况下,中国倡议建立中国—东盟自由贸易区,并给予东盟"早期收获"的优惠待遇,试图从经济上消除东盟内部的"中国经济威胁论"。可见,中国加入世界贸易组织这一全球层面因素在中国制定与东盟的贸易政策时发挥了重要作用。

[3]　上文所提到的具有全球性影响的大国关系一般都有跨地区性影响。以中俄关系为例,尽管笔者将俄罗斯划归于东北亚地区,但由于俄罗斯本身横跨欧亚版图,其对中国周边地区政策的影响也是跨地区的,主要在中亚和东北亚地区对中国的政策制定产生影响。

跨地区的多边合作机制及其进程①等。出于控制变量的目的,笔者主要从国内和地区互动的层面上去解释中国周边地区政策形成和发展的动力机制,并不意味着全球和跨地区层次的因素不重要或可以忽略不计。

在该研究视角下,笔者提出两个基本假定和一个推论,来解释冷战后中国周边地区政策框架成型的国内和地区互动因素。其中,推论是对基本假定的引申。

假定1:中国国内利益主体的多元化主要源于中国改革开放政策的推进和深化,多元利益主体影响中国周边地区政策决策过程的努力则主要出于对全球、跨地区、地区等体系力量的回应。利益主体之间通过组成国内联盟,试图将自身的共同利益上升为国家利益。从效果上看,国内联盟对中国周边地区政策决策过程的影响不仅推动了国家"利益边界"的延伸,促使国家利益的内涵不断丰富,外延不断扩展,而且反映出不同利益主体组成的国内联盟在不同地区议题上影响力和作用方式的异同。

假定2:地区自主性不仅反映了中国周边地区自身的凝聚力和处理地区问题的能力与意愿,还作为中国与周边地区互动的情境因素,通过影响双方的社会化模式,即中国和该地区(或地区组织)在社会化进程中的角色扮演,从而决定中国在地区塑造上的政策取向。它关注的是中国作为一个行为体,在不同的地区情境下,其角色定位与塑造地区秩序之间的关系。

推论:在自主性强的周边地区,相对于国内因素,地区互动因素对中国周边地区政策的形成和发展影响较大,即地区自主性对中国周边地区政策的影响大于国内联盟因素的影响;在自主性弱的周边地区,相对于地区互动因素,国内因素对中国周边地区政策的形成和发展影响较大,即国内联盟对中国周边地区政策的影响大于地区自主性因素的影响。

以上论点、假定和推论之间具有层层推进的关系。

二、结构框架

本书的结构框架和主要内容大致安排如下:

---

① 对中国周边地区政策产生影响的跨地区性多边合作机制及其进程主要有亚太地区多边合作、东亚地区多边合作、独联体地区多边合作等。以亚太地区多边合作为例,20世纪90年代亚太经济合作组织框架下的自由贸易区建设推进缓慢,是中国大力推动与东盟、与日韩及其整个东亚自贸区建设的重要背景。

第一编,"中国周边地区政策的维度分析"。运用历史研究法和层次分析法,梳理冷战后中国周边政策的历史演进,厘清中国对东南亚、中亚、东北亚和南亚地区政策在次区域、双边和地区层次上的具体表现,并对各个层次上的政策内容和不同层次之间的相互关系进行系统分析。

第二编,"构建中国周边地区政策动力机制的分析框架"。这是本书的核心部分,主要是阐述中国周边地区政策动力机制的研究视角,提出"国内联盟"与"地区自主性"这两个自变量,并对中国周边地区政策的动力机制进行理论分析。

第三编,"验证与启示:以中国的东南亚和中亚地区政策比较为例"。该部分运用比较分析法,对中国的东南亚和中亚政策进行理论验证,并在此基础上对中国周边外交进行总结和反思,提出值得决策者和研究者共同思考的若干问题,以供今后研究和跟踪。

第四节 研究方法与概念界定

一、研究方法

（一）实证研究法

政治学研究方法在范式层面上大致分为规范研究与实证研究。一般认为,"范式"一词是美国著名科学哲学家托马斯·库恩(Thomas Kunn)在《科学革命的结构》(The Structure of Scientific Revolutions)中提出的。"政治科学中的范式是为了组织相关概念、理论和实践模型而建构的。理论范式指的是理论逻辑模式,它是由理论的构成要素、要素的结构方式等方面组成的。"[1]规范研究多采用思辨式语言和演绎推理的方法,往往是一种静态研究;实证研究则主张政治学研究要价值中立,注重经验方法,强调运用技术手段和借用其他学科的方法和成果来解释政治现象。相对于规范研究,它是一种动态研究。笔者试图通过实证研究,结合外交实践与国际关系理论,对中国周边地区政策进行归纳总结和理论解释。

---

① 张铭、严强等:《政治学方法论》,苏州大学出版社2003年版,第71页。

（二）系统研究法

美国著名的国际关系学者罗伯特·杰维斯（Robert Jervis）在《系统效应:政治与社会生活中的复杂性》（System effects : complexity in political and social life）一书中为人们理解人类社会提供了一套"互动主义"的系统方法,对"个体主义"和"整体主义"进行了整合。系统分析法集中关注于单元与系统之间的互动关系。① 他提出了三种互动方式,即结果无法从孤立的行为中预测出来;己方的战略依赖于他者的战略;行为改变环境。依照杰维斯的系统理论,中国周边地区政策的形成和发展不仅源于中国本身的行为和观念,还与其他地区行为体的战略有关。由于行为体的能力、偏好和信念可能为互动所改变,互动和经验能够在我们的价值观念中导致深层次的变化,从而决定我们后来的行为。② 这一套系统的分析方法不仅为我们研究同一层次内部的互动提供有力的依据,也是分析不同层次间相互作用的主要工具。

（三）层次分析法

层次是能被定位的解释因果的特定区域。透过层次,我们想要分析的目标,由一系列从小到大的空间性范围限定。③ 肯尼思·华尔兹（Kenneth Waltz）在《人、国家与战争》（Man, the state and war）一书中较早地使用了层次分析法。他提出三个著名"意象"（image）——决策者个人因素,国家内部因素和国际系统因素。把层次分析法专门作为国际关系学方法论加以讨论的是美国政治学家戴维·辛格（J.David Singer）,他把国际关系研究分为国际系统和国家两个层次。辛格之后,国际关系分析层次的间隔越来越小。布鲁斯·拉西特（Bruce Russett）和哈维·斯塔尔（Harvey Starr）发展了前人的层次体系,提出从宏观到微观的六个层次:世界系统、国际关系、国内社会、国家政府、决策者角色、决策者个人。④在全球化和地区化浪潮的影响下,彼得·卡赞斯坦（Peter Katzenstein）、

---

① Jean-Sebastian Rioux, "Reviews: System Effects: Complexity in Political and Social Life," *Canadian Journal of Political Science*, Vol.31, No.3 (September 1998), p.616.
② [美]罗伯特·杰维斯著,李少军等译:《系统效应:政治与社会生活中的复杂性》,上海人民出版社2008年版,第51页。
③ 巴瑞·布赞·奥利·维夫·迪·怀尔德著,朱宁译:《新安全论》,浙江人民出版社2003年版,第7页。
④ 参见秦亚青:《层次分析法与国际关系研究》,载《欧洲》1998年第3期,第4—5页。

巴瑞·布赞(Barry Buzan)等人越来越强调地区层次的重要性,国际关系的层次划分更细了。此外,全球化引起的地方国际化①趋势使得主权国家的边界不再那么明显,贸易的便捷和文化的相似推动了周边国家毗邻经济区的融合,主要以经济实体或合作机制的形式出现。这种实体不是以政治权力划界的,而来源于市场和全球化的力量。由于这一层次高于双边层次而低于地区层次,一般将其归于次区域层次。

　　笔者认为中国周边地区政策是在次区域、双边和地区三个层次上展开的。对周边地区政策进行层次分析的意义在于:第一,层次分析法能帮助我们解构中国周边地区政策,它犹如一面"棱镜",即观察政策内部结构和关系特征的分析工具。第二,三个层次从三个不同的侧面反映了冷战后中国统筹国内和国际两个大局的利益诉求。次区域层次的经济合作反映了毗邻地区经济融合与各级政府对外开放需求增强的发展趋势。双边层次上的睦邻政策是中国周边地区政策乃至整个外交体系的基础,也是塑造理想周边安全环境的首要措施。每对双边关系在定位、领域、合作水平、合作形式等方面的差异折射出中国周边地区外交的侧重点。地区层次的多边外交已逐渐成为中国融入国际体系的主要方式和应对地区性问题的重要手段。它体现出国家的双重需求,即自身安全和发展需求以及地区稳定与繁荣的责任需求。从中长期看,它反映的是塑造地区秩序的构想和理念,是国家获取软实力的重要渠道之一。

　　(四)案例比较分析法

　　所谓案例比较分析,就是选取若干案例,通过个案间的比较研究,得出一般性的结论,进而验证其适用范围。笔者选取中国的东南亚和中亚政策进行案例比较研究,原因有二:第一,这是由本书的研究对象所决定的。本书要研究的是冷战后中国周边地区政策的形成及其原因,强调变

---

① "地方国际化"的提法是由苏长和提出的,参见《国际化与地方的全球联系——中国地方的国际化研究(1978—2008)》,载《世界经济与政治》2008年第11期。"日本战略之父"大前研一则从区域经济的角度提出"region state"概念,指出全球化将世界分成很多"region states",它们的边界不是由政治力量决定的,而是由全球市场这一看不见的手主导的。参见 Kenichi Ohmae, "The Rise of the Region State," *Foreign Affairs*, Vol.72, No.2(Spring, 1993), pp.78-87.

化性多于延续性。由于东北亚和南亚或多或少地维持了冷战时期的很多特性,①而冷战后中国对东南亚和中亚的地区政策则出现了变化性多于延续性的现象,因此选择中国对东南亚和中亚的地区政策进行比较研究对我们探讨冷战后中国周边地区政策具有典型性意义。第二,与中国传统意义上的自我认同有关。从历史渊源和文化亲近的角度来看,中国更倾向于将自己认同于东北亚国家。② 可以说,中国是立足于东北亚,面向东南亚、南亚和中亚来塑造理想的周边安全环境的。笔者选取东南亚和中亚作为中国周边地区政策研究的案例,有助于控制文化认同这一因素,使之不会对文中两个影响中国周边地区政策的自变量产生"干扰"。在案例分析的基础上,笔者将通过进一步验证,简要分析所得结论是否适用于中国对南亚和东北亚的政策。

对研究对象进行比较分析是社会科学研究的基本方法之一。本书透过系统的视角,运用层次分析法和个案分析法的分析工具,经由比较得出一般性结论才是该研究的最终落脚点。

二、概念界定

(一)地区

本书的研究对象是中国对相邻四个地区板块的地区政策,因此有必要对"地区"这个重要概念进行学理梳理和在本书中的具体涵义进行解释。

地区,即由两个或者两个以上国家组成的一种空间上有凝聚力的地域。③ 帕特里克·摩根(Patrick Morgan)参考大量将地区主要视为符号建

---

① 布赞和维夫在《地区安全复合体与国际安全结构》一书中对这一观点做了详细论证。他们指出冷战时期东盟的成立使得东南亚地区成为一个标准的地区安全复合体(RSC),冷战后逐渐与东北亚地区整合为东亚 RSC,东南亚 RSC 是一个次级复合体;中亚地区是苏联解体后出现的新地区,是独联体这个中心化 RSC 的一部分,但有逐渐发展为一个独立的 RSC 的潜力;冷战后的南亚地区则保持了其冲突形态的 RSC,国内层次、地区层次和全球层次的安全态势表现出很大程度的连续性;冷战后美日同盟保持并得以加强,朝韩冷战态势并未消除,东北亚地区冲突形态的安全态势依然存在。
② 尽管历史上与东南亚、南亚和中亚的交往也颇深,但在宗教信仰、语言、自我认同等方面有很大差别。
③ 巴瑞·布赞、奥利·维夫、迪·怀尔德著,朱宁译:《新安全论》,浙江人民出版社 2003 年版,第 25 页。

构的研究文献之后,坚信"如果人们希望加强国际政治研究,就不能仅仅从地理意义上界定地区"。[1] 安德鲁·赫瑞尔(Andrew Hurrell)从建构主义的视角提出"地区的凝聚力依赖持续的共同体意识,以相互责任、信任、高水平的'认知相互依赖'为基础"。[2]

卡赞斯坦总结了从广义上定义地区的三种方式:第一种是物质主义的传统地缘政治理论的定义;第二种是理念主义的批判地缘理论的定义;第三种是行为主义理论的定义。但任何单一的研究方式都不能充分解释地区的现实。他认为地区既有物质性意义,也有理念性意义,且塑造和反映了变化中的政治实践活动。冷战的结束使世界政治发生了变化,原来是中心明确、严格划界的环境,国家极力维护疆界的不可侵犯,而现在领土、意识形态、问题领域等因素的边界却变得相互交错、模糊不清、日趋淡化。但是,概念上的模糊不清并没有影响"欧洲"、"亚洲"作为政治参照物的意义。同时,经济发展、军事扩张与某些特定地区的象征性认同,都会随着时间的推移而发生变化,并且,特定地区的边界和主要特征也会随之发生变化。地缘具有物质性和象征性两个侧面,它在不同国家集团之间构建了跨问题领域的高度行为相互依存状态。在这一认知的基础上,卡赞斯坦提出由于全球化和国际化进程地区变得多孔化了。地区多孔化是当前世界政治中的地区主义所具有的一个重要特征。

《国际研究评论》杂志(Review of International Studies)于2009年出版了一期有关"地区和地区主义"的特辑,学者们从不同角度对地区进行了理论和个案研究。里克·范(Rick Fawn)教授和保尔·库比塞克(Paul Kubicek)教授分别对地区研究领域进行了综述。范指出关于什么建构了地区以及地区结构的本质和功能是什么,学界有很多争论,包括对地理、认同、文化、制度化作用,以及霸权、主要地区大国、地区内国家和非国家行为体作用的阐释。一般来说,为了解决我们头脑中的问题,政策设计创造了地区,反过来我们不得不接受这些必须面对的问题所界定的地区,运

---

[1] Patrick M. Morgan, "Regional Security Complexes and Regional Order," in David A. Lake and Patrick M. Morgan, *Regional Orders: Building Security in a New World* (University Park: Penn State University Press, 1997), p.20.

[2] Andrew Hurrell, "Regionalism in Theoretical Perspective," in L. Fawcett and A. Hurrell, eds., *Regionalism in World Politics: Regional Organizations and International Order* (Oxford: Oxford University Press, 1995), p.64.

用不同的方法将导致不同的结果。关于地区的研究也许是国际关系中的一个特殊领域,发展出现实主义和建构主义的协同分析。他还强调比较地区主义研究仍非常少,应鼓励更多关于地区间比较的研究。[①] 库比塞克认为学界对地区层次上国际合作的形成动力的解释大致分为四类:国际体系结构;相互依赖;国家层次因素;强调地区感和地区身份而不是正式制度的发展的文化建构主义视角。[②]

大卫·雷克(David A.Lake)试图弄清是什么使一个地区成为“地区”,这些地区特性是如何与地区等级制和秩序联系起来的。他认为与权力一样,地区自身是政治建构而成的。地区是指一定地理范围内受到一系列安全现象影响的国家集合。这些安全现象受到技术等外源性因素、等级制和地区秩序的性质的影响。等级制、秩序和地区本身是相互建构的。尽管“9·11”标志着后冷战时代的结束,安全的分散化和地区化趋势仍在继续。除了美国之外,大多数国家对安全的关注基本都在地区。地区逐渐成为分析研究中一个突出的单位。[③]

伊曼纽尔·阿德勒(Emanuel Adler)和帕特里西亚·格里夫(Patricia Greve)将研究重点放在相互交叉的安全机制上,强调地区的“实践”意义,即建构地区的实践决定了地区的边界。[④] 安西·帕西(Anssi Paasi)把地区概念化为在制度化过程中获得边界、象征和制度的进程。地区在这一进程中被建构,在更广泛的地区结构中获得地位,进程中的很多要素成为地区识别或地区身份的重要单位。他同时强调地区身份只是人们通常拥有的复杂认同群中的一种,除此之外还有阶级、性别、代际、种族背景或宗教。很多认同可能产生于公民社会,形成跨越有限空间边界的社会网

---

① Rick Fawn,“‘Regions’ and their study:wherefrom, what for and where to?,”*Review of International Studies*,Vol.35,S1(2009),pp.5–34.

② Paul Kubicek,“The Commonwealth of Independent States:an example of failed regionalism?,”*Review of International Studies*,Vol.35,S1(2009),pp.237–256.

③ David A.Lake,“Regional hierarchy:authority and local international order,”*Review of International Studies*,Vol.35,S1(2009),pp.35–58.

④ Emanuel Adler and Patricia Greve,“When security community meets balance of power:overlapping regional mechanisms of security governance,”*Review of International Studies*,Vol.35,S1(2009),pp.59–84.

络和联合体。①

本书所探讨的"地区"主要由中国的政治和外交实践界定,是指中国在周边的四个区块,即东南亚、东北亚、中亚和南亚。对于中国来说,周边是其实现国家利益的关键区域,周边的四个区块则是中国所有的国家利益(安全、经济和政治)都同时存在的地区。② 尽管如此,中国与这四个地区的相互依赖程度和交往方式并不相同,因此,将中国的周边分解为这四个次级单位,并且在描述政策框架的基础上分析其动力机制符合中国的外交实践。

(二)次区域经济合作

从地理范围来说,次区域是地区这个集合的子集。它包括超过一个以上的国家(但是比地区内国家更少),或是一些跨国性合成物(一些国家的混合,国家的一部分,或者两者兼具)。③ 从分析层次来看,次区域层次介于双边层次和地区层次之间,一般包含两个以上国家行为体或与国家战略一致的并非完全具有独立自决权的次国家行为体,是低于地区层次而高于单位层次的体系层次。

所谓次区域经济合作,就是一个大的地区内一些地理上邻近的国家或邻近国家的部分地方开展的多边经济合作。④ 亚洲开发银行的经济学家给出的定义是:次区域经济合作是"包括三个或三个以上国家的、精心界定的、地理毗邻的跨国经济区,通过利用成员国之间生产要素禀赋的不同来促进外向型的贸易和投资"。⑤ 新加坡东亚研究所的黄朝翰教授认为,次区域经济合作一般起因于国家间的接合部,通过海洋的联系(sea link)、陆地的联系(land link)、河流的联系(river link),所形成的地区性合作,合作伙伴可以是国家,也可以是大国的一个省或数个省。次区域合

① Anssi Paasi,"The resurgence of the ' Region ' and ' Regional Identity ' :theoretical perspectives and empirical observations on regional dynamics in Europe," *Review of International Studies*, Vol. 35, S1 (2009), pp.121–146.
② 唐世平、张蕴岭:《中国的地区战略》,载《世界经济与政治》2004 年第 6 期,第 9 页。
③ 巴瑞·布赞、奥利·维夫、迪·怀尔德著,朱宁译:《新安全论》,浙江人民出版社 2003 年版,第 25 页。
④ 魏燕慎主编:《亚洲增长三角经济合作区研究》,北京:中国物价出版社 1998 年版,第 3—4 页。
⑤ 赵永利、鲁晓东:《中国与周边国家的次区域经济合作》,载《国际经济合作》2004 年第 1 期,第 51—54 页。

作是建立在尊重国家主权、充分发挥当地的比较优势基础上的互惠互利，其合作受到经济、政治、安全等多方面因素的综合影响。[①] 本书主要考察的是冷战结束以来中国在周边参与的次区域经济合作。

---

① 泛北部湾经济合作可行性研究课题组:《泛北部湾经济合作研究报告》,2007 年 7 月。参见 http://www.gxnews.com.cn/specialzip/351/01.htm。最后登录时间为 2011 年 3 月 20 日。

第一编
中国周边地区政策的维度分析

第一章　中国周边地区
政策发展的历史维度

　　长期以来,中国确立了"大国是关键,周边是首要,发展中国家是基础,多边是舞台"的外交布局。周边政策逐渐成为这一棋盘上的亮点,并被很多学者称为"新外交"、"积极外交"、"主动外交"。[①] 中国在朝核问题上的"穿梭外交"、对周边国家积极主动而富有成效的外交、与东盟的新型关系、对东亚和中亚地区合作进程的推动等,都成为各国政策研究机构和媒体讨论的焦点。那么,冷战后中国周边外交理念、政策立场及其外交实践是如何演进的,出现了哪些新的特点,其发展方向又将如何呢? 对中国周边政策历史演进的梳理有助于我们认清政策形成的动力和机制,理解中国对外行为的内在逻辑。

第一节　"周边"在中国周边外交布局中的定位

　　牛大勇和沈志华认为,所谓"周边"不仅是指在陆上或海上同中国相邻的国家和地区,而且还包括相对而言处于中国边缘的区域。一些对中国的国家安全和外交战略有重大影响的国家和地区,也是不可忽视的。[②]近年来学界出现一种"大周边"的说法,认为"大周边"外交主要包括两个层次,第一个层次是指中国与传统近邻之间的关系;第二个层次是指中国

---

① 参见朱立群:《美国学者对中国亚洲政策的认知》,载《外交学院学报》2005 年第 2 期,第 61 页;Evan S. Medeiros and M. Taylor Fravel, "China's New Diplomacy", *Foreign Affairs*, Nov/Dec 2003, Vol. 82, Issue 6.

② 牛大勇、沈志华主编:《冷战与中国的周边关系》,北京:世界知识出版社 2004 年版,前言第 5 页。

与俄罗斯、欧盟国家及美国的关系。[①] 可以说,新中国成立以来,中国周边政策的利益内涵得以丰富,利益边界不断延伸。

对于一个国家来说,地缘政治环境是影响其对外政策的基础性和首要性因素。中国位于亚欧大陆东部、太平洋西岸,是一个兼具陆地边界和海洋边界的国家。中国与 14 个国家陆地接壤,与 8 个国家海上相邻。这一地缘位置决定了其周边安全形势非常复杂,地缘环境非常脆弱,极易受到周边国家的影响。同时,中国幅员辽阔,是亚洲最大的国家,这一疆土特点决定了维护国内政权稳定是它生存和发展的立命之本。特殊的地缘环境决定了中国外交政策的重中之重是维护"周边"的稳定。因此,中国历来为了保障庞大国家的稳定,尤为关注自身的边界安全,注重加强与邻国的友好关系。然而,近代以来,中国遭受西方殖民者的侵略和压迫,争取民族独立成了国家的首要甚至是惟一任务。认识西方、处理与西方的关系上升为一个民族命题,影响了中国一个多世纪的内政外交思维。改革开放确立了以经济建设为中心的战略方针,中国开始用全面发展与各大国的关系和稳定周边安全环境"两条腿走路"。稳定周边安全环境能够增加中国大国外交的砝码,有利于大国关系的稳步发展;而发展与大国的关系,对于稳定周边安全环境至关重要,两者相辅相成,缺一不可。

冷战时期,美苏两极格局几乎主导了所有的地区,中国对美苏的大国战略是中国处理与这些地区关系的出发点和落脚点。冷战结束后,以经济实力为基础的综合国力的竞争更趋激烈。各国普遍将战略重点转向发展经济,经济优先已是一种世界潮流。经济利益成为各国制定对外政策的基本出发点。[②] 为了推动国内经济建设的快速发展,中国需要与东亚"四小龙"等经济发达国家和地区开展经济合作,因此政治关系的建立成为冷战结束之初中国首要解决的问题。"稳定周边"成为中国主要的对外目标。这时的"周边"更多时候是指"周边国家",是双边关系的集合。

1997 年亚洲金融危机平息后,中国逐渐意识到区域公共问题的普遍性和严峻性。而中国真正开始把"周边"看作一个区域,把自己看成这个区域中的一个重要角色,是进入新世纪以后的事了。2002 年中共十六大

---

① 阮宗泽:《构筑新世纪大周边外交》,载《瞭望》2001 年 9 月第 38 期,第 3 页。
② 中华人民共和国外交部政策研究室编:《中国外交》,北京:世界知识出版社 1995 年版,第 3—4页。

报告明确指出"加强睦邻友好,坚持与邻为善、以邻为伴,加强区域合作",将区域合作放在与睦邻外交同等重要的地位。2003 年温家宝提出的"睦邻、安邻、富邻"则体现出中国的战略意图,即塑造有利于整个区域持续发展和稳定和谐的安全环境。只有立足于周边,中国才能实现其"有限的全球利益"。①

从历史的维度看,冷战后中国周边政策的演进可分为三个阶段:过渡期(1989—1995),中国的周边政策表现为建交和复交,与周边国家建立起睦邻友好的伙伴关系;调整期(1996—2001),周边外交主要是围绕地区重要大国展开的,同时受制于大国关系和大国战略;成熟期(2002 年至今),中国周边地区政策逐渐形成,主要特点是双边与多边并举,相辅相成;多边政策在次区域和地区层次上同时展开,形成了次区域—双边—地区多层次的政策框架。

第二节　过渡期(1989—1995):全面建交与经济外交

与周边国家全面建交和经济外交是过渡时期中国对外政策的重点。以中国与所有周边国家建立外交关系为节点,过渡时期的周边外交可分为两个阶段。

第一阶段,风云突变的国际形势对社会主义中国极其不利,中国走到了必须做出关键抉择的十字路口。在重重压力之下,邓小平提出了"韬光养晦、有所作为"的国际战略方针,在国际上突破西方的孤立,营造有利于自身发展的国际环境。为此,中国制定了以"稳定周边"为主要内容之一的对外方针,从周边入手,广交朋友,增信释疑,开创了对外工作新局面。

中国把改善同周边国家尤其是同东南亚国家的关系作为新形势下对外关系的重点之一。中国同印度尼西亚正式恢复外交关系,同越南和老挝实现了国家关系正常化,同新加坡与文莱建立了外交关系,同其他东南亚国家的关系也分别得到了加强。冷战结束后短短的几年,同东南亚各

---

① Wu Xinbo, "Four Contradictions Constraining China's Foreign Policy Behavior," *Journal of Contemporary China* (2001), 10(27), p.294.

国间的高层领导人互访接连不断,出现了中国周边关系史上国际关系稳定发展的时期。为了加强改革开放的步伐,尽快把国民经济搞上去,使社会主义市场经济同世界经济接轨,中国对这些国家的经济情况尤感兴趣。①

对于中国把外交重点转向睦邻外交,国际关系学界从不同角度进行了解读。一般认为,西方国家的经济制裁和政治封锁压缩了中国的外交空间,迫使中国急需找到外交突破口。在外部环境恶化的情况下,中国选择优先维护周边稳定是明智之举,更是改革开放的必经之路。这是从国际环境整体的角度看中国对周边政策的改变。而美国的中国问题专家沈大伟从区域环境尤其是周边国家对中国政局变化的反应的角度,指出针对中国"六四风波"亚洲国家与西方国家所做出的截然不同的反应对中国的认知产生了重要的影响。② 他注意到当世界其他国家试图孤立中国的时候,东盟国家采取的是一种对华接触而不是孤立中国的政策,使得中国迫切希望通过互动加强它们对自身的正面认识,同时也增强了中国塑造睦邻友好关系的信心和决心。西方阵营内部也并非铁板一块,日本就采取了不同的对应措施,只是努力追求事态的平静化。根据温特对"镜式反映"的界定,行为体对自己的看法是他们认为他者对自己的看法或"评价"的反映,是以他者为镜再现自我。③ 它表明中国是在互动中通过认识自我与外部环境的关系来界定自身在国际社会的身份和地位的,同时在认知的基础上确定利益的内涵和边界并制定对外政策。

第二阶段,中国大力加强与周边建交国家的政治互信,并在此基础上推动全方位的经济合作。

中国对当时国际形势和地区环境的认知大体包括四个方面。首先,1994 年是 90 年代以来世界经济形势由阴转晴的第一个年头。其次,中

---

① 亓成章、季传亭、徐胜希等:《中国周边国际环境》,济南:山东人民出版社 1996 年版,第 97 页。

② David Shambaugh, "Introduction: The Rise of China and Asia's New Dynamics" in David Shambaugh, ed., *Power Shift: China and Asia's New Dynamics* (Berkeley, Los Angeles, London, University of California Press, 2005), pp.1-22.

③ [美] 亚历山大·温特著,秦亚青译:《国际政治的社会理论》,上海人民出版社 2000 年版,第 413 页。

国认识到"经济因素越来越成为国际关系中首要的、关键的因素"。① 第三,亚洲的国际地位继续上升。② 第四,从周边国家与地区加速发展的事实和中国自身发展的经验来看,要更好更快地发展,保持一个较高的发展速度。③

从具体实践上看,中国在高层互访、边界争端和经济关系三方面巩固和发展了与周边国家的睦邻友好关系。在高层互访方面,据统计,仅在1992年一年的时间内,便有30个国家的国家元首或政府首脑访问中国,其中有14个是来自中国的邻居。④ 在解决边界问题方面,与俄罗斯和中亚诸国的谈判最具成效,这一谈判机制成就了后来中亚的重要多边组织——上海合作组织。相比之下,与印度的边界问题至今仍未解决,但是中国在90年代初刚与印度恢复了正常关系时对边界问题的处理方式,巩固了脆弱的两国关系,同时为两国经济、政治、人文等各领域的交流奠定了基础。⑤ 在经济关系方面,中国特别重视加强与东盟的经济联系,以消除东南亚国家对中国长期存在的担忧。在1992年,东盟(不包括新加坡)各国在华协议投资项目共808个,协议金额达13.4亿美元,分别比1991年增长了503%和657%。马来西亚和泰国已逐渐成为中国在东盟投资的重点国家。

与此同时,中国开始与成立不久的区域组织接触,于1991年11月加入亚太经合组织(APEC),1992年7月成为东盟的磋商伙伴,1994年中国外长参加了东盟地区论坛(ARF)的外长会议。尽管中国参与了所在地区最重要的几个多边机制,但从加入的动机和在机制中所扮演的角色来看,表现出明显的被动性和反应性特点。这些区域多边机制对中国来说仍是新生事物,在双边关系尚未稳固下来的前提下,中国的多边参与是有

① 中华人民共和国外交部政策研究室编:《中国外交》,北京:世界知识出版社1995年版,第3—4页。
② 中华人民共和国外交部政策研究室编:《中国外交》,北京:世界知识出版社1995年版,第5—6页。
③ 张谦:《从周边国家和地区看我国加速发展的紧迫性》,载《人民日报》1992年8月10日,第5版。
④ 曹云华:《中国与周边国家(和地区)关系中的经济和政治》,载《当代亚太》1994年第4期,第30页。
⑤ 谢益显主编:《中国当代外交史(1949—2009)》,北京:中国青年出版社2009年版,第392—393页。

限的而且是处于认识和学习中的。

第三节　调整期(1996—2001):受制于
大国关系和大国战略

这一时期中国外交侧重于对美国、欧洲和作为西方集团成员的日本以及俄罗斯的"大国外交",其中美国是"重中之重"。中国在相当程度上忽视了亚洲。^① 周边外交主要围绕区域重要大国展开,对与小国或小国集团关系的推动也多是出于稳定大国关系和受制于大国战略的实施。

中国之所以会将大国关系置于头等优先地位,是与当时的国际形势和中国对外关系发展阶段有直接关系的。第一,美国的对华政策是最重要的影响因素。克林顿政府执政之初,把人权问题和不扩散问题作为对华政策的重点,导致中美关系起伏不定。1995—1996 年的台海危机使台湾问题在双边关系中再度突出出来,而 1996 年开始的美日同盟的调整也使中国对美国的战略意图感到忧虑。1999 年攻击中国在美从事间谍活动的《考克斯报告》的出台,以及南联盟的炸馆事件再次使中美关系再度走入低谷。^② 第二,国际格局处于百废待兴的过渡时期,各国都在互相调适和试探,以及建立新的沟通和对话渠道的进程中。中国也不例外,中国对外关系尤其是大国关系的发展不够成熟。以 1996 年台海危机后的中美关系为例,两国的精英开始意识到两国没有畅通的沟通机制,将重蹈覆辙,甚至引起战争。在这种情况下,中国的当务之急是如何稳定中美关系不至于滑向战争的边缘。因此,一方面,中美双方开始尝试更多的军事交流,保持两军高层互访,建立互信措施和安全磋商机制,从而试探对方的战略实力和意图,以及保证传递信息渠道的畅通;另一方面,在双方的战略博弈中,中国希望通过拓展自身的外交空间获得更多的战略主动和回旋余地。为此,中国开始大力推动与俄罗斯的关系。以建立两国间和平安全信任的边界为契机,两国建立起"战略协作伙伴关系",并于 2001 年缔结了"睦邻友好合作条约"。在中亚地区,中俄共同推动建立了第一个

---

① 庞中英:《中国的亚洲战略:灵活的多边主义》,载《世界经济与政治》2001 年第 10 期,第 43 页。
② 吴心伯:《太平洋上不太平——后冷战时代的美国亚太安全战略》,上海:复旦大学出版社 2006 年版,第 88—96 页。

以中国城市命名的区域组织——上海合作组织。而在美俄较量中,中国也给予俄罗斯战略支持,支持俄罗斯维护"反导条约"和反对美国"导弹防御系统"计划。[①] 这些举措形成了对美国的战略平衡,维护了中国的核心利益,同时也为中国扩大与中亚次区域的交往合作创造了条件,为中国发展与周边国家的睦邻友好关系起到了很好的示范作用。

在睦邻外交实践中,中国尤其重视同东盟的关系。1996 年 7 月,中国由东盟磋商伙伴国升格为东盟全面对话伙伴国;1997 年 12 月,双方发表了《中国—东盟首脑会议联合声明》,确定了中国—东盟面向 21 世纪睦邻互信伙伴关系的方向和指导原则。在政治关系不断巩固和提升的同时,中国与东盟的经贸合作逐年增加。以中国同东盟七个国家的贸易数字看,1986 年为 33.5 亿美元,1996 年为 203.95 亿美元,年均增长率为20%。特别在 1994 年以后,1995 年比 1994 年增长 41.8%。1995 年时,东盟已是中国第六大贸易伙伴。而到 2001 年中国与东盟国家贸易额达到416.2 亿美元,比 1996 年翻了一番,占中国对外贸易总额的 8.8%。在双边经济合作突飞猛进的情势下,中国提出建立中国—东盟自由贸易区的建议,受到东盟国家的广泛响应。国内甚至有学者认为中国实施区域战略始于中国—东盟自由贸易区。[②] 在安全和战略上,中国试图通过对话机制和签订条约等制度化措施达到增信释疑、消除东南亚小国内"中国威胁论"的目的。1994 年东盟拉拢美国、日本等大国成立了东盟地区论坛,中国对此采取了谨慎接触的姿态,不仅加入进来,而且利用它来增强互信和消除误会。

1997—1998 年亚洲金融危机为中国周边外交带来了观念革新,使亚洲国家包括中国认识到区域性问题的性质和影响,即任何国家不可能独善其身,国家要发展和安全,就必须塑造一个共同繁荣和稳定的区域环境。在这个认知的前提下,中国周边外交的责任需求与发展需求和安全需求变得同等重要。在危机中,中国坚持人民币不贬值,对维护亚洲的经济稳定和恢复做出了贡献,获得了国际声誉,区域影响力获得极大提升。这个"反馈"加强了中国满足其责任需求的决心和信心,在制定周边政策

---

① 谢益显主编:《中国当代外交史(1949—2009)》,北京:中国青年出版社 2009 年版,第 419—428页。

② 张蕴岭:《中国同东亚的经济一体化与合作》,载《当代亚太》2006 年第 1 期,第 6 页。

时逐渐有意识地把自身放在区域中去考虑,使之渐渐脱离受制于大国战略的轨道,一套更为成熟而多层次的周边政策体系开始萌芽。

第四节　成熟期(2002—):
次区域—双边—地区多层政策结构的成型

2002 年中共十六大报告中明确指出:"我们将继续加强睦邻友好,坚持与邻为善、以邻为伴,加强区域合作,把同周边国家的交流和合作推向新水平。"从而为新世纪的中国周边外交确定了方向。2003 年 10 月,中国总理温家宝在出席在印尼巴厘岛举行的东盟与中国领导人会议期间发表讲演,提出了"睦邻"、"富邻"、"安邻"方针,勾勒出我国在政治、经济和安全领域谋求地区稳定和繁荣的战略目标。在这一战略目标的指导下,中国的睦邻外交日益机制化和框架化,地区多边合作全方位推进,同时地方国际化所带来的次区域经济合作进行得如火如荼。中国周边政策的次区域—双边—地区多层政策结构正逐渐成型。

在次区域层次上,中国的西南、西北、东北地区在西部大开发和振兴东北老工业基地发展战略的指导下,与周边相邻地区开展了次区域经济合作。在中国的西南地区,云南省和老挝、缅甸、柬埔寨、泰国、越南五国于 1992 年建立起了由亚洲开发银行倡导的大湄公河次区域经济合作机制,从 2005 年起,中国广西壮族自治区也加入进来。云南和广西利用地缘优势,大力发展与周边五国在交通、能源、电信、环境、农业、人力资源开发、旅游、贸易与投资等领域的合作,取得了丰硕的成果。[①] 在西北地区,中哈两国建立的口岸互市贸易区将扩展到第三国,这一发展将推动中国和中亚国家的边境贸易进而带动交通、能源等各领域合作。阿勒泰地区围绕资源、环保等课题所进行的多边科技合作是中国在环境问题日益严峻下的初步尝试,对中国在该领域的多边合作发展起到了良好的示范作用。为了拉动东北地区经济发展,缓解东北经济区进出口运输紧张和发展国际运输,中国积极推动与朝鲜、俄罗斯、韩国和蒙古政府合作的图们

---

① 参见周晓莉:《中国参与大湄公河次区域经济合作的回顾与展望》,载《当代经济》2008 年第 5 期,第 112—113 页。

江地区开发项目。2000 年 4 月国家批准在珲春边境经济合作区内设立吉林珲春出口加工区,2001 年 2 月批准设立了珲春中俄互市贸易区,还赋予延边朝鲜族自治州享受西部大开发的优惠政策。吉林省政府也设立了图们江地区开发领导小组办公室,专职研究、协调、指导图们江地区开发建设。① 2009 年国务院批复《中国图们江区域合作开发规划纲要——以长吉图为开发开放先导区》,包括吉林省范围内的长春市、吉林市部分区域和图们江地区,总面积约 3 万平方公里,作为中国参与图们江区域合作开发的核心地区和重要载体。

在双边层次上,中国广泛建立"伙伴关系"网络,通过签署框架文件巩固和深化政治互信;积极扩展与周边国家在经贸、能源、金融等各领域的合作;遵循国际法和区域规范,利用机制和条约约束和保证自身的安全行为。换言之,中国对外关系已逐渐成熟,国家间的争端和危机能够在通畅的沟通渠道和稳定的共识框架下得以控制和解决。

中国与周边国家建立的"伙伴关系"可分为四种类型,分别是战略型、协调型、建设型和友好型伙伴关系。中国与俄罗斯、巴基斯坦、哈萨克斯坦等国的关系属于战略型伙伴关系,是中国外交的最高定位。建立战略伙伴关系不一定意味着两国成为传统意义上的战略伙伴,它可能仅仅是为国家关系构造一个高层次的框架,引导国家关系向前发展。② 中国与韩国等国的关系属于协调型伙伴关系,它体现为处理诸多国际事务上的共同立场。中国与日本、美国、印度、蒙古等国的关系属于建设型伙伴关系,一般来说,中国与这些国家的关系还有待改进和提升,需要国家间共同的努力。中国与土库曼斯坦、塔吉克斯坦、吉尔吉斯斯坦等国的关系属于友好型伙伴关系,中国与这些国家之间一般不存在利益分歧,保持了良好的合作关系。总体来看,中国在与周边国家的交往中,非常重视加强双边政治互信,促进睦邻友好,在相互理解的基础上发展多领域和多层次合作。

在地区层次上,中国在东北亚、东南亚和中亚不同程度地参与和推动

---

① 于国政:《图们江地区开发与东北老工业基地振兴》,载《西伯利亚研究》2004 年第 3 期,第 3 页;《图们江开发项目最新进展及其在东北亚区域经济合作中的地位和作用(吉林省政府图们江开发办副主任张东辉的发言)》,新华吉林网 http://www.jl.xinhuanet.com/main/dbyjjlt/006-06.htm。

② 赵华胜:《中国的中亚外交》,北京:时事出版社 2008 年版,第 153 页。

了政治、经济和安全合作。2007年4月中国首次以观察员身份出席了第十四届南亚区域联盟峰会,标志着中国已将地区合作作为国家在全方位实现国家利益必不可少的补充手段。于2001年成立的上海合作组织是由中俄两国主导下的制度化程度很高的地区组织,其发展体现出中国地区多边合作的新特点。"9·11"事件的发生为上海合作组织带来了机遇和挑战。作为上海合作组织的成员国,中国积极推动该组织的机制化建设,促进各成员国在安全、经贸等领域合作的不断扩大和深化。2002年6月7日,上海合作组织成员国元首第二次峰会在俄罗斯圣彼得堡市举行。中国国家主席江泽民提出上海合作组织应加快机制化建设、加强团结协作、加大合作力度等三项主张,明确安全与经贸合作是推动区域合作与上海合作组织发展的两个轮子。此次峰会上,六国元首共同签署了《上海合作组织宪章》、《关于地区反恐怖机构的协定》和《上海合作组织成员国元首宣言》等三个政治文件。《协定》标志着各方在安全领域的合作方面迈出了实质性的步伐,在打击"三股势力"上将会有更坚决的行动。由于上海合作组织所承担的这一主要安全任务符合中国打击"东突"、稳定西部安定的核心利益,相比其他地区多边机制,中国对上合组织投入了更多资源和热情。在2007年上海合作组织成员国元首理事会第七次会议上,胡锦涛主席表示希望中亚地区成为持久和平、共同繁荣的和谐地区,提出"四个坚持",即坚持睦邻友好,坚持共同发展,坚持文化互鉴,坚持对外开放。成员国元首还共同签署了《上海合作组织成员国长期睦邻友好合作条约》,这是上海合作组织首份规范成员国相互关系准则的重要政治、法律文件。

进入新世纪以来中国与东盟的关系继续快速发展,在多个地区机制中深化合作。2002年中国与东盟的关系取得重大进展。11月,中国总理朱镕基出席了在柬埔寨举行的第六次"10+3"会议,与东盟领导人共同签署了《中国与东盟全面经济合作框架协议》,决定于2010年建成自由贸易区。双方还签署了《南海各方行为宣言》,为稳定南海局势及和相关国家在南海开展务实合作和共同开发奠定了重要的政治基础。2003年10月,在巴厘岛举行的第七次"10+1"领导人会议上,中国政府宣布加入《东南亚友好合作条约》,并与东盟签署了《中华人民共和国与东盟国家领导人联合宣言》,宣布建立"面向和平与繁荣的战略伙伴关系"。中国因此成为东盟的第一个战略伙伴,成为东盟组织外第一个加入《东南亚友好合作条约》的大国,东盟也成为和中国建立战略伙伴关系的第一个地区组织。①

尽管中国参与地区合作的形式均为地区多边机制,但在合作的缘起、性质、参与程度和政策倾向等方面存在很多差异。例如,在安全方面,中国对不同地区的多边主义倾向明显不同。在中亚,中俄于 2001 年主导建立了上海合作组织,体现出其强烈的多边主义政策偏好;对东盟地区论坛的参与则从当初被动加入逐渐过渡为对不同议题分别抱以积极或谨慎的态度;②而在六方会谈的发展过程中,中国逐渐意识到朝核问题走向对国际关系和自身核心的国家利益所产生的重大影响,仅以调停者和中介人的身份参与其中并不能最大限度地维护国家安全和地区稳定,积极推动局势向有利于自身利益的方向发展才是明智的选择。在经济方面,这种倾向也显示出不均衡的特点。尽管中国极力推动中日韩自贸区的建立从而带动东北亚经济合作的兴盛,但这一政策始终难以得到各国广泛积极的响应;在东南亚,中国—东盟自贸区的建立推动了地区经济合作的进一步机制化,日本、韩国等国也开始效仿中国与东南亚国家开展自贸区合作,而东盟 10+3 机制下的金融合作在 2008 年金融危机的背景下得到了更多前进的动力;中亚的经济合作落后于安全合作,尽管上海合作组织框架内的经济合作已经起步,但仍处于相对初级的阶段。

次区域—双边—地区多层政策结构的成型与中国的国家均衡发展战略密切相关。改革开放以来,东部沿海城市的率先开放拉动了珠三角和长三角的经济社会发展,但中西部地区仍相对落后和封闭。为此,国家提出西部大开发计划,通过采取加速基础设施建设、加大引入外资力度等政策倾斜措施,提高这些地区的经济发展水平。20 世纪 90 年代后期,国有企业亏损状况日渐严重,危及国家的持续发展。在这一背景下,国家相继出台振兴东北老工业基地和推动中部崛起的发展战略,加速了这些地区

---

① 谢益显主编:《中国当代外交史(1949—2009)》,北京:中国青年出版社 2009 年版,第 505 页。

② 东盟地区论坛(ARF)的发展进程分为三个阶段,即促进建立信任、推进预防性外交和探讨对待冲突的方式。目前,ARF 处在由第一阶段向第二阶段过渡的时期。中国积极参与并推动第一阶段的进程,在 ARF 的框架内举办了一些增进相互信任的活动,如成功举办东盟地区论坛第四届国防院校校长会议,与菲律宾共同在中国主持 ARF 加强信任措施会议等。在 ARF 向第二阶段过渡的过程中,中国认为加强相互信任仍是最根本的,而对预防性外交的实施持谨慎态度。

对外开放的进程。可以说，中国的西南、西北和东北地区不同程度地参与次区域多边合作，反映出国家内部均衡发展和对外开放的战略需求，以及在地方国际化过程中地方政府所发挥的独特作用。以中国在东北亚的政策为例，中国东北地区所参与的图们江流域开发项目是以振兴东北老工业基地和促进东北地区经济发展为出发点的；而维持中朝战略关系是从确保中国国家安全、东北地区经济发展和维护东北亚局势的角度考虑的；中国于2003年开始作为六方会谈的组织者，积极调停和斡旋于朝核问题各相关方之间，也是与振兴东北经济直接相关的，维持区域稳定对于中国的持续经济繁荣至关重要。

对中国而言，稳定国内局势和实现经济发展是国家执政者的首要目标。这种内向型的发展模式奠定了中国外交政策的基调，即外交为国内政权稳定和经济社会发展服务，维护"周边"的稳定是中国外交政策的重中之重。尽管这一政策重心在近代和冷战时期发生了偏移，但在经济优先的后冷战时代中国重新回到了"周边是首要"的外交布局上。然而，"周边"在中国外交布局中的定位已发生了质的变化。"周边"由国家关系的集合，发展为整体的区域概念，中国开始运用系统思维去看待周边与自身的关系。在"周边"观念变化的同时，中国周边政策的重心也在发生着改变。过渡时期（1989—1995）中国周边政策的重点是全面建交与经济外交。调整时期（1996—2001）的周边外交主要围绕区域重要大国展开，对与小国或小国集团关系的推动也多是出于稳定大国关系和受制于大国战略的实施。中国周边政策走向成熟（2002—）的主要标志则是次区域—双边—地区多层政策结构的逐渐成型。这一结构的成型与中国的国家均衡发展战略密切相关。它不仅体现出国内战略和对外战略的联动性，也说明了多层次和多领域的多边合作已成为中国塑造理想地区环境的重要手段。

这一政策结构的延续和发展在很大程度上取决于中国国内的经济社会发展与国家发展战略走向，同时还取决于周边对中国政策结果的反应。一般来说，对中国的反馈模式大体分为两种，一种是积极和肯定中国政策结果的正反馈，另一种则是消极和否定的负反馈。在更多的时候这两种反馈是兼而有之的。周边国家积极和肯定的正反馈将会"鼓励"和加强中国既有政策的延续性，促使中国对周边施以更多善意和承担更多责任；

部分消极和否定反馈源于对中国意图的误解,在一定程度上有可能通过对话机制得以缓解甚至消除,但有些负反馈所带来的全局性影响,将有可能迫使中国改变现有的合作型政策结构。

第二章　新世纪中国周边
地区政策的多层结构

本章运用层次分析法,在次区域、双边和地区这三个层次上全面探讨中国周边地区政策。对各个层次上的政策内容和不同层次之间的相互关系的系统分析,有助于我们在事实分析的基础上,对中国周边地区政策展开进一步的理论研究。

第一节　次区域层次

中国一直是次区域合作的积极参与者。[①] 中国参与次区域的合作开发,是"睦邻"、"安邻"、"富邻"政策的具体体现。在此过程中,中国与毗邻的国家建立起一种平等互信、互惠互利的新型国际关系。[②] 目前,中国参与的次区域经济合作主要有大湄公河次区域经济合作(Great Mekong Subregion Cooperation,简称 GMS)、泛北部湾经济合作(Pan-Beibu Gulf Economic Cooperation Forum,简称 PBGEC)、中亚区域经济合作(Central Asia Regional Economic Cooperation,简称 CAREC)以及大图们倡议(The Greater Tumen Initiative,简称 GTI)。

一、中国在东南亚的次区域合作

在东南亚,中国积极参与了大湄公河次区域经济合作和泛北部湾经

---

① 中华人民共和国外交部:《温家宝在大湄公河次区域经济合作第三次领导人会议上的讲话》,2008 年 3 月 31 日,参见 http://www.fmprc.gov.cn/chn/pds/wjb/zzjg/gjs/gjzz/dmgh/zyjh/t419796.htm,2011 年 3 月 20 日登录。
② 翟崑:《一条大河共开发——大湄公河次区域经济合作战略解析》,载《人民日报》2005 年 6 月 24 日,第 7 版。

济合作两个次区域合作机制。从中国参与的方式看,亚洲开发银行在大湄公河次区域经济合作的产生和发展中扮演着关键性的角色,中国在其中发挥倡导与推动作用。[①] 而泛北部湾经济合作则是由中国倡议并主导的,体现出中国日臻灵活而成熟的多边合作思维。

（一）中国对大湄公河次区域经济合作的政策

1992 年,在亚洲开发银行倡议下,大湄公河次区域 6 国在马尼拉亚行总部召开了首届大湄公河次区域合作会议(从第二届起正式称为"部长级会议"),共同发起了大湄公河次区域经济合作机制。会议文件将大湄公河次区域经济合作范围界定为"柬、老、缅、泰、越和中国云南省"。[②]

事实上,早在 1994 年,中国政府便成立了由 20 多个部门组成的"澜沧江—湄公河流域开发前期研究协调组",负责具体工作。此后,国务院指示国家计委牵头完成了《中国参与澜沧江—湄公河次区域开发合作总体研究报告》,2008 年 3 月国家发展和改革委员会、外交部和财政部又联合发布了《中国参与大湄公河次区域经济合作国家报告》。这些报告清晰地说明中国积极参与大湄公河次区域经济合作,是从推动次区域经济社会发展、加强与东盟的睦邻友好关系、维护东南亚地区和平稳定的战略高度出发的。[③]

推动次区域经济社会发展。湄公河次区域经济和生产力发展水平比较低,自然、半自然经济比重较高,一、二、三产业发展不协调,产业结构不合理,农业和原料型工业比重较大,国民经济主要靠投资拉动。亚洲开发银行发起这一项目合作机制,就是要实现"共享式经济增长、环境可持续发展和区域一体化"。[④] 实践证明,这一机制推动了双边经贸关系的发展,改善了当地的贫困现象,加快了各成员国产业整合。对于中国而言,

---

① 陆建人:《提升合作　惠及沿岸——大湄公河次区域经济合作与中国的作用》,载《人民日报》 2005 年 6 月 24 日,第 7 版。

② 从 2005 年开始,广西也已正式参与合作事务。

③ 陆建人:《提升合作　惠及沿岸——大湄公河次区域经济合作与中国的作用》,载《人民日报》 2005 年 6 月 24 日,第 7 版。

④ 亚洲开发银行:《2020 战略:亚洲开发银行 2008—2020 年长期战略框架》,前言,参见 http:// www.shenyang.gov.cn/web/download.file? file_name =/web/resource/newspic/2009/11/17/Strategy- 2020-cn.pdf,2010 年 11 月 10 日登录。

该区域还是中国西部大开发战略和"走出去"战略的重叠区。[①] 温家宝总理建议把领导人与工商代表对话会作为每次领导人会议的固定配套活动,[②]充分表明中国鼓励非政府力量参与合作,通过加强政府与工商界之间的伙伴关系,调动他们参与次区域合作的积极性。

加强与东盟的睦邻友好关系。从经济上看,发展次区域经济合作有助于加强与东盟的战略伙伴关系。次区域的东南亚五国是东盟国家中经济相对落后的国家,中国的西南边疆地区也是中国贫困人口相对集中的地区,因此,促进次区域经济社会发展是中国与东盟的共同利益。中国承诺和次区域的欠发达国家一起发展,有助于巩固双方的战略伙伴关系。温家宝在2005年大湄公河次区域经济合作机制第二次领导人会议上的讲话中就曾提到,"促进次区域贸易投资便利化与中国—东盟自贸区建设的互动,为商品的流通和人员的交往创造良好的环境"。[③] 从安全上看,这样一块山水相连、经济合作日益紧密、能够实现各国共赢理想的地区,理应成为"中国威胁论"逐步消弭之地。[④] 可以说,从次区域入手,是增强中国与东盟的政治互信的一个上策。

维护东南亚地区和平稳定。中国采取各种扶持措施推动次区域国家的共同发展,大力帮助次区域欠发达国家建设基础设施,提供人才培训和技术支持,均有助于缩小这些国家与东盟其他工业化国家之间的贫富差距,在一定程度上消除或缓解了贫富差距过大所造成的社会冲突。在这一点上,中国和东盟利益重合且相互依存。不仅是因为双方内部都存在贫富差距大的社会问题,需要慎重解决,还由于次区域欠发达国家的经济社会状况与中国和东盟直接相关。对于中国来说,次区域出现社会动荡,将直接导致中国西南边疆不稳;对于东盟来说,则面临着危险的"多米诺

---

① 翟崑:《一条大河共开发——大湄公河次区域经济合作战略解析》,载《人民日报》2005年6月24日,第7版。

② 中华人民共和国外交部:《温家宝在大湄公河次区域经济合作第三次领导人会议上的讲话》,2008年3月31日,参见 http://www.fmprc.gov.cn/chn/pds/wjb/zzjg/gjs/gjzz/dmgh/zyjh/t419796. htm,2011年3月20日登录。

③ 中华人民共和国外交部:《国务院总理温家宝在大湄公河次区域经济合作第二次领导人会议开幕式上的讲话》,2005年7月5日,参见 http://www.fmprc.gov.cn/chn/gxh/xsb/xw/t202376.htm,2010年12月10日登录。

④ 翟崑:《一条大河共开发——大湄公河次区域经济合作战略解析》,载《人民日报》2005年6月24日,第7版。

骨牌"现象和一体化机制被削弱的风险。

2002 年 11 月,第一次大湄公河次区域经济合作领导人会议举行,中国在会上提出了推动合作的三项建议,即平等协商、互利互惠;以项目为主、注重实效;突出重点、循序渐进,受到与会各国欢迎。中国正在成为这一次区域合作的主要倡导者和推动者。具体来看,中国对大湄公河次区域经济合作的参与和推动主要体现在加快基础设施建设、深化能源合作、促进贸易投资便利化、推动环境合作与开发、大力开展人力资源合作等方面。

加快基础设施建设。交通是湄公河次区域合作开发的重中之重,也是次区域经济走廊和互联互通建设的关键领域,主要涉及澜沧江—湄公河的国际通航开发、"泛亚铁路"以及区域公路网建设等。2001 年 6 月,澜沧江—湄公河国际航道正式通航。十余年来,该航道极大地促进了中国、老挝、缅甸、泰国等沿岸国家间的经贸往来、旅游合作和文化交流,成为连通中国与东南亚的"黄金水道"。2011 年,中、老、缅、泰四国还成立了湄公河联合巡逻执法联合指挥部,对于维护湄公河航道安全起到了积极作用。在铁路建设方面,中国积极参与泛亚铁路合作,组织开展了泛亚铁路境内和境外段调研。泛亚铁路计划从中国昆明出发,经越南、柬埔寨、缅甸、马来西亚,最后抵达新加坡,将中国与整个东南亚国家紧密联结在一起。目前,东、中、西三条线已全面启动或迅速推进。泛亚铁路东、中、西三个方案中国境内段的建设都已纳入中国《中长期铁路网规划》,且建设情况良好。在大力开展国内段建设的同时,中国也致力于支持泛亚铁路东、中、西三个方案境外段的建设。① 在公路网建设方面,南北经济走廊西线(昆明—老挝—曼谷公路)、中线(昆明—河内—海防)、东线(昆明—南宁—河内)和北部走廊(昆明—大理—瑞丽—缅甸)的建设均进展明显。

深化能源合作。电力合作是大湄公河能源合作的重点领域,中国致力于发展与大湄公河各国的电力联网和电力交易合作。除了电力合作之外,根据能源路线图开展的更广泛的大湄公河次区域的能源合作也进展

---

① 中华人民共和国中央人民政府网站:《中国参与大湄公河次区域经济合作国家报告》,http://www.gov.cn/jrzg/2011-12/17/content_2022602.htm,2011 年 12 月 17 日登录。

顺利,旨在加强现代能源服务,开发低碳能源解决方案,发展可再生资源,提高能源供应安全,促进公共和私营部门的伙伴关系。[①]

促进贸易投资便利化。中国制定了落实《大湄公河次区域贸易投资便利化战略行动框架》的国家计划,并从 2006 年 1 月 1 日起对柬埔寨 83 项、老挝 91 项和缅甸 87 项输华产品实行了单方面零关税待遇,以提高区域贸易合作水平。中国在次区域 5 国积极开展劳务承包和设计咨询,合同额和营业额逐年上升;还以合资或独资等方式参与柬埔寨、泰国、越南的经贸合作区开发建设,促进了当地的经济发展。在此推动下,大湄公河次区域贸易呈现快速增长势头。据预测,到 2015 年,中国与东盟双边贸易额有望超过 500 亿美元,中国有可能上升为东盟第二甚至第一大贸易伙伴,而中国与大湄公河次区域国家的贸易总额有望超过 1500 亿美元。[②]在投资领域,大湄公河次区域各国,尤其是越、老、柬、缅四个新东盟成员,也将成为中国对外投资的新市场。

推动环境合作与开发。中国积极参与次区域的环境合作,率先提出并大力推动生物多样性保护走廊项目,专门成立了项目国家级支持机构。中国还于 2007 年在广西和云南成功举办了大湄公河次区域经济合作第十三次环境工作组会议和"七彩云南"生物多样性保护国际论坛,扩大了中国参与大湄公河次区域环境合作和生物多样性走廊项目的积极影响。水利资源开发是次区域环境合作开发的重点项目之一。次区域国家的水电合作开发正在进行,如中泰合作兴建的景洪水电站、中缅合作兴建的邦朗水电站等。

大力开展人力资源合作。中国政府高度重视与大湄公河次区域经济合作成员国的人员交流与合作,根据各成员国的需求,利用由中方出资的"中国—东盟合作基金"和"亚洲区域合作专项资金",通过举办高层专题研讨会、干部培训班、进行友好交流等方式,与大湄公河各成员国进行定期交流和合作。中国政府还通过在亚洲开发银行设立的"中国减贫与区

---

① ADB:"Building on Success:Expanding GMS Cooperation for New Opportunities," Joint Ministerial Statement of GMS 17th Ministerial Meeting,4 August 2011,Phnom Penh,Cambodia.http://www.adb.org/sites/default/files/17th-MC-Joint-Ministerial-Statement.pdf,2011 年 11 月 5 日登录。

② 刘稚主编:《大湄公河次区域合作发展报告(2010—2011)》,北京:社会科学文献出版社 2011 年版,第 45 页。

域合作基金"为"金边培训计划"提供资金支持。

（二）中国对泛北部湾经济合作的政策

中国与东盟在大湄公河次区域经济合作中的良性互动,不仅深化了各国在湄公河次区域的全方位合作,也带动了泛北部湾合作等其他次区域经济合作的发展。

泛北部湾区域经济合作（以下简称"泛北合作"）是由中国倡议并主导建立的。其缘起要追溯到2004年5月,当时中越两国总理会商提出建设"两廊一圈",即南宁—河内—海防、昆明—河内—海防经济走廊和环北部湾经济圈的设想,该构想得到了两国政府的认同。2006年7月,环北部湾经济合作论坛[①]在广西南宁召开,泛北合作即是在这次会议上提出来的。此后,每年召开的泛北部湾经济合作论坛成为泛北合作的主要合作机制。在2007年的泛北合作论坛上,会议发布了《泛北部湾经济合作研究报告》,详尽勾画出泛北合作的构架、发展现状和前景。

中国政府建立和推动泛北合作,具有重大的战略、政治和经济意义。首先,作为中国—东盟区域合作的新格局中的重要板块,泛北合作着眼于海上经济合作,有助于拓展、充实和深化中国—东盟战略伙伴关系。早在2006年,时任广西壮族自治区党委书记刘奇葆就曾对泛北合作的重要意义作过阐述:"我们提出泛北部湾经济合作,更深层次的考虑是要构建一个区域合作的新格局。这个新格局就是,由泛北部湾经济合作区、大湄公河次区域两个板块和南宁—新加坡经济走廊一个中轴组成,形成形似英文字母'M'的一轴两翼大格局。从内容上看,有海上经济合作（Marine economic cooperation）、陆上经济合作（Mainland economic cooperation）、湄公河流域合作（MEKONG subregion cooperation）,英文表述的第一个字母也都是'M'。因此,可称为中国—东盟'M'型区域经济合作战略。"[②]分开来看,大湄公河次区域经济合作与泛北合作各处不同的地域,依托不同的合作纽带,具有不同的经济合作内容和功能。如果说澜沧江—湄公河、

---

① 环北部湾经济合作论坛后更名为"泛北部湾经济合作论坛",详见泛北部湾经济合作论坛网站:www.fecbg.org,2011年3月10日登录。

② 刘奇葆:《推动泛北部湾开发合作　构建区域经济发展新格局——在环北部湾经济合作论坛上的致辞》,2006年7月20日,参见http://www.gov.cn/zwhd/2006-07/21/content_341710.htm,2010年11月10日登录。

泛亚铁路和公路是大湄公河次区域合作的依托,那么,北部湾、南海以及从华南到新加坡的沿海公路和铁路就是泛北部湾经济合作的依托。但两者又不是毫不关联的,在地缘上它们经由南宁—新加坡走廊相互联系和沟通,整合成为中国—东盟"10+1"基本框架的重要组成部分。①

其次,泛北合作发起于中国地方省市,发挥了地方和社会行为体的外交自觉性和能动性,不仅是我国外交决策体系的示范案例,也是我国统筹国内和国际两个大局的重要成果。与大湄公河次区域经济合作以亚洲开发银行的项目为主导不同,泛北合作是由中国广西壮族自治区提出,而后得到中央的同意和东盟相关国家的响应而建立的。对于广西而言,把北部湾的发展与泛北部湾合作连接起来,是促进北部湾地区发展的一个战略考虑。只有北部湾地区经济发展了,泛北部湾合作才能有根基。②2009年,泛北合作继续推进,广东省和海南省也加入了泛北合作机制,形成了中国—东盟"7+3"(包括东盟的文、印尼、马、菲、新、越、泰七国和中国的桂、粤、琼三省区)格局。而对于国家的整体外交而言,我国推动泛北部湾经济合作,是扩大开放合作、统筹国内国际两个大局,应对经济全球化和区域经济一体化的重要举措,不仅有利于促进国内中东西协调发展,也有利于加快中国—东盟自由贸易区建设,推动中国—东盟全面合作,促进中国与东盟国家的共同繁荣与发展。

再次,泛北合作从共识到实践,逐渐形成中国—东盟海上合作新机制,为中国"21世纪海上丝绸之路"建设打下了基础。"21世纪海上丝绸之路"建设,可说是中国—东盟区域经济合作的延伸。而作为中国—东盟"10+1"框架下的新兴次区域合作,泛北合作无疑与"海上丝绸之路"建设的宗旨高度一致。2014年1月在中国—东盟泛北部湾经济合作高官会上通过的《泛北部湾经济合作路线图(战略框架)》,决定泛北合作在第一个5年(2014—2019),将重点推动港口物流和金融两大优势领域的发展,标志着泛北合作向务实推进又迈出了关键性的一步。2014年5月,第八届泛北合作论坛以"携手推进泛北合作、共建海上丝绸之路"为主题,就"21世纪海上丝绸之路"的构想、重点领域和实现途径进行了探讨,

---

① 古小松:《泛北部湾区域经济合作的难点与突破》,载《当代亚太》2009年第3期,第26页。
② 刘伟、张虹生、张周来:《泛北部湾经济合作——统筹国内国际的有益探索》,2008年8月3日,ht-tp://news.sohu.com/20080803/n258556649.shtml,2010年11月12日登录。

务实推动港口互联互通、临港产业、金融陆地跨境、人文产业等领域的深化合作。作为中国—东盟交流合作的前沿和窗口,广西借助泛北合作的平台在"21世纪海上丝绸之路"建设中扮演了重要角色。在海陆空互联互通方面,北部湾港已与世界200多个港口通航,从南宁机场可飞往东盟十多个国家,南宁—新加坡经济走廊正在建设,引领区域海洋合作新模式的中国—东盟港口城市合作网络正在建设。在合作平台打造方面,中国—东盟博览会成为促进中国与东盟多领域交流合作的重要平台。在经贸合作方面,东盟已连续13年成为广西最大的贸易伙伴。在产业合作方面,中马钦州产业园、马中关丹产业园成为中国与马来西亚产业合作的旗舰项目。此外还承建了中国—印尼经贸合作区、中国—柬埔寨现代农业示范中心等一系列产业合作和投资贸易平台,创建了共建共享共赢的国际合作新模式。未来,随着"21世纪海上丝绸之路"建设的不断推进,泛北合作作为中国—东盟海上合作的重要机制,将为促进中国与东盟国家在港口物流、临港产业、海上旅游等领域的合作发挥积极作用。

二、中国在中亚的次区域合作

在中亚,中国积极参与了中亚区域经济合作和中、俄、哈、蒙阿尔泰区域经济合作机制。其中,中亚区域经济合作作为中亚地区重要的次区域合作机制,是中国在次区域层次上实现地区利益的主要途径。

中亚区域经济合作由亚洲开发银行在1996年发起,并于2002年建立了正式合作框架,确立了高官会议—部长会议的机制安排。2006年10月,在中国新疆乌鲁木齐举行的第五次中亚区域经济合作部长会议通过了"综合行动计划"(CAREC Comprehensive Action Plan),这是中亚区域经济合作史上首个中期合作战略框架。[①] 中亚区域经济合作计划由国家和多边机构共同推动,包括中国、阿富汗、阿塞拜疆、哈萨克斯坦、吉尔吉斯斯坦、蒙古国、塔吉克斯坦、乌兹别克斯坦等八个成员国[②]和亚洲开发银行(Asia Development Bank)、欧洲重建和开发银行(The European Bank

---

① Asian Development Bank, "CAREC Comprehensive Action Plan", see http://www.adb.org/Carec/about.asp,2010年11月20日登录。

② 2010年11月,在第九次中亚区域经济合作部长级会议上,巴基斯坦和土库曼斯坦成为该组织正式成员。

for Reconstruction and Development)、国际货币基金组织(International Monetary Fund)、伊斯兰开发银行(Islamic Development Bank)、联合国开发计划署(The United Nations Development Programme)和世界银行(World Bank)共六个国际组织,其宗旨是推动中亚地区的减贫和发展事业,促进共同繁荣。在国际组织的牵头下,中亚区域经济合作优先发展交通、能源、贸易便利化和贸易政策四个领域,并推动了实用而基于结果的地区项目,以及有利于贸易和可持续发展的政策倡议。2008 年,该计划就融资了至少 24 亿美元用于支持运输、贸易和能源部门的项目。

中国政府一直高度重视并积极参与中亚区域经济合作,在以国家名义参与中亚区域经济合作的同时,确定新疆维吾尔自治区为中国的主要项目执行区。[①] 中国参与中亚区域经济合作的国内工作由财政部与国家发展和改革委员会牵头,交通部、商务部、海关总署等国家部委以及新疆维吾尔自治区政府共同参与。

中国为推动区域合作不断深入发挥了建设性作用。经国务院批准,中国于 2006 年 10 月在乌鲁木齐主办了"中亚区域经济合作第五次部长会议"。与会部长分别代表各自国家政府发表了《乌鲁木齐宣言》,通过了促进和推动各项区域合作的倡议。[②] 在这次会议上,曾培炎副总理还提出了四点建议,分别是加强基础设施领域的合作、逐步扩大合作范围、促进企业扩大合作以及完善区域经济合作机制。这四条建议反映的是中国政府在推动中亚区域经济合作方面的四个优先领域。

基础设施方面,由于交通项目是目前中亚区域经济合作进展最具成效的领域,也是制约中国与中亚邻国贸易的重要因素,中国大力推动在该领域的区域合作。中国提供援助和信贷支持建设中蒙俄公路等,推进上海合作组织成员国政府间国际道路运输便利化协定的谈判和签署,并逐步建设区域能源和电力市场,在可再生能源开发、节能和提高能效方面进行合作。在中国—吉尔吉斯斯坦—乌兹别克斯坦公路项目中,中国在按

---

① 中华人民共和国中央人民政府网站:《财政部部长就中亚区域经济合作部长会议接受采访》,2006 年 10 月 19 日,参见 http://www.gov.cn/gzdt/2006-10/19/content_418110.htm,2010 年 12 月 1 日登录。

② 金浩:《中亚区域经济合作第五次部长会议通过<乌鲁木齐宣言>》,参见 http://www.tianshannet.com.cn/special/content/2006-10/24/content_1292951.htm,2010 年 12 月 3 日登录。

期完成境内路段建设之外,还向吉尔吉斯斯坦提供了 6000 万元人民币,援建吉尔吉斯斯坦境内的部分路段。

促进企业合作方面,中国于 2006 年 10 月举办了商务发展论坛,旨在鼓励各国工商界积极参与中亚区域合作。商务部副部长易小准表示,在西部发展战略之下,中国将在西部地区,向外资开放更多领域。同时,鼓励更多国内公司"走出去",发展与中亚邻国的经济和技术合作。① 其实,中央政府在此前就释放了一些积极讯号。2005 年 12 月,为了鼓动外资银行参与西部开发以及东北振兴,国务院就特别批准,提前开放兰州、银川等 5 个城市的人民币业务。这一举措不仅有利于推动西部发展,也给中亚邻国带去了商机。

扩大合作范围方面,中国通过在亚行设立的"中国减贫与区域合作基金"为中亚国家提供了农业开发、环境保护和能力建设等方面的技术援助;中国还通过上海合作组织,向中亚区域经济合作国家提供了 9 亿美元优惠出口买方信贷,带动了一大批能源、交通等大型项目的启动。② 随着合作的深入,中国已成为中亚地区各国重要的贸易伙伴和投资来源国。2005 年,中国与七个中亚区域经济合作机制国家的贸易额达到 98 亿美元,比上年增长 47%。中国向七国的投资涉及能源、交通、电信、机电、轻工、农业等领域。

机制建设方面,中国政府适时提出合作新倡议,推动合作在机制完善的过程中逐步深化。在 2006 年的中亚区域经济合作高官会上,中国建议加强各参加国的机构能力建设,得到各方的一致支持。为此,中国正在考虑为该倡议的落实提供资金支持。

三、中国在东北亚的次区域合作

在东北亚,中国积极参与了由联合国开发计划署于 1991 年启动的图们江流域开发计划(The Tumen River Area Development Programme,简称

---

① 中华人民共和国中央人民政府网站:《商务部:中亚区域经济合作工商发展论坛 29 日召开》,2010 年 7 月 29 日,http://www.gov.cn/gzdt/2010-07/29/content_1667107.htm,2010 年 12 月 4 日登录。

② 曾培炎:《加强伙伴关系　完善合作机制　建设和谐地区——曾培炎副总理在中亚区域经济合作第五次部长会议开幕式上的致辞》,2006 年 10 月 20 日,参见 http://www.mof.gov.cn/zhuanti-huigu/zyqu5/ldzc/200805/t20080519_24486.html,2010 年 12 月 5 日登录。

TRADP)及于 2005 年更名后的大图们倡议。该项目的参与国包括中国、俄罗斯、朝鲜、蒙古和韩国。2005 年 9 月 2 日,图们江区域投资发展论坛和图们江流域开发计划第八次政府间协商协调会议在中国长春召开。会议通过了长春协议,决定将图们江流域开发计划更名为"大图们倡议"。五国还一致同意将合作区扩大到整个大图们江。大图们江流域包括中国东北三省及内蒙古自治区、朝鲜罗津—先锋经济贸易区、蒙古国东部省区、韩国东部港口城市、俄罗斯滨海边疆区的部分地区。

为了拉动东北地区经济发展,缓解东北经济区进出口运输紧张和发展国际运输,中国积极推动与朝鲜、俄罗斯、韩国和蒙古政府合作的图们江地区开发项目。与此同时,联合国开发计划署主导下的这一次区域经济合作计划也促使中国加大力度振兴东北地区。国家战略的提出和各项配套措施的陆续出台为中国参与图们江国际开发奠定了国内基础,有助于中国营造优质的贸易和投资环境,提升边境互市的合作水平。2009 年 8 月国务院批复《中国图们江区域合作开发规划纲要——以长吉图为开发开放先导区》,先导区作为中国图们江区域的核心地区,包括了吉林省的长春市、吉林市部分区域和延边朝鲜族自治州,总面积约 3 万平方公里。这一规划的出台表明,中国政府将图们江流域开发计划提升为国家战略,这是中国首次把开发边境地带列为国家开发项目。它是国家为了进一步提升沿边开放水平、完善对外开放格局、统筹区域协调发展所做出的重大战略部署。负责组织编制《规划纲要》的国家发展改革委有关负责人将长吉图开发开放先导区定位为"我国沿边开发开放布局的重要一环,是我国参与图们江合作开发项目的核心地区,与俄、朝接壤,在与东北亚各国开展国际经贸合作中发挥着重要作用"。① 在十一届全国人大三次会议吉林代表团的媒体开放日上,长春市市长崔杰如此评价长吉图在图们江流域乃至东北亚地区中的战略地位:"这一区域,地处东北亚区域地理几何中心,是大图们江区域的核心地区,既可以利用俄罗斯丰富的资源和中国的市场和人力资源,又可以引进日本和韩国的科技与资本,未来合作发展潜力巨大。与中国的沿海对外开放突出'沿海'不同,长吉图沿

---

① 中华人民共和国中央人民政府网站:《发展改革委就"图们江区域合作开发规划纲要"答问》,参见 http://www.gov.cn/jrzg/2009-11/16/content_1465740.htm,2010 年 12 月 6 日登录。

边近海突出的是'沿边'。长吉图地区是中国面向图们江区域开发开放的重要载体,是东北亚经济技术合作的重要平台,是沿边对外开发开放、内陆地区扩大开放的先行区和先试区。"①

　　该规划之所以将长吉图作为图们江流域开发的先导区,是因为认识到发展图们江区域需要国内腹地的整体支撑,东北振兴与先导区建设并非是相互抵消的,将长春和吉林整合进来有助于形成"三区"即长吉图先导区、东北经济区、东北亚地区协调互动的对内对外开放新格局。《规划纲要》志不在"小区域"、"次区域"合作,而是在如何使"小区域"、"次区域"合作成功地转化为东北亚大区域合作的平台。② 规划还提出了长吉图开发开放先导区的五项任务,即加快建设国际大通道、加速东北地区省际产业合作和国际产业园合作、构建国际交流合作平台、加快综合保税区和出口加工区的建设及加快跨境经济合作区的建设。③ 其中,加快建设国际大通道是目前国家推进图们江区域开发开放战略所面临的最严峻的难题。尽管中国已在图们江流域一带建立了出口加工区,并简化了边境手续,但由于海上运输通道通而不畅,很多企业不愿意来此投资。在硬件先天不足的情况下,日、韩的科技和资金优势无法与东北内陆地区的资源优势相结合。中国认为,只要能够确保出海口,就可以向海外出口资源和产品,引进外资。④ 因此,中国采取的对策是通过"借港出海",打通东北地区海上运输通道和便利贸易与投资环境。然而,长期以来,中国仅有一条定期陆海客货联运线,即借助俄罗斯私营的扎鲁比诺港出海。2009年,大连一家民营企业获得了朝鲜罗津港 1 号码头的 10 年租用权,借此开辟新的通往日本海的物流通道。吉林省延边朝鲜自治州州长李龙熙表示,租用罗津港有助吉林省向中国南部与日本等地运输煤炭资源,打通交

———————

①　特派北京两会报道组:《长吉高铁客运专线年底将通车》,2010 年 3 月 8 日,参见 http://news.163.com/10/0308/01/617FU1FM000146BB.html,2010 年 12 月 8 日登录。

②　苏长和:《中国地方政府与次区域合作:动力、行为及机制》,载《世界经济与政治》2010 年第 5 期,第 20 页。

③　中华人民共和国国家发展和改革委员会:《中国图们江区域合作开发规划纲要——以长吉图为开发开放先导区》,2009 年 8 月,参见 http://www.sdpc.gov.cn/dqjj/qyzc/t20091117_313567.htm,2010 年 12 月 10 日登录。

④　大木圣马:《日报:朝鲜退出中国开发图们江遇挫》,载《读卖新闻》,转载于《参考消息》2010 年 1 月 1 日。

通瓶颈。但朝鲜于 2009 年 11 月退出大图们倡议机制对中国是一次不小的打击,在图们江区域合作开发前景不明朗的现状下,能否保障海上运输通道不受政治因素影响也成为一大变数。但学者们分析,现在不是能不能打开日本海通道的问题,而是要尽快打开日本海通道。吉林省正在搞图们江区域开发项目,其前提就需要在日本海打开通道,把封闭状态的延边地区变成对外开放的前沿,以便在经济上实现与日、韩、朝、俄互动的局面。[①]

第二节　双边层次

一、四种"伙伴关系"类型

在双边层次上,中国广泛建立"伙伴关系"网络,通过签署框架文件巩固和深化政治互信;积极扩展与周边国家在经贸、投资、能源等各领域的合作;遵循国际法和区域规范,利用机制和条约约束和保证自身的安全行为。可以说,中国的睦邻外交是成功的,国家间的争端和危机在通畅的沟通渠道和稳定的政治框架下得到了有效的控制和解决。

中国真正开始把战略伙伴关系作为一项系统的政策在周边地区积极推行是在 2003 年,这一年中国与东盟建立了战略伙伴关系。2005 年,中国与印度、印度尼西亚等宣布为战略伙伴,2008 年,韩国、越南成为中国的战略伙伴。[②] 赵华胜教授将中国的战略伙伴国分为五类,分别是具有传统意义的战略伙伴关系(如巴基斯坦和俄罗斯)、地区组织(如东盟)、主要发达国家(如欧洲主要国家)、地区代表性国家(如东南亚的印度尼西亚、越南,中亚的哈萨克斯坦)以及对中国有某种特别利益的国家(如委内瑞拉)。[③] 对中国战略伙伴关系的这五种分类大致反映出中国选择战略伙伴关系国的基本标准。另一方面,由于战略伙伴关系在中国外交中的应用已越来越广泛,建立战略伙伴关系不一定意味着两国成为传统意义上的战略伙伴,它可能仅仅是为国家关系构造一个高层次的框架,引

---

① 詹德斌等:《中国租用朝鲜港口韩国担心对朝制裁被削弱》,载《环球时报》2010 年 3 月 10 日。

② 赵华胜:《中国的中亚外交》,北京:时事出版社 2008 年版,第 151 页。

③ 赵华胜:《中国的中亚外交》,北京:时事出版社 2008 年版,第 151—152 页。

导国家关系向前发展。[①] 换言之,双边共同发表的宣言中所提到的伙伴关系是一种"名义定位",并不能真实反映双边关系的"实际定位"。

因此,笔者在赵华胜教授对"战略伙伴关系"的分析基础上,根据双边合作的内容、范围、性质及其作用和影响,将中国与周边国家建立的"伙伴关系"分为四种类型,分别是战略型、协调型、建设型和友好型伙伴关系。建立战略型伙伴关系的国家具有与中国较为相同的战略目标,有着广泛的共同利益;在重大国际问题上,有着一致或相近的看法,双方没有根本的利害冲突,在许多领域(包括军事领域)有良好的合作关系;在处理重大的国际、地区或双边问题时,相互协作配合,磋商达成共识。中俄战略协作伙伴关系最为典型。中国与巴基斯坦、朝鲜、缅甸、哈萨克斯坦的关系近似于这种伙伴关系,作为中国双边外交的核心圈。协调型伙伴关系一般指双方不存在重大的战略分歧,在双边和国际关系中有很多共同利益,既能开展广泛的双边合作,又能在很多国际和地区问题上互相支持。中国与韩国和东南亚大多数国家的关系都属于这一类伙伴关系。建设型伙伴关系则一般发生在中国和与之有明显战略分歧的地区大国或全球大国之间。这些国家具有不同的战略目标,但在维护全球稳定和地区安全方面,与中国有相同的利益;在很多非战略领域,也存在许多共同发展的空间。因此中国必须积极改善与这些国家的关系。中国与日本、印度、越南等国的关系属于这一类伙伴关系。最后,友好型伙伴关系是以互惠互利、友好合作为基本特征的,中国与这些国家之间一般不存在根本的利益冲突,保持了良好的双边关系。中国与除上述国家之外所有的周边国家之间的关系都可视为这一类伙伴关系。

二、中国在东南亚的双边布局

中国与东南亚地区相互依赖的加深主要源于中国与东南亚国家日益紧密的经济交往和频繁而活跃的人员交流,而经济关系的快速发展又是冷战结束前后中国与所有的东南亚国家建立或恢复外交关系并在此基础上不断深化政治信任的结果。广泛地与这些国家建立睦邻友好伙伴关系

[①]　赵华胜:《中国的中亚外交》,北京:时事出版社 2008 年版,第 153 页。

是发展与东盟"面向和平与繁荣的战略伙伴关系"①的重要前提。中国与东南亚的海洋国家(包括马来西亚、新加坡、印尼和菲律宾)的交往是以经济合作为基础的,它们是中国在东盟主要的贸易和投资合作国。加上经济发达的泰国,2005年,中国对这五个国家的出口占到了中国对东盟总出口的85%以上,而中国对它们的进口则占到了中国从东盟总进口的95%以上。② 中国与经济欠发达的印支半岛国家(除泰国外)的经济交往很有限,因此中国一方面提供经济援助和优惠措施,资助修建基础设施,并开展人力资源培训;另一方面出于维护边界安全的目的,注重加强与这些国家的政治和军事互信。

大多数东南亚国家是中国的协调型伙伴,尽管存在一些遗留的主权问题和战略上的不信任,但历史文化上的渊源、经济上逐渐加深的相互依赖,以及在地区安全、人权等问题上的共同立场,使得它们在共同利益的基础上谋求合作,而不是竞争。菲律宾、马来西亚、文莱与中国在南海存在主权争端,中国甚至在1995年与菲律宾在美济礁对峙。但由于中国一直在南海问题上保持了相当程度的自我克制,矛盾并未激化到打一场大规模战争的地步。相反,这些国家越来越认识到中国温和的一面,并试图通过和平谈判将中国的意图和行为限制在多边机制中。中国于2002年同东盟签署了《南海各方行为宣言》(Declaration on the Conduct of Parties in the South China Sea),表达了中国自我约束的意愿与和平解决争端的决心。通过宣言,中国释放善意的举动已经很大程度上缓解了这些国家的战略压力和对中国破坏地区稳定的担忧。在增进相互信任的基础上,中国与这些国家开展了高层防务交流,尤其是加大了在非传统安全领域的合作。中国吸取2003年SARS事件的教训,倡议与东南亚国家进行传染病防治上的研讨和交流,并启动多种机制展开卫生、环境等问题的磋商。还有一些协调型伙伴与中国没有主权争端,如新加坡、泰国、柬埔寨、老挝和印尼。它们与中国没有根本的利益冲突,因此双边关系发展得较

---

① 2003年10月8日,中国与东盟国家领导人在印度尼西亚巴厘岛签署并发表了《中国与东盟面向和平与繁荣的战略伙伴关系联合宣言》。参见外交部网站:http://www.mfa.gov.cn/chn/pds/ziliao/1179/t175829.htm,2010年11月20日登录。

② 参见 Bruce Vaughn and Wayne M.Morrison,"China-Southeast Asia Relations:Trends,Issues,and Implications for the United States,"*CRS Report for Congress*,2006-4-4.,table 1 & table 2,pp.10-11.

为顺利。从统计数据看,新加坡、泰国和印尼是中国在东南亚最主要的贸易国。① 中国与新加坡于 2008 年签署了《中新自由贸易协定》,这是中国与亚洲国家签署的第一个广泛的双边自由贸易协定。它涵盖了货物贸易、服务贸易、规则、贸易补偿、制裁措施、贸易技术壁垒、海关程序、经济合作和争端处理等各个方面,可以说是两国关系发展的一个里程碑。② 中国与泰国的经济关系发展迅速,在政治和安全领域的合作也逐渐增多。

　　中越关系自正常化以来稳步向前发展,但两国的政治互信仍有待提升,主要是源于边界领土问题未完全解决。③ 但随着陆地边界条约于 1999 年 12 月 30 日的签订,北部湾的划界问题也紧接着得到了圆满解决。2000 年 12 月 25 日,两国签订了北部湾划界协定和渔业合作协定。两个协定于 2004 年 6 月 30 日起生效。北部湾边界是"中国与周边邻国谈判划定的第一条海上边界",④成为中越两国加强双边关系的基础。

　　关于缅甸在中国地区政策中的地位,学界有很多争议。西方学者指责缅甸的军人专政和践踏人权的做法,并批评中国袒护缅甸的主张。这一看法是有误解的。一方面,中国坚持不干涉别国内政的国际关系准则,不插手和干预东南亚国家的内部事务。在"中国威胁论"未完全消除的东南亚,中国显得尤为小心谨慎。另一方面,从双边关系发展的历史进程看,缅甸在 1988 年军事政变后受到西方国家的严厉制裁,为了打破外交困境,加强了与邻国中国的外交关系。而中国此时也同样需要一个稳定的周边环境,因此,共同利益促使两国加强政治关系和军事合作,缅甸也没有因此而失去国家的自主性。而随着中国对能源的需求越来越强烈,海上通道安全也变得尤为重要了。缅甸位于南亚、东南亚和中国西南边陲的交界处,对于中国来说具有较高的地缘战略意义。它是中国通往孟

---

①　参见 Bruce Vaughn and Wayne M.Morrison,"China-Southeast Asia Relations:Trends,Issues,and Implications for the United States,"*CRS Report for Congress*,2006-4-4.,table 1 & table 2,pp.10—11.

②　See Seng Tan,"Riding the Chinese Dragon:Singapore's Pragmatic Relationship with China,"in Tsunekawa,ed.,*The rise of China:responses from Southeast Asia and Japan*,Tokyo,Japan:National Institute for Defense Studies,2009,P.40.

③　参见郭明:《中越关系新时期》,北京:时事出版社 2007 年版;古小松主编:《越南国情与中越关系》,北京:世界知识出版社 2008 年版;[越]杜进森:《越南—中国关系正常化 15 年来的回顾与展望》,载《东南亚纵横》2007 年第 2 期,第 50—54 页。

④　洪涛:《王毅谈首条海上边界》,2004 年 6 月 30 日,参见 http://news.sina.com.cn/c/2004-06-30/20372953029s.shtml,2011 年 1 月 10 日登录。

加拉湾、印度洋、中东乃至非洲的重要战略通道,自然是"上升中的中国"不得不重点考虑的国家。为此,中国加强了与缅甸在能源、交通等领域的合作。① 在经济上,中国与缅甸的经济交往呈现出从属和服务于外交关系的特点。因此,总的来看,缅甸对于中国周边地区政策来说是战略意义大于纯粹的经济利益的。②

在东南亚,泰国、菲律宾和新加坡是美国的盟国或准盟国,中国在与它们打交道时,常常会考虑到美国的因素。但由于这些国家奉行的是务实外交,在经济上,中国是它们重要的合作伙伴和外部市场;在安全上,尽管它们与美国的关系更为紧密,但中国仍积极开展与它们在非传统安全和常规领域的防务合作。泰国一直与中国保持着良好互信的关系。这得益于中国在十一届三中全会后确立的真正不结盟外交政策、两国在柬埔寨问题上的共同立场,以及 1997 年亚洲金融危机中中国向泰国提供 10 亿美元贷款的行为。③ 新加坡一贯欢迎美国在东南亚保持军事力量,同时认为中国能在一定程度上牵制美日,因此,新加坡积极发展同中国的关系并坚决反对西方遏制中国的政策。④ 中国与菲律宾因领土问题缺乏政治互信,但在中国与东盟关系不断提升的带动下,尤其是中国—东盟自由贸易区协议签署以后,中菲的经贸关系日益紧密。但菲律宾的亲美政策

① 中评社:《李克强:中缅将全面推进能源交通重点合作项目》,2010 年 7 月 7 日,参见 http://www.zhgpl.com/doc/1013/7/5/2/101375269.html? coluid = 151&kindid = 0&docid = 101375269&mdate = 0707193527,2010 年 11 月 2 日登录。

② 参见 Donald M.Seekins, "Burma-China Relations: Playing with fire," *Asian Survey*, vol.37, no.6, June 1997; Peter W.Rodman, "China Woos Burma," *International Herald Tribune*, 30 May 1997; S.D. Muni, *China's Strategic Engagement with the New ASEAN*, *An Exploratory Study of China's Post-Cold war Political*, *Strategic and Economic Relations with Myanmar*, *Laos*, *Cambodia and Vietnam*, Institute of Defence and Strategic Studies, IDSS Monograph no.2(Singapore: Institute of Defence and Strategic Studies, 2002); Liang Chi-shad, "Burma's Relations with the People's Republic of China: From Delicate Friendship to Genuine Co-operation," in Peter Carey, ed., Burma, *The Challenge of Change in a Divided Society*(London: Macmillan Press, 1997); 贺圣达:《1988 年以来的中缅经济合作:现状、问题和前景》,载《云南社会科学》2005 年第 2 期。

③ 朱振明:《中泰建交 30 年来中泰关系的发展及启示》,载《东南亚》2005 年第 1 期,第 13—19 页;裴晓睿:《现代化进程中的中泰关系:纪念中泰建交 25 周年论文集》,北京:世界知识出版社 2000 年版。

④ 参见侯松岭:《冷战后中国与新加坡关系的发展》,载《当代亚太》2000 年第 7 期,第 20—26 页;张旭东:《中新建交后中国对新加坡的认知变化——以国内发表的相关新加坡报道和文章数量变化为例》,载《南洋问题研究》2005 年第 1 期,第 53—59 页。

和国内对中国经济增长的担忧,给两国关系的快速发展带来了一些阻碍。[1]

三、中国在中亚的双边布局

双边关系是中国中亚政策的基础。[2] 但在不同时期,中国对中亚国家的定位是不同的。20世纪90年代初期,苏联解体,中亚国家成为新兴的独立国家。这时,中亚国家的政治局势普遍不稳定,经济状况恶化,社会动荡,给中国西北边疆造成了严重的威胁。1994年,塔利班在阿富汗内战不休的背景下诞生,并因成功保护一支试图打开巴基斯坦与中亚贸易的车队而登上历史舞台。塔利班势力对中亚的渗透和"东突"势力在中亚的蔓延使中国下定决心与中亚邻国尽快解决边界问题。1996年,"上海五国"会晤机制诞生,并在接下来的几次峰会中圆满地解决了边界问题,并签署了《在边境地区加强军事领域信任协定》和《关于在边境地区相互裁减军事力量的协定》。扫清了横亘于中国和中亚国家之间的战略隐患后,中国将中亚国家视为地区协调型伙伴,双边关系得以快速发展。

边界安全和打击"东突"势力一直是中国在中亚地区的主要利益。因此,加强与中亚国家的安全合作是中亚政策的重中之重。中国尤为重视与哈、吉在这方面的合作。主要是因为,中哈与中吉长达近3000公里的边界是"东突"进出新疆的主要路径,也是"东突"势力在中亚主要的活动地区。因此中国非常重视与它们在打击"东突"势力上的合作。在地理位置上,吉尔吉斯斯坦与哈萨克斯坦有所不同,中国与哈萨克斯坦接壤的地区主要是新疆的北疆,而与吉尔吉斯斯坦接壤的是南疆地区。因此,中国加强与哈、吉两国在打击"东突"和反恐上的合作就在情理之中了。

中哈不仅在安全上具有广泛的共同利益,在经济和能源领域也有广阔的合作空间。哈萨克斯坦作为中亚地理面积最大和综合国力最强的国

---

①　参见卫和世、王会平:《菲律宾的外交政策及其与中国和东盟的关系》,载《当代亚太》2002年第5期,第3—5页;沈红芳:《中国入世和"10+1"背景下的中非经济政治关系》,载《当代亚太》2004年第11期,第37—45页。

②　赵华胜:《中国的中亚外交》,北京:时事出版社2008年版,第146页;石泽:《试论全方位发展的中国与中亚国家关系》,载《国际问题研究》2006年第1期,第14—18页。

家,是中国在该地区最主要的贸易伙伴。中国加大与哈萨克斯坦的边境贸易,于 2006 年开始建设中哈霍尔果斯国际边境合作中心。2006 年,中哈签署了《中国和哈萨克斯坦 21 世纪合作战略》,确定的经贸合作目标是争取到 2010 年使双边贸易额达到 100 亿美元,到 2015 年达到 150 亿美元。2007 年,中哈贸易总额达到 138.76 亿美元,①实现了第一个目标,远远超过与其他中亚国家的贸易量。随着中国对能源的需求增强,资源丰富的中亚国家成为中国战略合作的对象。哈萨克斯坦是中亚最主要的能源储藏和生产国,自然成为中国在中亚最主要的能源合作伙伴。安全和经济上的共同利益促使中国于 2005 年宣布与哈建立战略伙伴关系,为两国的进一步合作奠定了坚实的政治基础。

除了共同的安全关切,中吉两国地理毗邻对于中国而言还有广泛的经济、交通和战略意义。首先,经济上,由于中吉两国有较为便利的公路口岸,边境贸易来往密切。其次,交通上,中国希望打通通往中亚腹地的公路和铁路联系,形成新的欧亚"丝绸之路"。这将使中国和中亚国家受益匪浅。目前中国与中亚的陆路通道主要是通过哈萨克斯坦,但这还远远不够。吉尔吉斯斯坦作为一个交通枢纽,对于打通乌兹别克斯坦、土库曼斯坦和西亚的广袤土地至关重要。再次,战略上,将吉尔吉斯斯坦置于战略大棋盘上的重要地位,即它可以是中国发展在中亚地区战略存在的重要途径,更好地维护中国的地区利益。②吉相对较低的地缘政治和地缘经济敏感性,使中国通过它进行战略拓展变得相对容易。中国在中亚地区的第一次联合军演,也是中国在该地区战略发展的一次突破,就是2002 年与吉举行的首次联合军演。

乌兹别克斯坦和土库曼斯坦两国都是能源大国。2005 年之后,中国对天然气的需求增加,开始在乌兹别克斯坦进行大规模能源投资。现在中国没有从乌兹别克斯坦进口石油和天然气,中国在乌的能源利益主要表现在石油勘探和石化产业上,不过中乌能源合作不仅是为了追求商业利益,寻求新的石油和天然气进口来源是中国更重要的目标。③在中国

---

① 参见中国国家海关总署统计资料,转引自 http://www.mfa.gov.cn/chn/wjb/zzjg/dozys/gjlb/1716/default.htm,2010 年 11 月 5 日登录。
② 赵华胜:《中国的中亚外交》,北京:时事出版社 2008 年版,第 185—186 页。
③ 赵华胜:《中国的中亚外交》,北京:时事出版社 2008 年版,第 173 页。

把海外能源战略的重点从石油扩大到天然气后,土库曼斯坦在中国对外能源战略中的地位迅速提高。从 2007 年 8 月中土天然气合作项目正式启动以来,已经建成并实现初步通气的管道共穿越土、乌、哈、中等 4 个国家,全长约 1 万公里。按照协议,自 2009 年后的 30 年内,土每年将向中国提供 300 亿立方米天然气。这对于中国来说具有重大的战略意义。

此外,由于俄罗斯与中亚国家的特殊关系,中俄战略协作伙伴关系超越了东北亚地区范畴,对中国的中亚政策也具有重要意义。它是中国实现其在中亚所有地区利益的重要保证,也是中国不断深化与中亚国家合作的基本前提。正是苏联在解体前与中国进行的边界谈判揭开了中国与中亚国家对话的序幕;正是中俄不遗余力推动的利益协调机制制度化①增进了相互信任,催生了对建立上海合作组织这一地区多边组织的信心和决心;也正是中俄两国的能源合作为中国拓展与中亚国家多元广泛的能源合作提供了机遇。

四、中国在东北亚的双边布局

东北亚地区大国林立,历史恩怨复杂,国家间存在难以避免的"安全困境"。俄罗斯和朝鲜是中国在该地区的战略型伙伴;韩国作为协调型伙伴,在经济合作与地区安全上有很多的共同利益;日本被视为建设型伙伴;蒙古则被看做是友好型邻邦。

中俄全面战略协作伙伴关系是建立在双边、地区、地区间和全球层次上的战略框架。在东北亚地区,中俄战略型关系主要体现在维护地区安全、保持地区力量均衡和推动经济、技术与军事合作上。在地区安全方面,朝核问题是所有地区攸关方的首要议题。中国与俄罗斯在该问题上的利益协调对于增进两国的话语权、维护朝核半岛和平具有很大意义。在保持地区均势方面,中俄需要共同平衡美日韩同盟体系给各自造成的战略压力。而在双边经济、技术与军事合作方面,中国与俄罗斯在能源、基础设施、边境贸易等领域的合作关系越来越紧密。2009 年中俄签署了在石油、天然气、煤炭、电力、核能、高速铁路等各个领域的一系列重要协

---

① 郇庆治、王珂:《"全面合作伙伴关系":从比较的观点看》,载《现代国际关系》2002 年第 5 期,第58 页。

议。2011 年中俄原油管道正式投入运行。中国还非常重视东北地区与俄罗斯远东及东西伯利亚地区之间的合作,双方推进的跨境基础设施建设项目将具有示范性意义。[①] 而中俄边境的黑瞎子岛也将成为中俄共同开发的试验田。中国地方政府欲将该岛建成旅游风景区和自由贸易区。这一系列经济措施有助于加强两国在远东地区的经济联系,消除俄罗斯国内存在的"远东地区中国威胁论"。

20 世纪 90 年代后期,美国加强了在亚太的同盟体系,试图维持其在亚太地区秩序中的主导地位。在此背景下,中国重新评估朝鲜的战略价值,将其视为东北亚地缘战略竞争的关键国家。2000 年 5 月,金正日访华,两国着手发展新的合作关系。由于《朝鲜停战协定》并未正式结束朝鲜战争,美国在韩国保持驻军使得东北亚地区基本延续了冷战时期的安全态势。在发展核能力的问题上,中朝立场不同。朝鲜将其视为民族独立、保障国家安全的手段,但中国不得不考虑东北亚地区核武器扩散对该地区和自身安全的不利影响。

朝鲜于 2006 年、2009 年、2013 年进行了三次核试验。在发展核能力问题上存在分歧的中朝关系也面临着新的挑战,中国开始认识到在朝鲜核问题上应发挥更加积极主动的作用。一方面,中国对朝鲜核试验的行为进行了公开谴责,对联合国的对朝制裁投了赞成票。另一方面,为维护朝鲜半岛无核化,中国不主张一味制裁,而是在维持对朝物资和财金援助的同时,坚持通过外交谈判化解危机,加大在朝鲜和其他各方之间进行外交斡旋的力度和强度。为此,中国积极参与并主导在中美朝三边对话基础上开展的中美俄日朝韩六方会谈。从中国对朝政策的发展趋势看,将中朝关系定位为正常的国家关系加以处理和应对,不仅有助于减少中朝关系发展中的不确定性,也符合中国维护地区和平、塑造负责任大国形象的利益。

中韩建交后,一直保持了良好的双边关系,经济上的相互依赖、人文交流上的高度密切和安全上的共同利益促使双边关系不断发展。中韩关系已成为中国发展国家关系的典范,也是中国推动东北亚和平合作需要

---

① 梁卓钧、陈庆祥:《杨洁篪透露:今年底中俄石油管道有望建成》,2010 年 3 月 7 日,参见 http://www.zhgpl.com/doc/1012/5/1/5/101251596.html? coluid = 151&kindid = 0&docid = 101251596&mdate=0307103228,2010 年 12 月 5 日登录。

重点借重的国家。在经济方面,双方在贸易、投资、劳务、产业合作等方面都取得了可喜的进展。目前,中国已经成为韩国最大贸易伙伴、最大出口市场、最大进口来源国、最大海外投资对象国。韩国成为中国最重要的贸易和投资合作伙伴之一。中韩双边贸易额超过了韩美、韩日、韩欧贸易额的总和,每周往返于中韩之间的航班达800多个。中韩两国是名副其实的战略合作伙伴,双边关系迈入最好发展时期。① 在人文交流方面,中国已经成为韩国最大留学生来源国、最大海外旅行目的地国。2013年,中韩人员往来达822万人次,不久的将来就有望迎来年度人员往来1000万人次。② 人文交流的密切促使两国民众增进了相互了解和认知,二轨和1.5轨外交也得以顺利开展。在政治安全领域,中韩建立了多层次、多领域、多渠道的对话机制,保持了两国防务和军事关系的良好发展势头,双方还商定于2015年启动海域划界谈判。而在东北亚地区安全的关键议题——朝鲜半岛无核化上,中韩多次确认了反对半岛核武器开发的坚定立场,③双方在基础性和框架性问题上达成了共识,这将有助于双方互信的建立和双边关系的稳定发展。

值得一提的是,中韩在地区多边层次的协调与合作正日益加强。韩国在中国的地区战略中的地位已提升到历史最高水平。从两国关系的定位看,由"合作伙伴关系"到"全面合作伙伴关系",到2008年5月构筑的战略合作伙伴关系,再到2014年7月确立的"实现共同发展的伙伴、致力地区和平的伙伴、携手振兴亚洲的伙伴、促进世界繁荣的伙伴",两国战略合作伙伴关系内涵不断丰富,早已超越双边层次,地区和全球意义重大。特别是在促进东北亚和平合作、建设一个战略上互信协作的东北亚

---

① 中华人民共和国外交部:《习近平在韩国国立首尔大学的演讲》,http://www.fmprc.gov.cn/mfa_chn/gjhdq_603914/gj_603916/yz_603918/1206_604234/1209_604244/t1171668.shtml,2014年7月4日登录。

② 中华人民共和国外交部:《习近平在韩国国立首尔大学的演讲》,http://www.fmprc.gov.cn/mfa_chn/gjhdq_603914/gj_603916/yz_603918/1206_604234/1209_604244/t1171668.shtml,2014年7月4日登录。

③ 中华人民共和国外交部:《中华人民共和国和大韩民国联合声明》,http://www.fmprc.gov.cn/mfa_chn/gjhdq_603914/gj_603916/yz_603918/1206_604234/1207_604246/t1171408.shtml,2014年7月4日登录。

方面,中韩具有广泛的共同利益。①

相比而言,中日关系更为复杂,对地区安全局势和结构的影响深远。中日两国在经济上相互依赖,但在政治安全、地区安全等重大战略问题上存在着较多分歧,具体包括历史问题、日美同盟、钓鱼岛问题、地区架构、实力对比变化等。首先,中国积极推动与日本的经济关系。中日贸易往来已经成为世界上最大规模的双边经贸关系。根据中国海关总署报告,2008 年,中日两国的双边贸易额为 2667.8 亿美元。尽管受到全球金融危机影响,2009 年双边贸易额下降了 13.6%,中国仍是日本第一大贸易伙伴、第一大出口目的地和最大的进口来源地。② 在投资方面,日本已成为中国引进外资的第三大来源(仅次于香港、台湾)。其次,在面对历史问题时,中国与日本的认知存在很大差距。在日本,主张遗忘"历史"、增强军备、修改宪法、建设"普通国家"的年轻议员辈出,③而在中国,公众在历史问题面前容易被激怒,双方认知的差异给两国理性处理这类问题制造了较大的障碍。正因为此,中日两国屡次在日本历史教科书问题、参拜靖国神社问题上产生摩擦。中国的立场是,希望日本正视历史,吸取教训,并用行动向中国和地区其他遭受过日本侵略的国家证明其和平发展的决心。

此外,美日同盟在 20 世纪 90 年代中后期的加强使中国对日的战略疑虑增强,也损害了两国的信任基础,对双边关系产生了消极影响。1997 年 9 月,日美安全保障协议委员会确定了"日美防卫合作指针",其"周边有事论"将台湾海峡纳入了日美安保合作的范围,是对中国主权的侵犯与干涉。除此之外,中日之间还在钓鱼岛问题上存在主权争端。中国官方的立场是"搁置争议,共同开发"。④ 日本近年来则竭力强化对钓鱼岛的主权控制。对于日本在钓鱼岛问题上的强硬立场,中国显示了同样强硬、毫不让步的姿态,再次表明了中国的主权利益不容践踏。

---

① 中华人民共和国外交部:《开启东北亚和平合作新时代——外交部部长助理钱洪山在 2014 东北亚和平合作论坛开幕式上的主旨发言》,http://www.fmprc.gov.cn/mfa_chn/gjhdq_603914/gj_603916/yz_603918/1206_604234/1209_604244/t1204796.shtml,2014 年 10 月 28 日登录。

② 参见中国海关总署网站:http://www.customs.gov.cn/publish/portal0/,2011 年 3 月 20 日登录。

③ [日]毛里和子著,徐显芬译:《中日关系——从战后走向新时代》,北京:社会科学文献出版社 2009 年版,第 121—126 页。

④ 中华人民共和国外交部:《"搁置争议,共同开发"》,参见 http://www.fmprc.gov.cn/chn/pds/ziliao/wjs/t8958.htm,2010 年 12 月 20 日登录。

随着中国实力的快速增长,20 世纪 90 年代中期起,日本媒体开始鼓噪"中国威胁论"。2010 年,中国超越日本成为世界上第二大经济体。中日在实力地位上的微妙变化引起了日本国民心理上的不平衡,也影响了双边关系的正常发展。90 年代后期以来,日本对中国的防范加强,对中国的发展也表现出一种猜疑、抵触的倾向,导致中国国民对日本的看法恶化。在这种情况下,中国加强了两国民间交流,抑制国内的极端民族主义情绪,"日本通"们也在积极寻求"对日新思维"。① 但两国社会层面的不信任感根深蒂固。

五、中国在南亚的双边布局

中国在南亚的地区政策主要是通过双边外交得以实施的。由于地区多边主义的发展较为滞后,中国积极发展与南亚国家在各个领域的双边合作。其中,印度是中国在南亚的建设型伙伴,巴基斯坦是战略型伙伴,其他南亚国家被视为友好型伙伴。

印度和巴基斯坦是南亚地区的两个大国,印巴关系长期以来就是南亚地区的核心问题。印巴两国的矛盾是长期影响南亚政治、安全、外交、经济和地区合作发展的基本因素,也是世界各大国在考虑南亚战略时绕不开的关键问题。② 印巴两国同为与中国接壤的邻国,南亚地区局势与中国的国家安全直接相关。因此,处理好中印、中巴关系是中国南亚政策的重中之重。

从历史和现实看,中印之间存在短期之内难以逾越的鸿沟,两国目前处于"非敌非友"③的状态。冷战结束后,中印间再次爆发冲突的机会因"实际控制线"和"相互信任措施"两项协议的执行而变得几乎是零。④ 但

---

① 例如,时殷弘认为,要重新思考中日关系体系以"友好"为本的情感式外交的框架,重新思考以坚持日本对历史问题的、能够令中国满意的全面和深刻反省作为发展中日政治关系之根本前提的设想,改而着重于中日战略关系,即一是防止中日敌对,二是争取建设适当的战略互信,三是有选择地进行某些为东亚稳定、和平与繁荣所需的战略性协作。时殷弘:《历史问题与大战略权衡》,载《抗日战争研究》2003 年第 3 期,第 194 页。

② 薛勇:《中印巴三角关系与中国的南亚政策》,载《南亚研究季刊》2007 年第 1 期,第 63 页。

③ 唐世平:《中国—印度关系的博弈和中国的南亚战略》,载《世界经济与政治》2000 年第 9 期,第 24 页。

④ 唐世平:《中国—印度关系的博弈和中国的南亚战略》,载《世界经济与政治》2000 年第 9 期,第 26 页。唐世平认为喜马拉雅山脉的存在意味着中印间的"安全困境"远不是人们想象的那么严重。

印度仍主要从三方面认定中国是其竞争对手。第一是认为中巴两国的战略结盟是为了对抗印度。第二是为中国同南亚小国的安全关系担忧。由于印度相信次大陆及其周边是其天然的安全地带,中国的介入削弱了印度的控制力。第三是将中国在印度洋可能的军事存在和影响视为挑战。中国则认为南亚的地区稳定与中国息息相关,中国必须在该地区发挥应有的影响力,以维护自身的国家安全。有学者认为中国在南亚和印度洋的利益和目标主要是经济上的,即更多的贸易伙伴和海上石油运输安全。但经济利益需要友好的政治关系和良好的安全环境来保证和维护。中国与南亚国家的军事关系是服务于经济利益的,而不是针对印度的。① 还有学者认为,中国在南亚的战略不是要遏制印度,而是要保证印度在南亚的领导地位不威胁中国的利益,即一种类似于当年英国对欧洲大陆的战略:若远若近的平衡。② 认知上的巨大鸿沟决定了两国关系的维持和发展只能是在分歧中寻找共识,在竞争中谋求合作。

由于喜马拉雅山脉的存在缓和了中国的安全困境,而中国西部的稳定更多地要靠内部的发展(比如西部大开发的成功),中国能从印度得到的恐怕只有中印间的经济合作效益和联手打击恐怖活动和国际犯罪。③ 在经贸方面,两国的双边贸易增长迅速。1997—2007 年间,双边贸易额从 16 亿美元增长到 387 亿美元。④ 2013 年,双边贸易额达到 654.71 亿美元。⑤ 中国已成为印度的第二大贸易伙伴。两国资源、商品和技术结构互补性强,贸易发展前景广阔。在交通方面,两国交流合作频繁,地方政府起到了很大作用。2000 年,云南省政府外事办公室发起"昆明倡议",计划将来自印度、孟加拉国和缅甸的专家组织起来使"连接阿萨姆邦和云南的南方古丝绸之路重新焕发活力"。⑥ 2011 年云南正式提出构建昆

---

① 张贵洪:《竞争与合作:地区视角下的中印关系》,载《当代亚太》2006 年第 12 期,第 14 页。

② 唐世平:《中国—印度关系的博弈和中国的南亚战略》,载《世界经济与政治》2000 年第 9 期,第 24 页。

③ 唐世平:《中国—印度关系的博弈和中国的南亚战略》,载《世界经济与政治》2000 年第 9 期,第 27 页。

④ [比利时]乔纳森·霍尔斯拉格:《中印关系的进展、认知与和平前景》,载《当代亚太》2008 年第 4 期,第 45 页。

⑤ 中华人民共和国外交部:《中国同印度的关系》,http://www.fmprc.gov.cn,2015 年 6 月 9 日登陆。

⑥ [比利时]乔纳森·霍尔斯拉格:《中印关系的进展、认知与和平前景》,载《当代亚太》2008 年第 4 期,第 46 页。

明—曼德勒—达卡—加尔各答经济走廊的构想。2013 年 5 月,中国国务院总理李克强访问印度,中印正式倡仪共同建设孟中印缅经济走廊。在非传统安全领域,中印两国都面临恐怖主义、分裂主义、能源安全等挑战。两国通过对话磋商、联合军演加强了反恐合作。但在应对分裂主义的问题上存在诸多分歧,中国对印度纵容和庇护"藏独"分裂主义势力的行为表示了不满。而在能源方面,西方舆论大多认为中印两国的竞争关系决定了它们的能源合作几乎不可能,双方会在寻求能源稳定和保持长期能源供应上发生冲突。但 2005 年,中印两国开始寻求联手收购第三国油气能源资产,尤其是在黑海、中东、非洲和拉丁美洲市场加强合作。[①]

中国将印度视为建设型伙伴,承认并认可印度在南亚的重要地位,但同时反对印度谋求地区霸权的政策和行动。中国与巴基斯坦的战略型伙伴关系有维持南亚战略平衡的目的,也有保护石油运输、确保西南边界安全和地区稳定的战略意图。中巴两国自冷战时期就建立起了高度的政治互信,在军事、战略等方面保持了紧密的合作。因此,中国将巴基斯坦作为其重要的战略伙伴就不足为奇了。近年来,中国加大了对巴基斯坦的基础设施建设援助,主要体现在港口援建和道路修建上。2007 年 3 月 20 日,中国援建巴基斯坦的瓜达尔港工程正式竣工。这一工程对于两国来说都是意义非凡的。对巴而言,瓜达尔港的运营将会为巴基斯坦吸引更多的外来投资,并有望成为一个地区性商业活动的中心。[②] 它还将成为中亚内陆国家最近的出海口。对于中国来说,其经济利益和战略意义是不言而喻的。由于瓜达尔位于具有重要战略意义的波斯湾的咽喉附近,加上中国的能源进口绝大部分来自中东和非洲,来自波斯湾的石油通过瓜达尔港经由陆路运输至中国,比穿过印度洋经由马六甲海峡将更为便捷和安全。而瓜达尔港的建成也将为中国的"走出去"战略提供新的经济机会。在道路修建上,建于 20 世纪六七十年代的中巴公路(喀喇昆仑公路)已成为两国贸易、人员交往的"友谊路"。除此之外,中巴在反恐和

---

① 王德华:《日显重要的"非传统安全"问题——兼论中印在非传统安全领域合作》,载《上海交通大学学报(哲学社会科学版)》2005 年第 6 期,第 21 页。

② 张云龙、李敬臣、唐璐:《中国援建巴基斯坦瓜达尔港正式竣工》,载《国际先驱导报》2007 年 3 月 22 日。

防务合作上也开展了紧密的合作,共同抵御南亚日益猖獗的"三股势力"。

中国与其他南亚小国保持了友好型的伙伴关系,主要体现在经济援助和基础设施援建上。2010年8月15日,由中港公司承建的斯里兰卡南部汉班托塔港一期工程开始注水,并于11月份完工,这将使之成为斯里兰卡仅次于科伦坡港的第二大港,同时为带动斯南部地区的经济发展,发挥重要作用。

如表2—1所示,中国在东南亚、东北亚和南亚地区分别将越南、日本和印度看做建设型战略伙伴。这些国家的共同点是,都是地区大国或全球性大国,与中国存在领土或领海主权争端,在双边、地区和全球层次上都与中国形成了利益竞争关系。在这种情势下,出于战略考虑,中国一般会与地区内最符合自己的战略利益的国家建立起战略型伙伴关系。如东南亚的缅甸,东北亚的俄罗斯和朝鲜,以及南亚的巴基斯坦。当然中俄战略协作伙伴关系的战略意义不仅仅局限于东北亚地区,还延伸至中亚、南亚等其他地区以及全球范围。作为中国大国战略的重要一环,中俄的战略关系具有全球性意义。除了战略型伙伴关系和建设型伙伴关系之外,协调型伙伴关系也是中国地区政策中的重要组成部分。中国与这些国家在睦邻外交的基础上,共同利益不断增多,地区合作的基础也愈加坚实。可以说,它们是地区秩序塑造的主要力量和地区局势的稳定器。当中国与地区建设型伙伴竞争加剧时,协调型伙伴往往能起到"四两拨千斤"的作用。总而言之,中国搭建起地区战略伙伴网络,根本目标都是为了给中国的国内发展创造一个理想的周边环境,确保中国把握难得的"战略机遇期",实现国家的长治久安和繁荣富强。

表2—1 中国在周边地区的双边布局

	战略型伙伴	协调型伙伴	建设型伙伴	友好型伙伴
东南亚	缅甸	新加坡、泰国、柬埔寨、老挝、印尼、菲律宾、马来西亚、文莱	越南	—
中亚	哈萨克斯坦	乌兹别克、土库曼、吉尔吉斯、塔吉克斯坦		

续表

	战略型伙伴	协调型伙伴	建设型伙伴	友好型伙伴
东北亚	俄罗斯、朝鲜	韩国	日本	蒙古
南亚	巴基斯坦	——	印度	尼泊尔、斯里兰卡、孟加拉国、不丹、马尔代夫

第三节　地区层次

在地区层次上,中国在东南亚、中亚和东北亚不同程度地参与和推动了政治、经济和安全领域的地区合作。2007年4月,中国还首次以观察员身份出席了第十四届南亚区域联盟峰会,标志着地区多边合作已成为中国全方位实现国家利益的必不可少的外交方式。

一、地区层次上的东南亚政策

(一)中国与东盟

中国在东南亚的地区合作首先体现在中国与作为地区组织的东盟之间日益深化的战略合作关系。

冷战后,中国第三代领导人不断丰富和发展睦邻外交思想,并积极实践,明确提出与东盟建立新安全观指导下的睦邻互信伙伴关系。进入新世纪以后,中国与东盟的关系继续快速发展,并在多个领域和机制中深化合作。

政治上,中国通过建立沟通渠道和签署政治文件不断明确和完善对东盟的政策。1991年中国外长应邀第一次参加了在吉隆坡举行的第24届东盟外长会议,1996年由东盟的磋商伙伴升级为全面对话伙伴。1997年底,江泽民主席与东盟领导人在首次非正式会晤①后发表了《联合声

---

① 这一首脑非正式会晤延续至今,每年在东盟峰会和东盟加中日韩("10+3")领导人会晤结束后进行,被称为中国—东盟"10+1"机制,该机制已成为双方深化各领域合作的主要平台。

明》,确定建立中国—东盟"面向21世纪的睦邻互信伙伴关系",为双方关系的发展构筑了框架。为了增进政治互信,中国积极支持东盟为维护地区稳定、促进发展所做的努力,明确指出"一个团结和繁荣的东盟,是促进亚洲和平与发展的重要力量"。[①] 2003年10月,在巴厘岛举行的第七次10+1领导人会议上,中国政府宣布加入《东南亚友好合作条约》,成为东盟组织外第一个加入该条约的大国。双方领导人还签署了《联合宣言》,宣布建立"面向和平与繁荣的战略伙伴关系"。中国因此成为东盟的第一个战略伙伴,东盟也成为和中国建立战略伙伴关系的第一个地区组织。[②]

经济上,中国提出"把加强经济交流与合作作为营造周边持久安全的重要途径",欢迎东盟经济一体化进程,深化同东盟在经贸、科技和社会等各领域的交流与合作,如倡议与东盟共建自由贸易区,积极参与澜沧江—湄公河流域合作,在东南亚地区积极实施"走出去"战略等。[③] 2001年11月在文莱举行的第五次中国—东盟领导人会议上,中国与东盟达成重大共识:共建涵盖11个国家所有消费者的自由贸易区。2002年11月,中国总理朱镕基出席了在柬埔寨举行的第六次中国—东盟领导人会议,与东盟领导人共同签署了《中国与东盟全面经济合作框架协议》,并根据该协议实施"早期收获"计划,[④]启动了中国与东盟建立自由贸易区的进程。中国倡议推动的中国—东盟自贸区给双方的经济合作打了一针强心剂,使双方的经济关系更加紧密。双边贸易额从2003年的782亿美元迅速增长至2008年的2311亿美元,年均增长24.2%;中国从东盟的第六大

---

① 江泽民:《增进睦邻友好 共创光辉未来——在泰国国家文化中心的演讲》,参见 http://www.gmw.cn/01gmrb/1999-09/04/GB/GM%5e18169%5e1%5eGM1-0414.HTM,2010年12月30日登录。

② 谢益显主编:《中国当代外交史(1949—2009)》,北京:中国青年出版社2009年版,第505页。

③ 中国现代国际关系研究所东盟课题组:《中国对东盟政策研究报告》,载《现代国际关系》2002年第10期,第9页。

④ "早期收获"计划是在中国—东盟自贸区框架下最先实施的降税计划,启动时间为2004年1月1日。中国与东盟老成员文莱、印度尼西亚、马来西亚、新加坡、泰国早期收获产品的降税进程从2004年开始,至2006年完全结束;越南的早期收获产品从2004年开始降税,但可以享受多两年的过渡期,至2008年取消全部早期收获产品的关税;老挝和缅甸的早期收获产品从2006年开始降税,至2009年取消全部关税;柬埔寨的早期收获产品从2006年开始降税,至2010年取消关税。见商务部国际司尚国骧所撰写的文章《中国—东盟自贸区的试验田:早期收获计划》,参见 http://fta.mofcom.gov.cn/dongmeng/annex/zaoqijihua.pdf,2011年2月12日登录。

贸易伙伴成为其第三大贸易伙伴,东盟则从中国第五大贸易伙伴上升为第四大贸易伙伴。东盟对中国实际投资额从 2003 年的 29.3 亿美元增长到 2008 年的 54.6 亿美元;同时,中国对东盟直接投资从 2003 年的 2.3 亿美元增长到 2008 年的 21.8 亿美元,增长近 9 倍。① 自贸区建成后,2010年上半年,双边贸易额达到 1365 亿美元,同比增长 55%,超出同期中国进出口增幅 11 个百分点。其中,中国从东盟进口额 719 亿美元,同比增长64%。中国对东盟出口额 646 亿美元,同比增长 45%。中国从东盟进口的增幅,明显高于中国对东盟出口的增幅。② 此外,中国承诺支持东盟特别是新成员国缩小发展差距和基础设施建设,加大对"东盟一体化倡议"的投入,支持包括文莱、印尼、马来西亚、菲律宾的东盟东部增长区、东西走廊计划和柬、老、越三国的"增长三角"在内的各项次区域合作,推动东盟整体与中国共同发展,使中国的发展成果惠及欠发达的国家和地区。

安全上,"9·11"事件后,中国加强了与东盟在非传统安全领域的合作,同东盟共同发表了《非传统安全领域合作联合宣言》,发布《关于加强非传统安全领域的合作的中方立场文件》,明确中国与东盟在非传统安全问题上的共同利益。同时,中国积极寻求通过和平谈判解决南海主权争议问题。中国于 2002 年同东盟签署了《南海各方行为宣言》,它为稳定南海局势及和相关国家在南海开展务实合作和共同开发奠定了重要的政治基础。然而,近年来,南海形势再掀波澜,美国明确表明介入这一争端的态度,甚至提出南海争端可置于中美军事对话框架内讨论;③菲律宾更试图将南海争端置于国际法庭仲裁解决。面对南海问题复杂态势,中国政府的立场日渐明晰。2014 年 8 月,外交部长王毅在出席中国—东盟(10+1)外长会时表示,中方赞成并倡导以"双轨思路"处理南海问题,即有关争议由直接当事国通过友好协商谈判寻求和平解决,而南海的和平

---

① 中华人民共和国中央人民政府网站:《商务部召开"中国—东盟自贸区建成"新闻发布会》,2009年 12 月 29 日,参见 http://www.gov.cn/gzdt/2009-12/29/content_1499455.htm,2010 年 10 月 12日登录。

② 国务院新闻办公室:《国新办举行中国—东盟经贸关系进展等情况发布会》,参见 http://www.scio.gov.cn/xwfbh/xwbfbh/wqfbh/2010/0726/index.htm,2010 年 10 月 15 日登录。

③ 余永定:《南海问题不能国际化和"中美化"》,2010 年 8 月 3 日,参见 http://www.zhgpl.com/doc/1013/9/8/9/101398962. html? coluid = 137&kindid = 5291&docid = 101398962&mdate = 0803002006,2010 年 10 月 15 日登录。

与稳定则由中国与东盟国家共同维护。[①] 这一表态意在彰显中国不接受他国制造新的麻烦和分歧、不反对建立和遵守地区规则的态度。尽管东盟内部不同国家之间在南海问题的处理和解决上意见分野,但就南海问题确立正式的行为准则、维护南海整体和平与安全符合中国和东盟各国的利益。

(二)中国与东盟主导下的地区机制

目前,除了中国与东盟 10+1 机制外,东盟主导的地区机制还有东盟与中日韩 10+3 机制、东盟地区论坛和东亚峰会(EAS)。中国对这些机制的基本态度都是参与和推动,但在参与的深度和广度、推动的力度和对前景的预期上存在明显的差异。

首先,从机制创设的时间上看,东盟最早主导创建的地区机制是成立于 1994 年的东盟地区论坛。中国从一开始就是该机制的成员国,但对该机制的参与并非是主动和积极的,更多是出于缓解外部威胁和避免利益损失。[②] 由于此时的中国对多边主义尤其是安全多边合作抱有严重的怀疑态度,担心美国利用该论坛遏制中国,怀疑东盟借论坛约束中国在台湾和南沙问题上的行为,[③]在 1994 年的东盟地区论坛会议上,中国抗议与会国讨论领土主权问题,特别是南沙群岛问题,抗议台湾加入东盟地区论坛。1996 年以后,随着中国对东盟地区论坛的参与日渐深入,中国的政策偏好也从被动加入过渡为建设性的参与。中国逐渐认识到东盟地区论坛有助于消除误解,增进信任,通过对话和沟通维护地区稳定。因此中国积极参与并推动东盟地区论坛发展的第一阶段(建立信任)进程,在论坛框架内举办了一些增进相互信任的活动,如成功举办东盟地区论坛第四届国防院校校长会议,提议与菲律宾共同举办 1997 年度东盟地区论坛建立信任措施会议,以及发布国防白皮书等增加军事透明度的举措。在 ARF 向第二阶段(预防性外交)过渡的过程中,中国认为加强相互信任仍是最根本的,而对预防性外交的实施持谨慎态度。近来,中国政府对预防

---

① 中华人民共和国外交部:《王毅:以"双轨思路"处理南海问题》,http://www.fmprc.gov.cn/mfa_chn/zyxw_602251/t1181457.shtml,2014 年 8 月 10 日登录。

② [韩]姜宅九:《中国地区多边安全合作的动因》,载《国际政治科学》2006 年第 1 期,第 14 页。

③ Banning Garrett and Bonnie Glaser, "Multilateral Security in the Asia-Pacific Region and its Impact on Chinese Interest: Views from Beijing," *Contemporary Southeast Asia*, June 1994, pp.14—34.

性外交的态度有所改变,变得更加积极主动,主要体现在面对美国在南海问题上的介入,中国认识到,一味回避南海问题已不现实,必须在理念、规则、实践等方面发出中国的声音,提升中国在解决该问题上的话语权,争取外交空间和国际支持。在东盟地区论坛中积极寻求对预防性外交的广泛共识,有助于缓解中国在南海问题上的国际压力,同时也为南海问题的和平解决提供了新思路。

其次,从投入资源上看,无论是政府的资金、人力投入,还是外交、智力投入,中国对 10+3 合作机制的投入都是最大的。换句话说,中国在这一地区的国家利益与其对 10+3 机制的预期是最为契合的,因此态度也是最为积极的。10+3 机制产生于 1997—1998 年席卷东南亚的金融危机。为了共同抵御经济危机给各国经济所带来的冲击,东盟与中、日、韩三国的领导人举行了非正式会晤,寻求地区金融合作。中国在这次金融危机中表现出负责任的国际形象,保持人民币不贬值,减少了东南亚国家的进一步损失,为中国赢得了广泛赞誉和信任。东盟国家普遍认为与中国结成更紧密的经济关系有利于帮助它们渡过难关,而中国也希望通过推动10+3为主渠道的东亚地区合作,促成美、欧、东亚在国际经济格局中三足鼎立的局面。同时,除了经济因素的考虑之外,中国还有更为长远的战略考量。那就是,通过政治对话和经济合作,促进东亚地区认同的出现和成熟,并在此基础上发展出一个集政治、经济、安全、文化认同等于一身的、类似欧洲共同体的"东亚共同体"。[①] 而对于中国来说,包括了东亚地区最主要行为体的 10+3 机制是目前构筑这一框架的最理想的载体。

再次,从竞争性地区主义的理论维度看,成立于 2005 年的东亚峰会是区域合作的重要平台之一,从一定意义上说,与 10+3 形成了竞争关系。在东亚峰会成立前,中国投入巨大人力物力于 10+3 机制,试图以此

---

① 2001 年,由参加"10+3"会议的东亚 13 国 26 位专家组成的"东亚展望小组"提出建立"东亚共同体"的报告,为东亚地区合作勾勒出发展蓝图。中国积极推动东亚一体化,对此建议予以大力支持。中国驻东盟大使薛捍勤曾表示:"东亚地区多样性突出,区域合作将是一个多渠道、多速度、多机制向前推进的过程。10+1 合作是基础,10+3 合作是实现东亚共同体长远目标的主渠道,东盟与中国、日本、韩国、澳大利亚、新西兰、印度 6 个对话伙伴国(10+6)合作是领导人引领的战略论坛,中日韩合作是东亚合作的重要组成部分。"杨海云、包尤文:《中国驻东盟大使薛捍勤:中国积极支持东亚区域合作》,2009 年 10 月 24 日,参见 http://news.xinhuanet.com/world/2009-10/24/content_12314021.htm,2010 年 8 月 12 日登录。

为主渠道塑造地区新秩序。但自从 2005 年东亚峰会成立,尤其是美国正式加入该机制以来,东亚峰会对 10+3 的冲击作用日渐明显。与 10+1、10+3 不同,东亚峰会是更为开放的地区机制,除东盟、中、日、韩以外,印度、澳大利亚和新西兰也是该机制的初始成员国。2010 年 7 月 21 日,东亚峰会非正式外长会议在越南河内举行,当天会议正式接纳美国和俄罗斯为新的成员国。美国的加入被看成是美国"价值观"外交在东亚的一个体现,用以制衡东盟和中国的地区影响力。[①] 然而,随着东亚峰会合作领域的增多和合作水平的提高,中国对东亚峰会的立场以及东亚峰会在中国地区政策中的地位都发生了变化。第一,积极推动东亚峰会框架下的政治安全与发展合作。如果说东亚峰会建立之初,中国对该机制的实质性合作持谨慎观望态度的话,那么,近年来,中国对东亚峰会的推动力度明显增加。中国不仅大力推动发展领域的合作,并且,在习近平主席上任以来,中国在东亚峰会中对南海问题的表态也更加开放而透明。新安全观的提出更是为中国倡导地区安全合作理念、发挥地区稳定器的作用增加了底气,也提供了话语抓手。第二,东亚峰会在中国的东南亚政策中扮演越来越重要的角色。随着地区问题的不断增多,域外行为体对地区事务的介入,紧守 10+3 作为区域合作的主渠道,而排斥东亚峰会的独特作用,对于中国而言已经不太现实,也不符合中国的利益。再加上东亚峰会是以东盟为主导的地区机制,与中国一贯支持东盟发挥积极作用的立场是一致的。与其被动观望,不如积极参与进来,利用这一战略平台推进和保障中国的地区利益。第三,东亚峰会被中国视为与美国等大国开展地区协调、共同提供地区公共产品的新平台。在政治安全问题上,美国拥有超越他国的资源和话语权,在东亚峰会中积极开展与美国的多边协调,为中美合作创造了新的渠道;而在发展合作方面,中国与东亚众多发展中国家的利益交汇点更多,借重东亚峰会,大力推动东亚贸易投资便利化、加快东亚互联互通、扩大东亚金融合作、加强东亚减贫合作、推进东亚海上合作、密切东亚人文交流,[②]将有助于地区国家间的相互融合,为地区

---

① 李景:《美俄突入 东亚区域合作再添变数》,载《21 世纪经济报道》2010 年 7 月 23 日。
② 中华人民共和国外交部:《李克强在第九届东亚峰会上的发言》,http://www.fmprc.gov.cn/mfa_chn/gjhdq_603914/gjhdqzz_609676/dyfheas_610206/zyjh_610216/t1210824.shtml,2014 年 11 月 14 日登录。

新秩序的构建打下基础。

二、地区层次上的中亚政策

于 2001 年成立的上海合作组织是由中俄两国主导下的机制化程度较高的地区组织,其创设和发展体现出中国地区多边合作的一些新特点,即强调渐进和灵活,强调平等和协商一致的原则,坚持不干涉内政的原则,行动谨慎,注重多边与双边并举。[①]

上海合作组织的建立基于中亚国家、俄罗斯与中国消除对抗和建立边境相互信任的努力,并且是在回应地区非稳定因素的挑战过程中得以制度化的。对于中国来说,它在上海合作组织的利益与其在中亚的利益有很大的重合性。[②] 打击"三股势力"和开展能源等领域的经济合作都是进入新世纪以来的中国在中亚最为关心的,而相对于双边外交而言,上海合作组织在实现这些重要利益上显得更为有效。

"9·11"事件的发生为上海合作组织带来了机遇和挑战。作为上海合作组织的成员国,中国积极推动该组织的机制化建设,促进各成员国在安全、经贸等领域合作的不断扩大和深化。2002 年 6 月 7 日,上海合作组织成员国元首第二次峰会在俄罗斯圣彼得堡市举行。中国国家主席江泽民提出上海合作组织应加快机制化建设、加强团结协作、加大合作力度等三项主张,明确安全与经贸合作是推动区域合作与上海合作组织发展的两个轮子。此次峰会上,六国元首共同签署了《上海合作组织宪章》、《关于地区反恐怖机构的协定》和《上海合作组织成员国元首宣言》等三个政治文件。《协定》标志着各方在安全领域的合作方面迈出了实质性的步伐,在打击"三股势力"上将会有更坚决的行动。由于上海合作组织所承担的这一主要安全任务符合中国打击"东突"、稳定边陲的核心利益,相比其他多边安全合作机制,中国对上合组织投入了更多资源和热情。在 2007 年上海合作组织成员国元首理事会第七次会议上,胡锦涛主席表示希望中亚地区成为持久和平、共同繁荣的和谐地区,提出"四个坚持",即坚持睦邻友好,坚持共同发展,坚持文化互鉴,坚持对外开放。成员国元

---

① 姜毅:《中国的多边外交与上海合作组织》,载《俄罗斯中亚东欧研究》2003 年第 5 期,第 48 页。
② 赵华胜:《中国的中亚外交》,北京:时事出版社 2008 年版,第 406 页。

首还共同签署了《上海合作组织成员国长期睦邻友好合作条约》,这是上海合作组织首份规范成员国相互关系准则的重要政治、法律文件。

中国对上合组织发展的政策可以从四个方面来理解。首先,中国强调增强政治互信是开展地区安全和经济合作的基础。国家主席胡锦涛曾在 2009 年的上合组织成员国元首理事会第九次会议上指出:"高度的政治互信和高水平的战略协作是本组织的独特优势。"[①]作为一个协调型地区安全组织,上合组织始终是以维护地区稳定和促进共同繁荣为目标展开协调与合作的,而非类似北约的集体安全组织以抵御外部威胁为己任。因此,充分利用本组织不同层次和渠道的会晤、磋商机制,加强战略对话,协商政策,凝聚共识,就变得尤为重要。中国一向积极支持上海合作组织的机制运作和合作项目,一方面重视每次峰会,开展务实有效的"峰会外交"或"首脑外交",另一方面为落实具体的合作项目创造良好的条件,从人力、物力和财力上支持计划的进行。

其次,从上海合作组织成立之初,中国就强调机制内开展经济合作的必要性和可行性。由于中国广阔的市场与中亚国家丰富的资源具有高度的互补性,中国希望这里成为外国资源开发和对外贸易"走出去"的一个战略重点,推动实现对外经济联系多元化的布局。[②] 事实上,早在 20 世纪 90 年代后期,中石油就开始与哈萨克斯坦开展能源合作,但由于能源利益未被提升到地区利益的重要地位,中国政府的"走出去"战略成效甚微。上合组织成立后,尤其在 2002 年和 2003 年相继签署了《〈上海合作组织成员国政府间关于区域经济合作的基本目标和方向及启动贸易和投资便利化进程的备忘录〉的议定书》和《上海合作组织成员国多边经贸合作纲要》后,中国开始大力支持本国企业与中亚国家开展贸易和投资,并积极推动基础设施建设、简化海关手续以及加强人员培训等等,创造良好的环境和条件吸引和扶持有能力的企业走出国门,与中亚国家在能源、贸易、服务、投资等各领域扩大和深化合作。2008 年的金融危机席卷全球,并导致世界各国的经济面临困境。在这种情况下,中国积极倡议在东亚

---

① 胡锦涛:《携手应对国际金融危机 共同创造和谐美好未来——在上海合作组织成员国元首理事会第九次会议上的讲话》,2009 年 6 月 16 日,参见 http://finance. ifeng. com/news/hgjj/20090617/803361.shtml,2010 年 8 月 12 日登录。

② 姜毅:《中国的多边外交与上海合作组织》,载《俄罗斯中亚东欧研究》2003 年第 5 期,第 50 页。

和中亚加强地区金融合作,并建议上合组织成员国建立财经对话机制,加强货币政策协调,支持举行成员国财长和央行行长会议;同时倡议加强多边科技合作,开展清洁能源、新材料及科技成果产业化合作,共同抵御国际金融危机的冲击。[①] 这些倡议为上合组织的经贸合作增添了新的动力。

再次,安全合作作为上合组织产生和维系的主要的动力,是中国积极参与和推动该机制的根本利益之所在。这是由组织内部的共同利益和组织外部的国际环境所决定的。从共同利益看,中国与中亚国家都面临"三股势力"、毒品、跨国有组织犯罪的严峻威胁。[②] 不采取联合缉捕,推动联合反恐演习的机制化,签订相关合作协议,制定国际信息安全行动计划,是无法从根本上解决这些非传统安全问题的。对于中国而言,打击"东突"势力是中国主要的地区利益,而"东突"分子产生和集结势力的源头并不在中国境内。海外的"东突"组织现在主要活跃于三个地区:一股在中亚各国,一股在欧美和西亚国家,另一股在南亚。这些流亡海外的恐怖势力同样给中亚国家带来了动荡和威胁,阻碍了当地的经济发展,危害了社会稳定。因此,要彻底打击这些恐怖主义分子,必须采取多边合作的方式。2004 年 1 月,设在乌兹别克斯坦首都塔什干的地区反恐怖机构正式启动,为共享情报、开展联合反恐演习等反恐合作提供了制度上的保障。从外部环境来看,美国自"9·11"事件发生以来,一直扮演着反恐急先锋的角色。它对中亚和南亚的军事渗透已经从很大程度上改变了中南亚的地缘政治格局。不仅大批部队存在于阿富汗和伊拉克,美国还趁机大力发展与中亚国家的安全合作,增强自身在该地区的军事存在。有学者指出,控制阿富汗不是美国的最高纲领。除了打击塔利班,华盛顿的计划中还有其他军事战略目标,这些目标与加强其他新的前沿基地有密切联系。例如,美国可以在吉尔吉斯斯坦领土上监控中国部署导弹装置的

---

① 胡锦涛:《携手应对国际金融危机 共同创造和谐美好未来——在上海合作组织成员国元首理事会第九次会议上的讲话》,2009 年 6 月 16 日,参见 http://finance.ifeng.com/news/hgjj/20090617/803361.shtml,2010 年 8 月 12 日登录。

② 在 2009 年叶卡捷琳堡峰会上,上合组织安全合作确定的安全合作重点有三:一是反恐,二是反毒,三是打击跨国有组织犯罪。后两项虽然很早就提出来了,但把它们提升到与反恐相提并论的高度,可说是上合组织安全合作的一个新趋向。参见赵华胜:《上合组织安全合作出现新趋向》,见 http://www.sectsco.org/CN/show.asp? id=263,2010 年 10 月 12 日登录。

一些地区。还有学者认为一旦巴基斯坦军事政治不稳定形势加剧,华盛顿很有可能把中亚地区作为预备性基地,继而作为主要基地。① 在这种情势下,中俄两国一方面积极支持美国反恐的努力,同时加大对本国威胁最大的国际恐怖势力的打击,另一方面为了扩大上合组织对中亚安全形势的掌控能力,防止美国在该地区影响力的增长威胁自身的利益,中俄极力推动上合组织在安全合作方面有更加切实有效的进展。

最后,中国支持上海合作组织的机制化进程,但同时遵循渐进、灵活和协调一致的多边外交原则。具体表现在,一方面积极发挥中俄两国的火车头作用,同时让俄罗斯清楚,中国在中亚的外交努力,与俄罗斯视中亚为"特殊利益区"并无根本利益的冲突;另一方面,考虑和照顾中亚国家尤其是地区小国的利益诉求,尊重不同文明、宗教和民族信仰,求同存异,确保沟通的顺畅和有效,保障组织的良性运转。对于俄罗斯在中亚的特殊利益,尤其是对中亚国家所承担的传统的安全保护,中国小心谨慎,并不贸然触犯。中国清楚这是两国战略协调的默契之处,应从两国在中亚的共同利益出发,进行务实而有效的合作。中俄两国在反恐问题上的地区利益形成了最大的交集。俄罗斯希望中国在反恐尤其是"车臣"问题上给予其支持,而中国国内也存在民族分裂势力,在这些问题上双方都需要对方的国际声援和政策支持。此外,中俄双方都有在上合组织框架内讨论和协商阿富汗问题的意愿和动作,2009 年 3 月在莫斯科举行的由上合组织倡导的阿富汗问题特别国际会议就说明了这一点。在这次会议上,中国支持上合组织和阿富汗通过了《关于打击恐怖主义、毒品走私和有组织犯罪的声明》及其行动计划,并承诺向阿提供的 7500 万美元优惠贷款全部转为无偿援助。② 而与此同时,中国也关注一些阻碍中亚地区发展的"低级政治"问题,比如贫穷、基础设施落后、受教育程度低等社会问题。这些问题往往是中亚国家发展经济的最头疼的问题,缺乏资金和专业人才是症结所在。为此,中国强调安全和经济"两个轮子"之外的另

---

① [俄]维多利娅·潘菲洛娃著,马茹译:《俄报分析美国在中亚的军事存在对该地区国家的影响》,参见 http://www.cetin.net.cn/cetin2/servlet/cetin/action/HtmlDocumentAction? baseid=1&docno=158306,2010 年 6 月 20 日登录。
② 中华人民共和国外交部:《外交部副部长宋涛出席上海合作组织阿富汗问题特别国际会议》,2009 年 3 月 27 日,参见 http://www.fmprc.gov.cn/chn/gxh/xsb/xw/t554788.htm,2010 年 8 月 20 日登录。

一个轮子,即人文交流。通过加强文化、教育、卫生、旅游等领域的合作,共同改善中亚地区的社会文化环境,并为更有效持续的经济和安全合作打下坚实的基础。

三、地区层次上的东北亚政策

目前,东北亚地区存在"一轨"和"一轨半"的多边安全机制,分别以六方会谈(SPT)和东北亚合作对话(NEACD)为代表,以及在10+3领导人框架外举行的中日韩峰会。[①]

六方会谈是由朝鲜、韩国、中国、美国、俄罗斯和日本六国共同参与的旨在解决朝鲜核问题的一系列谈判。会议于2003年8月27日开始,至2007年9月30日共举行了六轮会谈。六方会谈的特点是以危机处理为主要宗旨,没有固定的会谈时间,没有秘书处等常设机构;每次会谈由中国承办,中国在其中扮演着斡旋人的角色;会谈的进展或停滞主要取决于朝美两国在朝核问题上的立场和行动。东北亚合作对话则是一个由东北亚各国的政府官员和政策研究学者所组成的对话平台,该机制致力于增进理解和信任,扩大共识,而对于处理危机和化解冲突则无能为力。因此,中国在面对朝核问题这个在东北亚的重大安全挑战时,将六方会谈作为实现本国在东北亚地区安全利益的主要途径就显得顺理成章了。

而中日韩峰会作为东北亚"三巨头"的政治和外交平台,已陆续通过一系列三方合作计划及面向2020年的长远战略,起着大国协调和促进地区经济合作的重要作用。中国积极推进三国在自贸区建设、投资、金融、防灾、防务等各领域的合作,表明中国希望通过多层次多渠道来推动大国合作,以及在多边机制中增进政治互信、实现地区经济一体化和共同安全。尽管目前峰会已经启动了对三国自贸区的联合研究,并承诺于2012年完成,但进入官方谈判阶段还有很长一段路要走。因此,短期来看,中日韩峰会的主要内容是自贸区建设问题。相应地,中国在地区层次上的东北亚经济政策也将主要着眼于三国自贸区建设,以及与此相关的双边自贸区谈判。

---

① 1999—2007年,中日韩领导人是在10+3框架内定期举行三国领导人会议。2008年12月以来,中日韩峰会在10+3框架外进行,成为三国合作的新机制。

中国在地区层次上的东北亚安全政策与中国对六方会谈的政策有很大程度上的重合,因而,分析中国对六方会谈的政策演变和政策偏好有助于我们理解中国在东北亚地区的多边政策趋向,以及全面认识中国的东北亚地区政策。事实上,六方会谈产生本身就已反映出中国对朝核问题政策的改变和对地区利益认知的变化,是践行"新安全观"的一次有益尝试。

六方会谈产生于第二次朝核危机。在20世纪90年代初爆发的第一次朝核危机中,朝美双方在各方努力下,通过签署《核框架协议》,使危机得以化解。当时,中国坚持"决不当头",在危机面前保持中立,主张美朝通过双边直接对话解决核问题。而自2002年10月第二次朝核危机浮出水面以来,对于中国在危机中的角色定位,舆论一直存在"超脱"和"介入"两种声音。"超脱派"认为中国不应介入,最多仅充当美朝牵线人。而"介入派"则认为朝核问题不仅是美国问题,而且对中国的国家安全也有着深远影响,因此应积极介入。① 但在介入方式上存在分歧。一种观点认为,中国应积极发挥其独特影响力,在美朝间扮演公道人,积极斡旋,发挥"减震器"效果;还有少数人认为,朝鲜拥有核武器的最大受害者不是美国,而是中国,因此中国在朝核危机上应和美国全面合作,甚至不惜抛开朝鲜。

事实证明,中国政府选择通过积极介入和穿梭外交来维护朝鲜半岛的稳定。2003年7月中旬,中国政府特使戴秉国穿梭于俄罗斯、朝鲜与美国,进行外交斡旋。经过中国的努力,第一轮六方会谈于2003年8月27日在北京举行。此后,六方会谈陆续举行了六轮对话,并因2009年4月23日朝鲜宣布退出六方会谈而暂时搁置。2010年3月,中国向美、日等六方会谈与会国建议重启六方会谈的"三步走"方案,即继朝美双边对话后,先召开六方会谈与会国之间的预备会谈,然后再举行正式的六方会谈。然而,一波未平,一波又起。"天安号"事件引发了朝鲜半岛新一轮危机,不仅朝韩、朝美关系受到波及,还严重阻碍了六方会谈的重启进程。

从中国对六方会谈的参与过程可以看出,中国在朝鲜半岛问题上的角色逐渐从相对被动向更加积极主动转化,这一过程与中国外交总体态

① 王俊生:《第二次朝核危机中的中国角色:总结与反思》,载《领导科学》2007年第6期,第54页。

势的发展变化大体一致。① 此外,还与美国对朝鲜动武的可能性、朝鲜的冒险行为以及危机地区化和国际化的趋势有密切的关系。②

第一,美国对朝鲜动武的可能性。布什上台后,美国将朝鲜定为所谓的"邪恶轴心"国之一,是引发朝鲜重启核计划的导火索。美国新保守主义政府不愿承认朝鲜现政权的合法性,下决心要彻底解决朝核问题。尽管同意通过和平谈判的方式解决问题,但又不放弃武力解决的选择,不对朝鲜作出真正的让步,甚至表示"如有必要,将再次采取单方面的先发制人的行动"。③ 中国认为,如果美国对朝动武,将会破坏东北亚地区的和平与稳定,中国的国家安全也将受到严重威胁。因此,中国必须在危机关头有所作为,通过建立多边对话的平台、营造和平谈判的氛围来化解危机,缓解紧张的地区局势。

第二,朝鲜的冒险行为。朝鲜由过去公开表示不发展核武器,到公开宣布已经拥有核武器,从第一次危机着重经济补偿,发展到与朝鲜的生存相联系,朝鲜放弃核计划的条件也更加政治化,态度也更强硬。对于朝鲜退出《不扩散核武器条约》,中国表示"不赞成"。同时强调,"中国主张朝鲜半岛不能拥有核武器"。④ 而在2006年10月9日朝鲜宣布核试验成功后,中国外交部甚至发表声明表示"朝鲜悍然实施核试验,中国政府坚决反对"。⑤ 这些严厉的措辞表明了中国维护半岛无核化的决心。这主要源于中国最现实、最重要的安全考虑,即防止因战略平衡的打破而引发新的战争。它不仅是朝鲜与美、日、韩的问题,而且关乎中国维护周边安全、保持地区稳定和实现长远和平发展的全局性问题。此外,中国很清楚,朝鲜被美、日、韩搞垮或朝鲜把中国拖入一场本可避免的战争,既不符合中

① 崔立如:《朝鲜半岛安全问题:中国的作用》,载《现代国际关系》2006年第9期,第43页。
② 参见罗洁:《中国为什么积极促成六方会谈——访朝鲜半岛问题专家于美华》,载《世界知识》2003年第18期,第25页;[韩]姜宅九:《中国参与六方会谈:斡旋角色与前景》,载《当代亚太》2007年第2期,第30—35页;崔立如:《朝鲜半岛安全问题:中国的作用》,载《现代国际关系》2006年第9期,第42—47页。
③ 叶自成:《第二次朝核危机中的中国策》,载《南方周末》2003年7月24日,参见http://news.sohu.com/71/87/news211448771.shtml,2010年6月20日登录。
④ 新华社:《就朝鲜核问题交换意见,江泽民应约与布什通电话》,载《人民日报》2003年1月11日。
⑤ 中华人民共和国外交部:《中华人民共和国外交部声明》,2006年10月9日,参见http://news.xinhuanet.com/world/2006-10/09/content_5180207.htm,2010年6月20日登录。

国的利益,也不符合朝鲜的利益。① 因此,在坚持要求朝鲜履行放弃核武器承诺,重返六方会谈的同时,中国也兼顾朝鲜的利益,反对国际社会对朝鲜施以严厉的制裁。

第三,危机地区化和国际化趋势。在美朝的拉锯战中,中国领导人逐渐认识到,如果美朝之间的核争端不能得到妥善解决,可能导致日、韩谋求拥有核武器,从而使东北亚安全形势更趋复杂。② 韩国是直接感受到朝鲜核武器威胁的前沿国家,日本则一直以来自朝鲜的安全威胁为由大力发展其军力,因此,朝鲜一旦拥有核武器,日韩两国政府和国民要求发展核武器的愿望将更为强烈。对于中国而言,在东北方向将有可能增加三个核邻国,这将极大地改变东北亚的安全格局。因此,在朝美两国间目前仍不存在基本的信任,无法进行务实而理性的双边谈判时,将利益攸关方拉入地区机制中进行多边磋商,发挥中国独特的斡旋人角色,是较为有效的危机解决途径。

尽管目前朝鲜半岛问题遇到重大挫折,朝鲜与美、日、韩之间处于战略拉锯状态,但可以预期,在相当一段时期内,中国仍将坚持半岛无核化原则,通过六方会谈的和平谈判方式解决朝核问题,促成朝美关系正常化。在东北亚不存在其他有效的地区安全机制的情况下,六方会谈的继续进行总体而言对中国仍是有利的。③ 从长远来看,中美都有意愿在保持六方会谈解决朝核问题的功能性特征的同时,探讨和追求将解决地区安全议题的多边对话制度化。在六方会谈的基础上继续保持和扩大多边安全合作架构,有可能为东亚地区安全摸索出更富有建设性的地区安全新机制。④ 然而,前提是,六方会谈能作为一个有效的机制发挥维护地区稳定的作用,并得到各利益攸关方,当然也包括该地区的一个重要成员——朝鲜,对于机制目标、原则、前景等的一致认同。

---

① 田一枫:《中国反对朝鲜核武的深层原因》,2009 年 7 月 7 日,参见 http://www.zaobao.com/forum/pages/forum_us090707.shtml,2010 年 6 月 20 日登录。

② 高子川:《中国周边安全环境基本态势解析》,载《当代亚太》2004 年第 1 期,第 8 页。

③ [韩]姜宅九:《中国参与六方会谈:斡旋角色与前景》,载《当代亚太》2007 年第 2 期,第 35 页。

④ 朱锋:《中国的外交斡旋与朝核问题六方会谈——为什么外交解决朝核问题这么难》,载《外交评论》2006 年第 2 期,第 27 页。有关该问题的学术探讨,参见 Joseph R.Cerami, "From the Six Party Talks to A Northeast Asian Security Regime? Cooperative Reduction Strategies and Institutional Development," The Korea Economic Institute of America: *The North Korea Nuclear Issue*, 2004, pp.59-76.

第四节　层次间比重与相互关系

从冷战后中国周边地区政策的演变过程看,双边层次上的睦邻外交和构建"伙伴关系"网络始终是中国实现地区利益、塑造理想周边环境的主要手段,在中国周边地区政策中所占的比重也是最大的。在国际社会里,没有双边政治关系的建立和提升以及在各领域的深入合作,次区域和地区合作将缺乏基本的政治互信、相互依赖的基础和共同利益的重合。中国也不例外。

一、双边与多边、主权与地区主义的关系

中国外交一向以双边外交为主。尽管在冷战时期参与了一些国际多边组织,但中国对地区多边机制的接触已经是冷战结束后的事了。进入20世纪90年代以来,中国参与地区经济和安全合作的广度、力度和深度不断加强,逐渐形成双边与多边外交并重的政策偏好。

1997年亚洲金融危机爆发前,中国仍不具有地区多边外交的政策偏好,尽管中国已经参与了一些地区多边机制。这段时期,中国的政界和学界对多边主义和地区主义理念怀有诸多质疑,对安全领域的多边组织更是小心谨慎。这一方面源于冷战时期中国多参加政治倾向较强的多边机制,而对经济区域化和经济合作机制的认识不够了解;另一方面对超级大国领导的集体安全组织的"斑斑劣迹"心存芥蒂,认为现行的多边主义的国际制度与规则是西方发达国家制定的,是美国等大国推行霸权主义的工具。[1]　因此,中国在这些地区多边机制中,往往是被动的,也不是议程的制定者,缺乏参与议程创设意识。[2]

与双边性问题的下降趋势相比较,冷战后中国与周边国家关系中,地区公共性问题开始逐步上升。[3]　亚洲金融危机后,中国开始从政府层面

---

① 曹云华、徐善宝:《从双边到多边双边与多边并重》,载金灿荣主编:《多边主义与东亚合作》,北京:当代世界出版社2006年版,第142—143页。

② 门洪华:《构建中国大战略的框架:国家实力、战略观念与国际制度》,北京:北京大学出版社2006年版,第255页。

③ 苏长和:《周边制度与周边主义——东亚区域治理中的中国途径》,载《世界经济与政治》2006年第1期,第10页。

上认识到解决这些跨国性问题仅仅发展双边关系是不够的,地区主义是必要的补充手段,因而对地区多边机制的参与也更为积极主动。一个积极、主动参与构建地区合作框架、利用各种机会进行充分交流与沟通的外交有助于塑造中国负责任大国的形象,有助于减轻某些国家对"中国威胁"的疑惧,有助于反对强化冷战同盟的企图。可见,对中国来说,多边外交已不是选择性的问题,而是必须正视的现实;不是一时的权宜之计,而是影响深远的战略谋划。① 这一时期多边主义和地区主义已经成为中国外交理念的重要组成部分,作为政策偏好指导着中国地区政策的制定和实施。

与地区主义同时影响中国地区政策的还有地区化进程。地区化与地区主义最大的区别是,地区化是个经济、社会概念,强调地区融合的自然历史的过程,而地区主义是个政治概念,是由国家政府主导进行的。② 中国一些沿边、沿海省市参与的次区域经济合作机制最初不是由国家政府主导产生的,而往往由某个全球性或地区性非政府组织倡导,致力于消除贫困,促进经济发展。伴随着地区化的推进和深入,个别省市的政府行为逐渐上升为国家行为,并成为中国地区政策的重要组成部分。

其实,中国外交中的双边与多边之争可以看成是理念层面上主权与地区主义的认知之争。新中国成立后,不干涉主权原则一直是中国在国际事务中坚持的根本原则之一。在国家实力不足时,中国在与多个国家打交道时,总感到底气不够,与单个国家打交道时,则更为容易一些。因此,双边外交是维护国家主权和领土完整最有效的方式。然而,冷战后地区性问题的层出不穷给双边外交的国际交往方式提出了挑战,要求国家牺牲或让渡部分主权和自治权。地区主义也已偏离了最初的亲主权倾向,走向"介入性地区主义"。③ 其侵蚀主权性质的建立信任措施和预防

---

① 姜毅:《中国的多边外交与上海合作组织》,载《俄罗斯中亚东欧研究》2003 年第 5 期,第 48 页。

② 牛津大学地区主义学者安德鲁·赫利尔教授(Andrew Hurrell)认为,地区化(regionalization)是指市场、贸易、投资和公司决策而产生的地区整合进程。地区化不是国家或者地方政府事前决定的结果。地区主义(regionalism)则是指国家带头的"地区合作工程"的理论与实践,以政府对话与合作(包括正式的协定、条约)的形式出现。见庞中英:《地区化、地区性与地区主义——论东亚地区主义》,载《世界经济与政治》2003 年第 11 期,第 10—11 页。

③ [加拿大]阿米塔·阿查亚:《地区主义和即将出现的世界秩序:主权、自治权、地区特性》,载《世界经济与政治》2000 年第 2 期,第 67—68 页。

性外交机制,已经被亚太的地区多边机制赞同和尝试。中国第一次在正式文件中使用"建立信任措施"是 1998 年发表的《中国的国防》白皮书,该白皮书指出,"国家间建立信任是维护安全的有效途径,中国高度重视并积极推动建立信任措施合作"。[①] 可见,中国已经认识到建立信任措施对于地区安全的重要性。然而,在主权争议问题上,中国仍主张通过双边谈判的方式解决,这是符合中国的一贯立场的。

二、次区域合作与地区主义的关系

有学者指出,地区经济一体化是地区内各经济单元发展到一定程度的内在要求,也是地区经济整体跃升的必然趋势。但是,地区经济一体化是一个经济整合的渐进过程。在这个过程中,发展次区域经济合作,是地区经济一体化必不可少的发展阶段和实现路径。因此次区域经济合作可视为地区经济一体化的初级阶段。笔者部分同意这种观点。目前,中国参与的次区域经济合作主要有澜沧江—湄公河次区域经济合作、泛北部湾经济合作、以新亚欧大陆桥为纽带的中国与中亚地区的经济合作以及图们江地区的区域经济合作。这些次区域经济合作机制大多由亚洲开发银行或联合国开发计划署等国际组织牵头,从项目设计出发,以解决贫困和促进经济发展为主要目标。次区域的经济发展和社会稳定有利于地区一体化进程的推进。通过增强跨国贸易和投资,加深毗邻经济区的相互依赖,带动国家在双边和地区等其他层次上的合作行为。但是,这并不意味着次区域经济合作与地区经济一体化存在着某种线性的承继关系,两者是并行的关系。首先,次区域经济合作与地区合作都是多边层次上的跨国界经济合作形式,它们的目的都是为了降低国家间或地方间的交易壁垒,扩大经济交往的范围,实现经济繁荣。因此两者并不是相互矛盾和抵消的。其次,从认同上说,两种形式都要求国家或地方政府在一定程度上超越国家利益或地方利益。因此,次区域合作和地区合作都是培育共同体意识的重要途径。

有学者将中国与亚洲地区化的关系总结为两种形态,认为目前已初步形成了中国—东盟机制、上海合作组织和东北亚合作机制的"Y"形干

---

① 滕建群:《中国建立信任措施的实践与展望》,载《国际问题研究》2008 年第 3 期,第 13 页。

状制度性安排,和由地方政府参与的多层次枝状次区域合作的制度性安排。并指出在"枝繁干壮"的地区化战略中,需要对地方政府的作用给予更多的关注和重视。① 地方政府在次区域合作中的积极作用已经显现出来,如何使之在地区治理中发挥更大的作用将有赖于亚洲地区化进程和中国内部央地关系的发展了。

---

① 苏长和:《中国地方政府与次区域合作:动力、行为及机制》,载《世界经济与政治》2010 年第 5 期,第 4 页。

第二编
构建中国周边地区政策动力
机制的分析框架

第三章　解释中国周边外交的研究视角

对于中国周边地区政策所表现出的复杂性,笔者进行了历史和层次的多维度分析。然而,仅此还不够,还须在此基础上对政策形成背后的动力机制做更深入的探讨。在第一编实证分析的基础上,笔者将提出解释中国周边地区政策框架的分析框架,分析其形成和发展的动力机制。首先,在对现有理论解释进行考察的基础上,笔者提出采用"国内—地区互动"的研究视角,主要分析中国周边地区政策的国内和地区动因。接下来,笔者提出影响中国周边地区政策框架成型的两个自变量,即国内联盟和地区自主性,并用两章篇幅分别论述国内联盟、地区自主性与中国周边地区政策的关系。由此得出的基本假定是,第一,中国国内多元利益主体之间通过组成国内联盟,试图将自身的共同利益上升为国家利益。国内联盟对中国周边地区政策决策过程的影响主要体现在推动国家"利益边界"的延伸,以及不同联盟在不同地区议题上所发挥的不同作用。第二,地区自主性作为中国与周边地区互动的情境因素,通过影响双方的社会化模式,即中国和该地区(或地区组织)在社会化进程中的角色扮演,从而决定中国在地区塑造上的政策取向。

第一节　几种可能的理论解释及其局限性

在很长一段时间里,中国外交政策研究被认为是脱离于国际关系学的,至少是独立性强的,并且是相对落后的,因此也被一些学者称为"一块中国学术领域尚未开垦的处女地"。① 结合中国外交政策研究的现状和现有的国际关系主流理论,对中国周边地区政策的解释有以下四种可能的研究视角。

第一,新现实主义者将国际体系结构作为解释中国周边地区政策形成和发展的主要动因,认为中国对周边地区在政策和外交上的日趋积极和自信,是源于中国实力的增强;而中国地区影响力和国际声望的提升,也是权力转移和国际格局变动的结果。在此前提下,一些美国学者的判断是,若中国实力地位继续上升,军事实力也将随之增强,中国有可能会谋求地区霸权,其地区政策也会变得更为"独断专行",这是不符合美国利益的。② 这种解释视角只注重物质层面上的结构因素,忽视影响中国周边地区政策的国内和国际等诸多因素的作用,显得过于僵硬和简单化,解释力不够。

第二,新自由制度主义者将国际制度作为解释中国周边地区政策的重要因素,认为中国之所以逐渐把地区多边外交作为其周边地区政策的主要手段之一,不是因为中国决策者有相应的偏好,而是由于国际制度为中国提供了合作动机。与此同时,地区多边合作能增进信任,降低信息不对称所造成的冲突风险,缓解权力转移给地区带来的消极影响。③ 持这类观点的中国学者大多建议中国更加积极有效地融入地区制度,甚至创

---

① 参见周琪:《官僚政治模式与美国对中国外交决策的研究》,载《外交评论》2010 年第 4 期,第 68 页;[美]江忆恩:《中国外交政策研究:理论趋势及方法辨析》,载《世界经济与政治》2006 年第 8 期,第 64—73 页。

② See Robert G.Sutter,*China's rise in Asia:promises and perils*(Rowman & Littlefield Publishers,2005); Robert G.Sutter,"China's Recent Approach to Asia:Seeking Long-term Gains," *NBR Analysis* 13,no.1 (March 2002).

③ Alastair I.Johnston and Paul Evans,"China's Engagement with Multilateral Security Institutions," in Alastair Iain Johnston and Robert S.Ross,eds.,*Engaging China:The Management of an Emerging Power*(London:Routledge,1999),pp.235-272;Elizabeth Economy,"The Impact of International Regimes on Chinese Foreign Policy-Making:Broadening Perspectives and Policies…But Only to a Point," in David M.Lampton,ed.,*The Making of Chinese Foreign and Security Policy in the Era of Reform*,1978-2000(Stanford,CA:Stanford University Press,2001),pp.230-253;Elizabeth Economy and Michel Oksenberg,"Introduction:China Joins the World," in Elizabeth Economy and Michel Oksenberg,eds.,*China Joins the World:Progress and Prospects*(N.Y:Council on Foreign Relations Press;[Washington,D.C.]:Distributed by Brookings Institution Press,1999),pp.22-23;苏长和:《发现中国新外交——多边国际制度与中国外交新思维》,载《世界经济与政治》2005 年第 4 期,第 11—16 页;门洪华:《国际机制与中国的战略选择》,载《中国社会科学》2001 年第 2 期,第 178—187 页。

设制度,以实现与自身实力相匹配的责任利益;①而西方学者尤其是美国学者则将中国在地区制度中影响力的上升视为对美国利益的威胁,认为平衡中国的制度影响力至关重要。② 制度主义的研究视角一定程度上解释了中国周边地区政策中的多边行为,但制度的效用如何测定? 为何中国对不同的地区机制会表现出不同的态度? 在研究中国周边地区政策时,有关制度主义的这些困惑便显现出来。

第三,一部分新自由主义者将国内政治因素纳入中国周边地区政策的解释变量中,认为中国地方政府日益扩大的外事自主性和地方财政收入的扩大对地方政府参与周边的国际交往产生了现实及潜在的作用。③ 他们将中国参与大湄公河次区域经济合作、图们江流域开发等新机制作为研究案例,得出的结论反映出中国外交政策在全球化背景下的深刻变化。这种分析视角将中国外交决策的微观过程与国际结构变化结合起来,对于解释中国周边政策的变迁很有帮助。但从目前的研究成果看,国际因素往往只是作为分析背景,并未与外交决策的微观过程结合为一个有机统一的分析模式。④

第四,建构主义者将规范认同和身份建构作为解释中国周边地区政策的核心要素,认为中国周边地区政策源于利益认知的变化,而利益认知的变化又是中国国际身份认同转变的结果。"负责任大国"的身份认知

---

① 方长平:《多边主义与中国周边安全战略》,载《教学与研究》2004 年第 5 期,第 47—52 页;苏长和:《周边制度与周边主义——东亚区域治理中的中国途径》,载《世界经济与政治》2006 年第 1期,第 7—14 页。

② Bruce Vaughn and Wayne M. Morrison, "China-Southeast Asia Relations: Trends, Issues, and Implications for the United States," *CRS Report for Congress*, April 4, 2006; Kai He, "Institutional Balancing and International Relations Theory: Economic Interdependence and Balance of Power Strategies in Southeast Asia," *European Journal of International Relations*, Vol.14, no.3, 2008.

③ Peter T.Y.Cheung and James T.H.Tang, "The External Relations of China's Provinces," in David M. Lampton, *The Making of Chinese Foreign and Security Policy in the Era of Reform*, 1978 - 2000 (Stanford, CA: Stanford University Press, 2001), pp.91-120;陈志敏:《次国家政府与对外事务》,北京:长征出版社 2001 年版;苏长和:《中国地方的国际化》,载王逸舟主编:《中国对外关系的转型(1978—2008)》,北京:社会科学文献出版社 2008 年版;苏长和:《中国地方政府与次区域合作:动力、行为及机制》,载《世界经济与政治》2010 年第 5 期,第 4—24 页。

④ 海伦·米尔纳、罗伯特·基欧汉都曾致力于区分外交政策中的国内和国际因素,并将其纳入统一理论的研究中。Helen V.Milner, *Interests, Institutions, and Information: Domestic Politics and International Relations* (Princeton, N.J.: Princeton University Press, 1997); Robert Keohane and Helen Milner, eds., *Internationalization and Domestic Politics* (New York: Cambridge University Press, 1996).

导致了中国周边地区政策的形成。① 还有学者将社会化理论运用于解释周边地区政策,认为中国与国际体系之间是学习和传授的关系,通过规范的内化和认同的确立,中国逐渐成为一个维持现状的国家和负责任的地区大国。这种分析视角从观念上解释了中国周边地区政策的变迁,是对理性主义观点的重要补充。然而,在差异性和多样性的社会事实面前,建构主义的规范和认同常常表现得束手无策。

这四种解释视角在研究中国周边地区政策时存在一个共同的问题,即在看待结构与施动者、体系与单元、宏观与微观的关系时,它们对世界的认识都是建立在二元对立世界观基础上的。但事实上,在社会实践和持续互动的过程中,结构与施动者之间常常是互构的,不可分割;体系层面上的物质权力分配、国际制度②和观念结构与施动者在进程层面上的实践活动常常相互作用,共同决定对外政策。因此,要分析中国周边地区政策的动力机制,必须打破二元对立的世界观前提,博采众长,避免走入片面解释的误区。

第二节 实践转向背景下的
"国内—地区互动"研究视角

随着三种国际关系主流理论的逐渐合流,学界出现了"折衷论"的研究视角,③即根据所研究的社会事实,有选择地从国际关系主流理论中汲取营养,以便解释各种不同进程之间的联系。这也被有的学者称为"实

---

① 参见肖欢容:《中国的大国责任与地区主义战略》,载《世界经济与政治》2003 年第 1 期,第 46—51 页;邢悦、詹奕嘉:《新身份·新利益·新外交——对中国新外交的建构主义分析》,载《现代国际关系》2006 年第 11 期,第 18—23 页;韦红:《从周边外交看中国在国际体系变动中的身份定位》,载《当代世界与社会主义》2008 年第 2 期,第 86—89 页;马嬿:《中国参与地区合作的理念演进、特点及前瞻》,载《毛泽东邓小平理论研究》2008 年第 7 期,第 36—40 页。
② 有部分学者认为国际制度是进程变量,但他们也承认从本质上看,新自由主义者还是更多地从体系层面上去理解和认识国际制度的作用的。
③ Peter J.Katzenstein and Rudra Sil, "Rethinking Asian Security:A Case for Analytical Eclecticism," in J. J Suh, Peter J.Katzenstein, and Allen Carlson, eds., *Rethinking Security in East Asia:Identity,Power,and Efficiency*(Stanford:Stanford University Press,2004),pp.1—33;周方银、王子昌:《三大主义式论文可以休矣——论国际关系理论的运用与综合》,载《国际政治科学》2009 年第 1 期,第 79—98 页。

践转向",①它主要源于社会科学领域对二元对立世界观的整体反思。这种不单纯依据某种学派的研究视角已经被越来越多的学者所接受,在此基础上,中国周边地区政策研究也开始脱离传统的窠臼,向多元分析模式转变。②

　　在实践转向的背景下,根据议题分类,国际关系实践理论的研究成果主要分为三类,分别是施动者—结构关系问题、社会化进程问题和社会结构的演变问题。③ 笔者结合中国周边地区政策实践,提出解释其形成和发展动力机制的"国内—地区互动"研究视角。选取该视角的理由有二:

　　第一,该视角试图避免从二元对立的本体论和认识论出发,将政策的形成与影响决策过程的国内施动者、体系结构和进程放在同一个分析框架中考量,揭示中国周边地区政策在国内和地区互动两个层面上的动力机制。

　　第二,中国周边地区政策的形成和发展不仅与国内和地区互动因素有关,还与全球和跨地区层面的诸多因素相关,但本书不探讨全球和跨地区因素。全球层面的因素主要包括具有全球性影响的大国关系、全球性多边合作机制及其进程等。跨地区层面的因素主要包括具有跨地区性影响的大国关系、跨地区的多边合作机制及其进程等。出于控制变量的目的,笔者主要从国内和地区互动的层面上去解释中国周边地区政策形成和发展的动力机制,并不意味着全球和跨地区层次的因素不重要或可以忽略不计。

---

① 朱立群、聂文娟:《国际关系理论研究的"实践转向"》,载《世界经济与政治》2010 年第 8 期,第 98—115 页。他们认为,国际关系研究的"实践转向"是指国际关系研究从对权力、利益、身份、语言的研究转向实践。与发生在 20 世纪 90 年代的"社会性转向"相比,实践理论将国际关系的本质特征看成是实践,而不是其他;在认识论和方法论上,实践理论从实证主义转向了实用主义和溯因推理。其研究旨趣在于推动日常实践的关注,研究议程包括对于施动者和结构关系的探讨以及对于社会因素生成和体系转换问题的进一步思考。

② 在国内这方面的实证研究成果主要有:[韩]姜宅九:《中国地区多边安全合作的动因》,载《国际政治科学》2006 年第 1 期,第 1—27 页;林珉璟、刘江永:《上海合作组织的形成及其动因》,载《国际政治科学》2009 年第 1 期,第 1—33 页。

③ 朱立群、聂文娟:《国际关系理论研究的"实践转向"》,载《世界经济与政治》2010 年第 8 期,第 105—112 页。

一、国内动力的研究视角

实践理论对施动者—结构关系和社会结构演变问题的探讨有助于解释中国周边地区政策的国内动力。

（一）施动者—结构关系

科林·怀特（Colin Wight）在《施动者、结构与国际关系》一书中重新讨论了国际关系中施动者与结构关系的问题。在怀特看来，施动者具有三层含义或者三重特性：一是它的主体特征；二是它在结构中的位置特征，即主体的地位；三是位置决定的实践场所，即地位决定的主体的角色。[①]

基于对施动者特性的界定，怀特的两个结论对我们分析中国周边地区政策很有启发意义。第一，施动者是处于社会结构关系中的，它与结构不仅是相互依存和影响的，也是彼此互构的。第二，施动者处于国际、地区、国内、官僚机构甚至更微观的各个体系层次的互动关系中，所有这些层次的结构作用于施动者的身份、利益和选择。

冷战后中国周边地区政策在次区域、双边和地区这三个层次上政策框架的成型，首先是与影响决策的国内利益主体逐渐从一元走向多元、从单纯的国家层面拓展到多元化的社会层面有关。利益主体的多元化既源于国内政治经济体制变迁，还与全球、跨地区、地区等体系结构力量的作用有关。出于对这些体系力量的回应，多元利益主体在与体系结构的互构中形成了各自的身份和利益，并组成国内联盟，合力作用于中国周边地区政策和行为。其中，"利益主体"是指与中国周边地区政策制定和实施利害相关的行为体。多元的利益主体则是指存在着多个主体共同指向与中国周边地区政策相关的需求和利益。"国内联盟"[②]界定中国国内在特定地区议题上对决策具有关键性影响的不同利益主体的联合体，是影响中国周边地区政策主要的国内因素。

---

① Colin Wight, *Agents, Structures and International Relations: Politics as Ontology* (Cambridge: Cambridge University Press, 2006), pp.210-215.

② 本书所提到的"国内联盟"是指 coalition, 而不是国家间的联盟关系（alliance）。

（二）社会结构演变

实践理论家们对社会结构演变的解释各有侧重,但他们都相信施动者的日常实践再生产了社会结构,尤其是当它们面临危机时所具有的能动性如主体间的频繁互动或创新性促使了社会变化的产生,从而也促进了社会结构的演化。①

由不同利益主体组成的国内联盟不仅推动了中国周边地区政策的形成和发展,而且在与体系结构的互构中,建构了体系结构,推动了结构的变迁。这一过程实质上是国内联盟与体系结构的关系问题,不在本书讨论范围之内,但若从长期来看,国内联盟对体系结构变动的影响也会反过来导致国内联盟的变化,进而影响中国周边地区政策的决策过程。

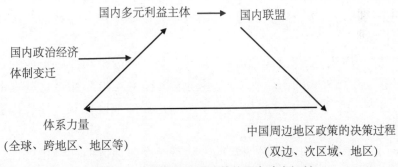

图 3—1　中国周边地区政策的国内动力机制

综上,中国周边地区政策的国内动力机制如图 3—1 所示,可表述为:利益主体的多元化既源于国内政治经济体制变迁,还与全球、跨地区、地区等体系结构力量的作用有关。出于对这些体系力量的回应,多元利益主体在与体系结构的互构中形成了各自的身份和利益,并组成国内联盟影响中国在次区域、双边和地区三个层次上地区政策的决策过程。国内多元利益主体和体系力量互构作用下的中国周边地区政策反过来又会对各种体系力量产生影响。

① 朱立群、聂文娟:《国际关系理论研究的"实践转向"》,载《世界经济与政治》2010 年第 8 期,第 112 页。

二、地区动力的研究视角

中国周边地区政策的形成不仅是多元利益主体与结构互构的产物，中国与周边地区的社会化进程也是塑造中国周边地区政策不可或缺的影响因素。

实践理论对社会化进程的探讨有助于分析中国与周边地区的社会化作用机制，但若要解释中国周边地区政策的外部动力，必须将体系层次上的进程因素也考虑进来。实践理论将国际社会视为规范不断扩展的实践产物，认为正是实践、构成实践的背景知识以及实践所发生的环境使得政治行为体的社会化、规范劝服及最终的理性计算成为可能。[①] 从这个意义上说，中国与周边地区的互动进程不仅包括它们之间的社会化过程，也应包括周边地区本身的实践过程，两者都是影响中国周边地区政策的进程性因素。

第一，周边地区自身的实践进程其实是一个规范和惯习形成的社会化过程。在域外大国[②]的介入下，不同地区在主导内部社会化进程上的能力和意愿是不同的，这直接影响了中国与周边地区在双方社会化进程中的地位和角色。

第二，中国与周边地区的互动过程是一个跨地区的社会化进程。在这一进程中，中国与周边地区的社会化角色和作用机制是动态变化的，很大程度上取决于周边地区主导其内部社会化进程的能力和意愿。

为此，笔者提出"地区自主性"这一进程变量，界定中国周边地区主导内部社会化的能力和意愿。中国与周边地区在社会化进程中的角色扮演用"社会化模式"表示。在此基础上提出的中国周边地区政策的地区互动机制如图3—2所示，简要表述为：在中国与周边地区互动的过程中，地区自主性通过影响中国与该地区在双方社会化进程中的地位和角色，进而决定中国在对待地区事务和塑造地区秩序上的基本取向。中国在地

---

① Emanuel Adler, "The Spread of Security Communities of Practice, Self-Restraint, and NATO's Post-Cold War Transformation," *European Journal of International Relations*, Vol. 14, No. 2, 2008, pp. 195-230.

② 本书所说的"域外大国"泛指具有地区影响力的除地区国家之外的大国，包括相邻大国和非相邻大国。

区塑造上的外交实践作用于周边地区,又引起了地区自主性的变化。可见,从互动的角度看,地区自主性、社会化角色扮演与中国周边地区政策三者间是互构的。

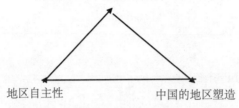

中国在社会化进程中的角色扮演

地区自主性   中国的地区塑造

图3—2 中国周边地区政策的地区互动机制

第四章　国内联盟与中国周边地区政策

在中国国内利益主体多元化的趋势下,中国周边地区政策的决策过程逐渐由高层领导核心圈主导下的单一影响方式向多元力量共同影响决策的方式转变。尽管强大的政府仍是影响决策过程的核心力量,但政府内部在中央与地方政府间、各部门间的分权和博弈,以及社会力量的参与和影响,均从某种程度上改变着中国周边地区政策的决策过程。国内联盟,作为多种利益主体按照某种机制形成的"组合",对中国周边地区政策的决策过程发挥了重要作用。

第一节　中国国内利益主体的
多元化及其对决策过程的影响

中国国内利益主体多元化是影响周边地区政策决策过程的主要的国内因素。中国国内利益主体的多元化主要源于中国改革开放政策的推进和深化。多元利益主体影响中国周边地区政策决策过程的努力则主要出于对全球、跨地区、地区等体系结构力量的回应。

一、中国国内多元利益主体的产生和发展

中国国内利益主体的多元化与国内政治经济体制变迁和体系结构变动有很大关系,但主要源于国内体制变迁,其标志是中国改革开放政策的提出和不断推进。中国改革开放政策的提出和实施为社会力量的萌芽和成长营造了体制环境;在此基础上,冷战终结后,全球化和地区化的发展进一步加速了多元利益主体的产生及其跨国联系的形成。

改革开放政策的提出和实施是中国政治经济体制转型过程中的重要

转折点,也是国内利益主体多元化主要的动力来源。一方面,对内改革通过把大量人员抛出国家单位,从根本上改变了公众的经济社会生活。国家—社会互动结构开始呈现出一种不同于此前终生隶属于单位管理的模式,这一变化为对外开放创造了必要的社会环境。另一方面,对外开放的过程实际上就是国内社会融入国际社会的过程,从政策上间接推动了全球化、地区化等体系结构力量对国内社会力量分化和重组的持续影响。

全球化和地区化的发展促进了经济资源在全球和地区的优化配置,使中国的政治精英和社会大众逐渐接受效率优先和发展先行的市场经济发展理念,通过引进外资和扩大外贸,经济活力被激发出来,逐步实现了国家的国际化和社会的跨国化。在全球化力量的冲击下,对外贸易成为国家经济发展的重要动力,出口导向的发展模式使得一大批外贸企业和就业大军高度依赖国际市场和国家对外经济关系。[①] 然而,全球化是一把双刃剑,面对全球化所带来的冲击,地区化成为各国平衡国际化风险与收益的首选。公司大多是在最贴近母国市场的地区发展起来的,[②]因此,在地区化的作用下,改革开放以来中国企业通过在相邻地区拓展海外市场而发展壮大。经济利益的扩展以及公民跨国活动的安全需求促使中国在周边地区采取灵活与务实的国际合作方式。

冷战结束后,国际合作成为国际关系的主流,这为国家拓展“利益边界”、各种社会力量深化跨国联系创造了良好的外部条件。20 世纪 90 年代以来,中国与周边所有国家建立了正常的外交关系,并在此基础上不断深化双边伙伴关系,加深政治互信,为扩大国家间的经贸来往、海外投资和人员交流打下了坚实的基础。以韩国和新加坡为例,自冷战结束初期与中国建立外交关系以来,韩国和新加坡已经成为中国重要的贸易伙伴、对外直接投资目的地和人员来往密切的国家。在这个过程中,一大批外贸企业、投资者和频繁往来于两国之间的人员成为双边外交关系巩固和深化的直接受益者,并通过结成一定的组织形式维护自身的利益。随着国家越来越重视维护其拓展和深化的海外利益,这些不断分化和组合的

---

① 关于全球化进程中国家与社会的关系,可参见唐士其:《全球化与地域性:经济全球化进程中国家与社会的关系》,北京:北京大学出版社 2008 年版。

② [美]彼得·卡赞斯坦著,秦亚青、魏玲译:《地区构成的世界:美国帝权中的亚洲和欧洲》,北京:北京大学出版社 2007 年版,第 27 页。

利益攸关方也逐渐发展成为影响中国对外政策的利益主体,在中国政策偏好的形成过程中发挥作用。正是在政治关系稳定的基础上,经济和人文等领域的相互依赖才导致影响中国外交决策的利益主体逐步多元化。

二、多元利益主体对中国周边地区政策决策过程的影响

国内利益主体的多元化影响了中国周边地区政策的决策过程。多元利益主体之所以试图影响中国周边地区政策决策过程,主要是由于这些力量逐渐壮大的利益主体已经深深"嵌入"不断扩展而深化的跨国联系中,自身的海外利益与国家的周边地区利益密切相关。通过影响中国周边地区政策的决策过程,它们能更容易应对来自全球、跨地区、地区等体系力量的冲击和挑战,并实现自身利益的最大化。

首先,多元利益主体的出现影响了改革开放前后中国外交决策的整体变迁,同样也在中国周边地区政策的决策过程变化中发挥了重要作用。改革开放前,社会层面的外事信息往往难以输入到中国外交决策进程之中,主要是由于公众的经济社会生活围绕国家工作单位而开展,国家强有力地控制着社会的方方面面。1949 年新中国成立以后,政府对全国经济社会活动实行集中控制,建立起一套"命令经济系统"。这是一个没有市场的经济体,利益的多元分化受到严格限制。① 国家采取了一种方式,让国家单位——农村人民公社、国营企业和社会组织,以及国家办公机构——成为干预社会的主要工具。这种单位既把国家服务提供给了公众,又承担了大量的政治和安全职能。② 在这种情况下,高层领导核心圈作为单一的利益主体主导了中国外交决策和实践。

改革开放后,外交政策制定的结构经历了多元化、分权化、制度化和专业化等几个潜移默化但却意义深远的变化。③ 多元化是指参与决策的人员和机构在数量和多样性上都有很大的增加,已经开始包括一些非政府(或准官方)的行为主体。外交政策的制定过程更加分散、细化和重心

---

① 党国英:《利益主体多元化与中国未来走向》,载《同舟共进》2007 年第 9 期,第 3 页。

② [美]李侃如著,胡国成、赵梅译:《治理中国:从革命到改革》,北京:中国社会科学出版社 2010 年版,第 315 页。

③ See David M.Lampton, ed., *The Making of Chinese Foreign and Security Policy in the Era of Reform*, 1978-2000(*Stanford, CA: Stanford University Press*, 2001).

下移,国家以外的社会力量开始对以精英为主导的外交决策模式产生影响,国家机构层面也出现了利益分配的调整和权力地位的变动,改变着精英主导模式的性质和结构。外交政策已不再是外交部、商务部、国防部、安全部和政府相关领导人的专有权限,涉及工业、商业、贸易、农业和金融的众多政府部门、大学与研究机构、媒体甚至包括军工企业以及一些民营企业都开始参与其中。① 这些变化同样出现在中国周边地区政策的决策过程中。

其次,多元利益主体影响中国周边地区政策的努力主要是出于应对全球、跨地区、地区等体系力量的作用,通过影响国家的决策来最大程度地实现自身的利益。利益主体试图对中国周边地区政策产生影响的根本前提是其与周边地区具有较深的跨国联系和广泛的利益关切。在全球、跨地区、地区等体系力量的作用下,它们往往出于对利益延伸的强烈诉求或是自保,希望依靠国家的政治、经济和安全力量以确保自身利益的实现。面对机遇与挑战并存的体系力量,国内利益主体,尤其是社会层面的利益主体,在大多数情况下是相对脆弱的。

对于在体系力量面前处于优势地位的利益主体来说,影响中国周边地区政策的决策能够在巩固自身优势地位的基础上,为进一步的利益延伸寻找强有力的政策保障。对于在体系力量面前处于劣势地位的利益主体来说,影响中国周边地区政策则是为了应对体系力量所带来的冲击和挑战,更多时候是为了自保而寻求国家力量的支撑。例如,为了应对全球化所带来的机遇和挑战,中国实力相对雄厚的企业试图通过影响中国周边地区政策的决策过程,将自身利益上升为国家利益,减少全球化所带来的消极影响,或是巩固自身在全球化进程中业已确立的优势地位。跨地区、地区等体系力量同样影响着中国国内利益主体在周边地区的利益实现。20世纪90年代以来,中国周边的地区化进程方兴未艾,在此基础上,陆续出现了亚太经合组织、10+3、东亚峰会等跨地区合作组织和10+1、上海合作组织、六方会谈等地区机制。这些合作机制是各国政府为推动地区化进程并实现自身地区利益而建立的,同时也为中国国内利益主

---

① 郝雨凡、林甦:《中国外交决策:开放与多元的社会因素分析》,北京:社会科学文献出版社2007年版,第12页。还可参见 Linda Jakobson and Dean Knox, "New Foreign Policy Actors in China," *SIPRI Policy Paper* No.26, September 2010.

体影响国家的地区政策以应对地区化所带来的机遇和挑战提供了重要
渠道。

第二节 利益主体多元化背景下的中国国内联盟

一、国内联盟的定义和内涵

杰克·斯奈德(Jack Snyder)在分析帝国的扩张行为时,采用了国内
联盟的分析逻辑。他认为国内的工业化、卡特尔化、联盟互助①和制造迷
思是帝国对外过度扩张的主要原因。其中,联盟互助行为给那些利益集
中的利益集团以回报,而忽视那些分散的利益集团。② 换言之,组织化程
度较高的利益集团更容易形成联盟,并通过互助行为将联盟的偏好施加
给决策者,影响国家的对外政策。可见,斯奈德的关注点主要是若干个集
团结成联盟的过程,以及这些联盟是如何为它们的政策提供正当理由的。
尽管他的研究对象是大国或者是帝国,但埃塔尔·索林根(Etel Solingen)
认为他对联盟的分析逻辑可被视为理解任何国家政策选择的出发点。

索林根将联盟界定为"包含国家和私人政治行为体的'政策网络'
(policy networks)",③并且假定国家机构和社会行为体共同决定政策结
果。她采用国内联盟的分析路径解释了国家政策偏好的来源,探讨了国
内联盟的偏好如何影响地区制度的产生、设计和效果,并提出国内具有支
配地位的政治联盟创造了地区制度,以此来加强和巩固它们的权力地位
(或是阻止它们权力的衰弱)。④ 联盟分析为共同考虑国际和国内、大战
略中的政治和经济因素提供了分析支点。它超越了此前关于国际化对国

---

① "联盟互助"是指交换联盟行为体的相互权利以谋求它们最关心的偏好。

② [美]杰克·斯奈德著,于铁军译:《帝国的迷思:国内政治与对外扩张》,北京:北京大学出版社
2007年版,第20页。

③ Etel Solingen, *Regional Orders at Century's Dawn: Global and Domestic Influences on Grand Strategy* (N.
J. Princeton: Princeton University Press, 1998), p.9.

④ Etel Solingen, "The Genesis, Design and Effects of Regional Institutions: Lessons from East Asia and
Middle East," *International Studies Quarterly*, Vol.52, No.2(Jun. ,2008), pp.261-294; Etel Solingen,
Regional Orders at Century's Dawn: Global and Domestic Influences on Grand Strategy (N.J. Princeton:
Princeton University Press, 1998).

内政治影响的分析,将国内进程如何影响对外经济和安全政策也理论化了。[1] 其关注点在于打破国家的整体性,认为国内不同的利益集团有着不同的偏好,面对不同的国际力量冲击,可以形成不同的政治联盟来影响政策的最终形成,也就是说政策是不同政治力量博弈的结果。[2]

本书所讨论的"国内联盟"是指能够对中国周边地区政策的决策过程产生影响的、由国家和社会层面的利益主体结合而成的暂时或长期的联合体。

其内涵主要体现在以下四个方面。第一,国家和社会层面的利益主体有影响中国周边地区政策决策过程的能力或是潜力。第二,个别利益主体无法单独影响决策,多个利益主体往往结合成暂时或长期的联盟,其目的是对中国周边地区政策的制定和实施产生影响。第三,国内联盟的形成往往与议题有关。在特定议题上,不同利益主体可能结成暂时而松散的联盟,也可能因紧密的利益联系而组成长期而牢固的联盟。第四,中国周边地区政策的制定和实施是不同联盟竞争的结果。

国家层面的利益主体在中国周边地区政策决策过程往往承担着决策者、执行者、主导者的角色,那么,社会层面的利益主体必须满足哪些基本要素,才能与国家层面的利益主体共同影响中国周边地区政策的制定和实施呢?

冯玉军基于俄罗斯的经验,提出影响外交决策的社会利益主体[3]的三个必要条件。一是该主体必须拥有巨大的海外利益,国家对外政策方针乃至具体外交活动的变化都会对其利益造成巨大影响,因而该主体必须对国家的对外政策保持高度关注;二是该主体必须有足够的经济实力和政治影响,其兴衰不仅关系到主体自身的利益,而且也关系到国家经济命脉乃至

---

[1] Etel Solingen, *Regional Orders at Century's Dawn: Global and Domestic Influences on Grand Strategy*(N. J.Princetion:Princeton University Press,1998),p.8.

[2] 钟飞腾:《国内联盟、制度与对外直接投资》,载《国际政治研究》2006年第2期,第98页。关于国内联盟在国际力量冲击下的反应及其变迁,可参见 Etel Solingen, "Southeast Asia in a New Era: Domestic Coalitions from Crisis to Recovery," *Asian Survey*, Vol.44, No.2(Mar.-Apr., 2004), pp.189-212.

[3] 在西方的语境下,社会利益主体多被称为"利益集团",一般是指在西方国家中,使用各种途径和方法向政府施加影响,进行非选举性的鼓动和宣传,用以促进或阻止某方面公共政策的改变,以便在公共政策的决策中,体现自己的利益主张的松散或严密的组织。

国家安全,因而该主体的发展走向必然引起国家的高度重视;三是该主体必须在国家权力结构中找到强有力的代理人,从而可以在决策过程中有效地表达自己的意见。① 在西方国家的政治经济体制下,社会层面的利益主体对外交决策的影响渠道较多,影响程度也较高;甚至在很多情况下,它们作为国内联盟的主导力量,起到了比政府更为重要的决定性作用。

就中国而言,随着利益主体的多元化,拥有巨大海外利益、经济实力和政治影响力较强并且在政府中找到强有力代理人的社会利益主体逐渐形成。它们与国家层面的利益主体结成国内联盟,影响着中国周边地区政策的决策。与西方不同的是,中国的政治经济体制决定了政府力量在国内联盟中的核心地位,社会利益主体的依附性和从属性使之在现有的条件下无法发挥与西方国家社会力量同等重要的作用。然而,中国国内利益主体的多元化及其跨国联系的扩展和深化决定了国家与社会层面利益主体之间的力量消长和互动将会对中国周边地区政策的决策过程产生深远的影响。

二、中国国内联盟的构成、条件和类型

在全球、跨地区、地区等体系力量全方位作用于中国国内政治的过程中,不同利益主体组合而成的国内联盟会呈现出不同的利益偏好,并试图通过影响中国周边地区政策以回应与之切身利益密切相关的体系力量的作用。这种回应有可能是对全球化和地区化力量的积极反馈,也有可能是为了保护自己免受其冲击。研究影响中国周边地区政策的国内联盟因素,必须首先明确中国国内联盟的构成、条件和类型。

(一)影响中国周边地区政策的主要利益主体

一般来说,在单一制国家结构的中国,外交权力属于中央政府。然而,随着中国改革开放的深入和大外交的产生,中国在对外关系上出现了三种分权,分别是中央对地方、外交部门对非外交部门、政府对企业的分权。②

---

① 冯玉军:《俄罗斯利益集团与外交政策》,载《现代国际关系》2001年第12期,第23页。

② 一般认为,改革开放以来中国的分权方向集中在地方、部门和企业三个领域,而中国在对外关系上的分权主要体现在前两个方面。苏长和:《中国地方政府与次区域合作:动力、行为及机制》,载《世界经济与政治》2010年第5期,第8页。有关分权的论述可参见张紧跟:《当代中国政府间关系导论》,北京:社会科学文献出版社2009年版;何显明:《市场化进程中的地方政府行为逻辑》,北京:人民出版社2008年版;高韫芳:《当代中国中央与民族自治地方政府关系研究》,北京:人民出版社2009年版。

在这一总体趋势下,影响冷战后中国周边地区政策的利益主体主要包括中央政府、地方政府、军方、企业、学者等。其中,中央政府、地方政府、军方是国家层面的利益主体;企业和学者属于社会层面的利益主体。多个利益主体基于共同利益组成国内联盟,进而影响中国在特定议题上的周边地区政策。

1.中央政府。所谓"中央政府",是指最高国家行政机关,负责统一领导全国地方行政工作,集中掌握国家的国防、外交、财政、内政等行政职权。本书探讨的是中华人民共和国中央政府,即国务院。它是最高国家权力机关的执行机关,也是最高国家行政机关。

冷战结束后,随着中央政府内部的变化,它影响中国周边地区政策决策过程的程度和方式都发生了改变。从政治精英的个人身份来看,他们的受教育程度普遍提高,而且越来越多受过社会科学训练的专家,特别是律师、经济学家和金融专家进入中央政府,专业化程度更高且开放包容性更强的官员群体对于推动中国与周边地区在多层次和多领域的合作具有重要影响。从政府部门的外事功能来看,事关外交的职能性权力(事权)在越来越多的政府部门中得到分享、分担,[1]即中国外交在部门间的分权。随着对外开放的不断深入,参与外交决策已不再是外交部、商务部、国防部等传统部门的专有权限。国务院直属的 27 个部委均设有国际司等处理涉外事务的职能部门。[2] 外事权限的扩大和外事功能的增强使得更多的政府部门参与中国周边地区政策的决策过程,通过部门间的相互协调,影响中国周边地区政策的形成和发展。

2.地方政府。"地方政府"与"中央政府"相对,是指那些只在一国局部领土上行使管辖权的政府,即所有在中央政府以下的各级政府。[3] 在中国,地方政府主要指省级地方政府,即中国大陆的省、自治区和直辖市

---

① 苏长和:《中国地方政府与次区域合作:动力、行为及机制》,载《世界经济与政治》2010 年第 5 期,第 9 页。

② 宫力、门洪华、孙东方:《中国外交决策机制变迁研究(1949—2009 年)》,载《世界经济与政治》2009 年第 11 期,第 52 页。

③ 陈志敏:《全球多层治理中地方政府与国际组织的相互关系研究》,载《国际观察》2008 年第 6 期,第 6 页。还可参见杨逢春主编:《中外政治制度大辞典》,北京:人民日报出版社 1994 年版,第 48 页;David L.Sills ed. *International Encyclopedia of the Social Sciences*,Volume 9(The MacMillan Company & the Free Press,1968),p.451.

政府。本书所使用的"地方政府"多指沿边的省级单位政府,即云南省、广西壮族自治区、吉林省、新疆维吾尔自治区等,也包括部分对外开放较早、且与周边地区相互依赖程度较高的地方政府,如广东省、浙江省等。

地方政府之所以会对中国周边地区政策决策过程产生影响,主要是由于改革开放以来中国对外关系领域的制度性分权和政策性分权。分权为地方政府参与国际合作提供了激励和保障,地方国际利益的分化和国际行为能力的增强促使地方政府加大对外交往,这反过来对中央政府的外交起着配合、补充和支持的作用,推动了中央政府调整国家的外交政策,使对外战略更趋合理。① 这一现象也被称为中国外交中"地方的国际化"。② 此外,中国在不同地方的分权、放权和授权是不同的,因此,地方政府在对外开放程度和影响国家决策能力上的不同导致了其影响中国周边地区政策的效果的差异。到 20 世纪 90 年代后期,中国的全方位开放政策由先前注重面向海洋的沿海省份转向沿海、沿边、内陆省份兼顾和并重的开放战略。③ 这一定程度上推动了沿边和内陆地方政府对中国周边地区政策决策过程的参与。

在地方国际化的进程中,为了回应全球、跨地区、地区等体系力量所带来的机遇和挑战,地方政府试图通过影响中国周边地区政策的决策过程,将本地方的发展战略上升为国家的发展战略。④ 当然,地方政府的发展战略与国家整体的发展战略之间并不是相互矛盾的。在维护国家利益的前提下,地方政府获得了规避体系力量冲击和挑战或是巩固自身在国际体系中优势地位的机会。

3.军方。本书所讲的"军方"是指中国人民解放军,包括陆军、海军、空军和第二炮兵。中华人民共和国中央军事委员会(简称"中央军委")是其最高领导和决策机构。军方往往在安全议题包括传统安全和非传统安全问题上扮演重要而独特的作用。

① 杨勇:《中国外交中的地方因素》,载《国际观察》2007 年第 4 期,第 45 页;苏长和:《中国地方政府与次区域合作:动力、行为及机制》,载《世界经济与政治》2010 年第 5 期,第 4 页。

② 参见苏长和:《中国地方的国际化》,载王逸舟主编:《中国对外关系的转型(1978—2008)》,北京:社会科学文献出版社 2008 年版。

③ 苏长和:《中国地方政府与次区域合作:动力、行为及机制》,载《世界经济与政治》2010 年第 5 期,第 10 页。

④ 这一观点源于笔者对一位不愿透露姓名的东南亚问题权威专家的访谈。访谈时间:2011 年 4 月 5 日。

军方对中国周边地区政策的影响与中国海外利益的延伸和周边安全环境的变动密切相关。随着中国在政治、经济和安全等各领域周边利益的延伸,国家运用外交、军事等手段维护周边利益的诉求不断增强。军方作为国家的军事部门,承担着利用硬实力来保障国家安全和实现周边利益的职责。从这个意义上来说,军方对中国周边地区政策的"主动"影响较小,而常常是作为国家利益的维护者和硬实力的使用者,用于实现周边地区安全政策的利益目标。冷战结束后,中国周边安全环境发生了较大变动。美国一度从东南亚撤出,新独立国家组成了中亚地区,此后,美日同盟再定义,恐怖主义威胁日益严峻等等都对军方在中国周边地区政策中的地位和作用产生了重要影响。一方面,中国东部沿海的安全压力增大,发展海军建设、确保海洋权益成为军方的重要目标。另一方面,周边的非传统安全问题层出不穷,促使军方加强应对非传统安全威胁的能力建设,并在地区机制中发挥重要作用。

4.企业。在中国的经济体制下,对中国周边地区政策的决策过程产生影响的主要是国有企业,包括中央企业(简称"央企")和地方企业。其中,央企的实力雄厚,影响渠道多,更容易在政府中找到强有力的代理人。因此,央企往往能与政府结成"利益共同体",在推动中国周边地区政策的制定过程中确保自身利益的实现。

企业对中国周边地区政策的影响与周边跨国联系加强和政府对国内外互动的强调有密切关系。中国与周边地区跨国联系的加强一方面推动了国内企业的发展和壮大,但另一方面利益的相互融合一定程度上凸显出国内企业的"敏感性"和"脆弱性"。为了在全球、跨地区、地区等体系力量的作用下继续生存或是推进利益的延伸,国内企业试图对中国周边地区经济政策施加影响。企业的影响地位的提升还与中国政府的一系列政策有关。随着改革开放政策的深入推进,中国政府强调兼顾国内、国外两个大局以及国内外互动,即既通过发展国内来促进国外资源的利用,又通过利用国内资源来发展国内。开展国内外互动的国内平台主要有西部大开发、振兴东北老工业基地、中部崛起等国家发展战略以及北部湾经济区、长吉图先导区等国内区域发展布局,而利用的国外平台则包括周边地区各种经济合作机制。企业依托国内资源,延伸海外利益,并利用海外利益获取更多的国内资源。政府和企业通过国内外互动取得了双赢,在中国周边地区政策的制定过程中形成了相互协调的关系。

5.学者。主要是指与国家机构密切联系、具有关键性影响力的学者（联合体）。这两个条件必须同时满足才能对决策过程产生实质的影响。之所以强调与国家机构的联系，主要是因为这是学者影响中国周边地区政策的重要渠道，而具有关键性影响力则是强调其权威性和影响决策过程的能力。

学者对中国周边地区政策的影响与中国对周边地区第二轨道（简称"二轨"）外交①的积极参与和国内智库的发展有密切关系。冷战结束以来，博鳌亚洲论坛、亚太安全合作理事会、亚太圆桌会议、东亚思想库网络等二轨机制日趋活跃，为中国学者参与互动和扩大影响力创造了对话平台。活跃于二轨机制中的中国学者对外起到了利用非正式渠道传递中国高层声音的作用，对内则试图将在二轨机制中达成的某种共识转化为中国周边地区政策的具体实践。国内智库的发展推动了其在中央政府和地方政府决策过程中地位的提升。中国具有重要影响力的智库基本上与国家机构联系紧密，对政府的规划进行研究和阐释的同时也为政府出谋划策。随着中国与周边地区相互依赖程度的加深，中央高层对决策咨询的诉求增强，智库的重要性逐渐显现出来，这也成为国内大批智库应运而生的重要背景。② 与此同时，随着地方政府越来越多地参与中国周边地区政策的决策过程，其对于决策咨询的诉求也在增强，这给地方性中小智库发挥作用提供了难得的机会。

（二）国内联盟影响中国周边地区政策的基本条件

1.利益主体对决策具有影响能力

国内联盟是由不同的利益主体构成的，因此，利益主体影响决策的能

---

① 第二轨道外交是一种特殊的非官方外交，相对于政府间的"第一轨道外交"，通常是透过学者、退休官员的交流，以民间形式进行，由于方式较灵活而广泛，常可起到官方渠道难以起到的作用。有关第二轨道外交的文献参见：Beng Phar Kim, "Asia's Informal Diplomacy: Track Two Discussion and Regionalism," *Harvard International Review*, Vol.23, No.1 (2001), pp.38–41; Charles E.Morrison, "Track1/Track2Symbiosis in Asia-Pacific Regionalism," *The Pacific Review*, Vol.17, No.4 (2004), pp.547–565; 魏玲：《规范、网络化与地区主义：第二轨道进程研究》，上海：上海人民出版社 2010 年版；吴建民：《东亚区域合作与第二轨道外交》，载《外交学院学报》2004 年第 4 期，第6—7 页。

② 2009 年 3 月，由前国务院副总理曾培炎担任理事长的"中国国际经济交流中心"成立。该智库是温家宝总理亲自批示建立的，被视为"中国超级智库"。

力是国内联盟对中国周边地区政策发挥作用的首要条件。一般来说,由
拥有巨大海外利益、经济实力和政治影响力较强并且在政府中找到强有
力代理人的利益主体构成的国内联盟的影响力相对更大,往往在影响决
策的过程中占据支配性地位。当国家面临特定议题时,在该领域中占支
配性地位的国内联盟会对国家利益的优先排序施加影响,以获得优先实
现自身利益的机会。

2.国内联盟利益与国家利益不存在冲突

国内联盟能否对中国周边地区政策产生影响,要考察其利益是否与
国家利益存在冲突。一般来说,国内联盟能对中国周边地区政策产生影
响的前提是联盟利益与国家利益之间相互适应。西方国家的政策偏好可
能是联盟利益与国家利益相互博弈的结果,国内联盟有可能通过协商、劝
服或联合其他联盟力量等非正式渠道说服政府,使国家在某项议题上的
政策偏好适应于该联盟。但中国周边地区政策在制订和实施过程中甚至
有可能基于议题联系的考虑,牺牲在某一议题上占据支配性地位的国内
联盟的利益,以实现其在其他议题上的国家利益。① 可见,国内联盟对政
策所发挥的作用不是主导而是影响。

3.国内联盟利益与国家利益的适应程度

国内联盟的相对影响力还取决于联盟利益与国家利益的适应程度。
这种适应不是单向的,而是相互的。这是由于国家利益本身不是先验的、
抽象的,而是历史的、具体的。在很大程度上,国家利益是各种联盟利益
相互作用、相互综合的结果。② 在中国周边地区政策偏好的形成过程中,
各种类型的国内联盟之间存在着竞争和妥协。通过联盟之间的竞争、分
化、重组和合作,最终占支配地位的国内联盟成为塑造中国周边地区政策
偏好的主要力量。

(三)影响中国周边地区政策的国内联盟的类型

索林根在研究国内联盟与地区经济合作之间的关系时,以西方民主
国家为研究对象,将国内联盟划分为国际化联盟(Internationalizing Coali-
tions)和国家主义—民族主义—宗教联盟(Statist-Nationalist-Confessional

---

① 这一情况主要出现在战略领域,出于安全和战略考虑,中国往往会牺牲在某些领域的经济利益,
使在这些领域中占据支配性地位的国内联盟的利益受损。
② 冯玉军:《俄罗斯利益集团与外交政策》,载《现代国际关系》2001年第12期,第27页。

Coalitions)两种类型。在研究东南亚国内联盟在 1997 年亚洲金融危机后的延续和变化时,她又将其细化为三个理想类型,分别是国际化联盟、反国际化联盟(Backlash Coalitions)和混合联盟(Hybrid Coalitions),但仍沿用了之前的分析框架。

基于西方国家的经验,国际化联盟一般包括出口密集型部门和企业、竞争性产业或企业的高级技术工人、支持开放的全球经济和知识体系的分析家,以及进口商品的消费者。反国际化联盟主要包括国有企业[1]和银行、在改革中受到冷落的国家机构、竞争性进口商、国家支撑下的银行、无熟练技术的城市蓝领和白领工人、军队和军工综合体,以及受到国际化冲击的世俗的民族主义者、种族和宗教团体。相比前两种联盟而言,混合联盟的构成则更为灵活、易改变,常常会出现一般情况下不会出现的组合。联盟内部的种类越多样,越容易受到内部成员之间分配冲突的影响。[2]

就中国而言,影响其周边地区政策的国内联盟分类则不尽相同。这主要是由冷战结束后中国全面开放的发展态势和中国的政治经济体制决定的。冷战后,随着改革开放政策继续推进,中国基本实现了全方位的对外开放。国内各种利益主体纷纷利用对外开放所带来的机遇追逐利益的最大化。在全方位开放的大环境下,大多数利益主体包括国有企业倾向于站在国际化联盟的阵营中,其差别主要体现为在对待具体议题时,它们支持国际化的程度会有不同。中国的政治经济体制则决定了政府在国内联盟中的主导地位,即使社会层面利益主体的影响作用在上升,但国内体制决定了它们往往不得不在实现自身利益最大化和维护国家利益之间寻求妥协。换而言之,在对影响中国周边地区政策的国内联盟分类的时候,必须考虑到中国的国情。

基于此,笔者也将影响中国周边地区政策的国内联盟大致分为国际化联盟、反国际化联盟和混合性联盟这三种类型,但联盟的构成和偏好与索林根所分析的西方国家的联盟构成和偏好有较大差异。由于三种国内

[1] 也有一些国有企业的偏好是倾向于国际化的,但从本质上看,国有企业是依赖于国家保护的,它的国际化行为是在此基础上的国际化。
[2] Etel Solingen, "Southeast Asia in a New Era: Domestic Coalitions from Crisis to Recovery," Asian Survey, Vol.44, No.2(Mar.-Apr., 2004), p.190.

联盟的构成因具体议题的不同而有所不同,笔者将在分析三种类型国内联盟的基本偏好的基础上,探讨不同议题上国内联盟对中国周边地区政策的影响。

<h2 style="text-align:center">第三节　不同议题上国内联盟对
中国周边地区政策偏好的影响</h2>

　　国内联盟的构成、偏好、组织和互助类型使它们倾向于支持或反对某一种地区政策,进而实现它们自身的战略目标。[①] 国内联盟对中国周边地区政策的影响是指将联盟的利益和偏好上升为国家在制定周边地区政策时的利益和偏好。在不同类型的国内联盟相互竞争的过程中,影响作用最大的国内联盟往往能够占据支配性地位,影响国家的政策偏好和具体实施。可见中国周边地区政策的偏好与国内联盟自身的偏好有很大关系。

一、国内联盟的偏好

(一)国际化联盟的偏好

　　本书研究的是中国周边地区政策,包括经济和安全政策,因此,在不同议题上的国际化联盟,其偏好的表现内容也是不同的。

　　总的来说,国际化联盟的基本偏好是认为自身会受益于中国与周边地区在双边、次区域和地区层面的合作。在经济议题上,"国际化"表现为一方面支持改革开放政策的继续推进,另一方面欢迎并积极实践"引进来"和"走出去"战略,以实现与周边地区在资本、投资和技术上更为紧密的相互依赖。然而,国际化联盟支持的不是放任政策,而是在国家有选择性的保护国内产业和持续而稳步的宏观调控之下的"国际化"和"自由化"。[②] 在安全议题上,"国际化"则表现为支持中国向周边地区战略"走出去",这是它们保障其自身不断拓展和深化的周边利益的重要途径。

① Etel Solingen, *Regional Orders at Century's Dawn: Global and Domestic Influences on Grand Strategy* (N. J.Princeton: Princeton University Press,1998), p.41.

② Etel Solingen, *Regional Orders at Century's Dawn: Global and Domestic Influences on Grand Strategy* (N. J.Princeton: Princeton University Press,1998), p.23.

（二）反国际化联盟的偏好

反国际化联盟的基本偏好是认为中国与周边地区在双边、次区域和地区层面的合作会在政治、经济或安全上削弱它们的地位。这种类型的联盟对抗国际化联盟的方式主要包括反对某种国际经济协议、拒绝地区多边安全机制、排斥自由主义地区规范等。

一是反对某种国际经济协议的倡议、研究或签订。在协议谈判的各个阶段，自认为利益受损的利益主体会联合成暂时的国内联盟，反对进程的推进。二是拒绝地区多边安全机制。这部分国内联盟认为多边机制有可能使自身利益难以得到保障。三是排斥自由主义的地区规范。随着环保问题的日益突出，支持环保的国内联盟有可能抵制不加限制的市场机制。

（三）混合性联盟的偏好

对于由利益不断延伸的利益主体所构成的国内联盟而言，它们的偏好往往是复合型的，有可能混合了国际化联盟和反国际化联盟的偏好。

以军方为例，它们依赖于国家军费拨款，维护国家领土完整和国内稳定是其根本任务。从这个意义上说，它们一般是倾向于反国际化的。但随着中国"利益边界"的不断延伸，国家安全的内涵也在丰富，外延也在扩大，军方的利益范围随之拓展。各种跨国公共问题的出现促使军方在应对这些挑战时越来越多地扮演起支持"国际化"的角色。影响中国周边地区政策的混合性联盟主要有两种情况，一种是强力主导，即政府或某些政府部门基于战略目的主导建立的联盟。这种联盟带有较强的行政命令的意味，往往不是自发聚集而成的。还有一种是利益主导，即具有不同偏好的利益主体基于共同利益组成的联盟。

二、不同议题上国内联盟对中国周边地区政策偏好的影响

相对于西方民主国家，中国国内联盟都体现着一种社会利益，但前提是获得了政府的默许。[①] 从这个意义上说，国内联盟在确立偏好时就已经在很大程度上受到了国家力量的"渗透"。尽管国内联盟对中国周边

---

① ［美］李侃如著，胡国成、赵梅译：《治理中国：从革命到改革》，北京：中国社会科学出版社 2010 年版，第 328 页。

地区政策所发挥的作用是有限的,但随着中国与周边地区依赖程度的加深,中国的"利益边界"在拓展,实现利益的方式和途径逐渐增多。在此背景下,国内联盟一方面扮演着利益拓展者的角色,通过影响中国周边地区政策来维护其重要利益;另一方面对于国家而言,则是其延伸和实现国家利益的主要工具和渠道之一。

总的来看,国内联盟对中国周边地区政策偏好的影响主要表现为,当国际化联盟占支配性地位时,中国周边地区政策的偏好是接受、支持和推动与周边地区在双边、次区域和地区层面的合作。国际化联盟在对外交往的各个层次上推进国际化进程,以实现联盟的利益。中国一方面在国家层次上认可联盟行为的合法性,另一方面运用经济、政治、外交等各种政策手段,在实现其国家利益的同时,也维护了部分或全部(此几率较小)的占支配地位国内联盟的利益。而当反国际化联盟占支配性地位时,中国周边地区政策的偏好是对与周边地区在双边、次区域和地区层面上合作的不确定,怀疑合作对实现国家利益的重要作用。反国际化联盟反对合作进程的推进,以防止其利益的受损。

在不同议题上,影响中国周边地区政策的国内联盟的构成主体不同,影响程度、范围和方式也是不同的。

(一)国内联盟对中国周边地区经济政策偏好的影响

在经济领域,国际化联盟对经济利益的敏感程度往往要比对外政策官僚部门抽象的地缘政治空谈更加符合实际、更加符合国家的长远利益。[①] 因而,国家经济利益的拓展源于深深"嵌入"国际市场并开展经济活动的企业和个人的具体实施,对本行业或某项议题具有宏观掌控能力的职能部门则通过确认这些利益和进行统筹规划,[②]并在国家的对外政策中表现出来。国家对这些利益的认知决定了它们在对外政策中的优先排序。随着国家的服务性职责日渐凸显,协调这些国内联盟的经济利益并采取国家力量保护其利益成为国家的新任务。

(二)国内联盟对中国周边地区传统安全政策偏好的影响

在传统安全领域,一般情况下,军方存在的意义除了维护国内政权稳

---

① 冯玉军:《俄罗斯利益集团与外交政策》,载《现代国际关系》2001年第12期,第27页。
② 国家对某种利益进行统筹规划,表明该议题已经上升至国家的层面。从确认这些利益到进行统筹规划,是一个国家对该利益重要性认知形成的过程。

定之外,确保国家主权完整和领土不受侵犯是其基本的职责。因此,在面对传统安全威胁时,军队倾向于关注眼前的短期利益,采用威慑、武力对抗等强硬做法。

而对于高度依赖于外部市场和国际安全的国际化联盟而言,它们倾向于长远的利弊衡量。危机、局部战争甚至全面战争会损害正常的国际交往,不仅影响了市场预期,还阻碍了对外交流渠道,这是它们所不愿意看到的。面对国内这两种联盟力量,不同的国家会通过威胁认知,做出不同的选择。有的国家会为了巩固政权或是在军队中树立威信而选择强硬对抗,将国家主义偏好置于地区合作的偏好之上。

在有些国家,尽管是国际化联盟占支配性地位,但国家出于战略考虑,在权衡长远利益和短期利益利弊的基础上选择牺牲经济利益,谋求安全利益的实现。在实现方式上根据不同的安全威胁,国家有可能选择强硬对抗,也有可能选择地区安全合作。而在反国际化联盟占支配性地位的国家,在地区中会表现出孤立或极端的偏好。面临传统安全威胁时,国家采取强硬立场的国家主义方式的可能性大。

(三)国内联盟对中国周边地区非传统安全政策偏好的影响

随着非传统安全威胁的日益突出,军方的利益范围也在扩大。面对跨国犯罪、走私、传染病、恐怖主义等非传统安全威胁时,沿用传统的军事思维和单纯采用军事手段已经难以达到目标,地区安全合作变得愈加重要。

在这些议题上,传统的反国际化联盟与国际化联盟形成了一定程度的融合,也就是索林根所称的"混合联盟"。这种联盟往往是暂时的,基于某项议题建立起来的,灵活性大。可以说,非传统安全威胁问题的凸显扩大了国内各种联盟合作的空间,中国周边地区合作偏好也不断加强,具体表现为日渐频繁的联合军事演习、地区安全合作机制的建立、政治安全条约的签订、多渠道的信息交流等。中国周边地区合作偏好的确立还有助于地区的安全和稳定,促使地区秩序从霍布斯无政府状态逐渐向洛克无政府状态转变。

第四节　国内联盟竞争及其对中国周边
地区政策偏好的影响

为了影响中国周边地区政策,国内联盟之间的竞争始终没有消失,即使这种竞争的程度是比较低的。无论是两大联盟力量在国家层面和社会层面内部的较量,还是社会层面对国家层面的挑战,都影响着中国周边地区政策偏好的形成和变迁。

一、两大联盟在国家层面上的竞争及其影响

在国家层面上,两大联盟的竞争主要发生在政府部门间、不同层级政府间以及不同地域政府间。

(一)政府部门间的竞争及其影响

两大联盟在政府部门间的竞争大致分两种情况,其一是不同部门的自然属性差异所造成的竞争;其二是在部门的基本偏好都是支持国际化的情况下,部门间在具体议题上出现了政策分歧,这就造成了它们在有些议题上呈现竞争状态,有些则表现为合作状态。

比如在大湄公河次区域经济合作中,环保部门强调水电开发对整个湄公河流域水环境的影响,建议在次区域环境合作的基础上整体规划水电开发;能源部门则不认为湄公河流域水环境的恶化与水电开发有关,并大力推动与次区域国家在水利发电领域的合作。① 这两个部门在影响中国的次区域能源决策过程中出现了明显分歧,国家最终出台的政策综合了两方的意见,在开发水利资源的基础上,加强了对环保问题的重视。② 可见,政府部门间的竞争有利于中国周边地区政策的完善。

---

① 在具体议题的联盟竞争中,与政治行为体利益一致的社会行为体也会参与到国家层面的部门间竞争过程中。有关社会行为体对决策过程的影响可以参见 Etel Solingen, *Regional Orders at Century's Dawn:Global and Domestic Influences on Grand Strategy*(N.J.Princeton:Princeton University Press,1998);郝雨凡、林甦:《中国外交决策:开放与多元的社会因素分析》,北京:社会科学文献出版社 2007 年版。在湄公河的水电开发问题上,国内一些水利专家、绿色非政府组织等会支持环保部门的观点,而能源企业则是能源部门坚定的支持者。

② 参见佚名:《中国回应水电开发威胁湄公河流域生态问题》,2009 年 5 月 21 日,http://china.huanqiu.com/roll/2009-05/467600.html,2011 年 1 月 4 日登录。

（二）不同层级政府间的竞争及其影响

两大联盟在不同层级政府间的竞争有两种可能性,一是中央政府扮演国际化力量的角色,而地方政府扮演反国际化力量的角色。一些地方政府可能会为了保护当地脆弱的产业基础等短期利益而放弃利用国际化进程来加速其产业结构升级的机会,选择有限的国际化或反国际化,但中央政府往往从长远考虑,通过国际化实现产业优化。二是中央政府扮演反国际化力量的角色,而地方政府扮演国际化力量的角色。为了维护其安全利益,中央政府往往会牺牲地区合作所带来的经济利益,表现出特定时期特定议题上的反国际化倾向,但地方政府考虑更多的是如何通过更有效的国际化方式使其地方经济利益最大化。

（三）不同地域政府间的竞争及其影响

两大联盟在不同地域政府间的竞争主要表现为地方政府根据其在国际化中获利的多少而确立的不同偏好。比如在产业竞争中,某些地方企业竞争力不足,国际化不利于其生存和发展,地方政府倾向于通过有限的国际化或是反国际化保护其利益;反之,企业的竞争力强,国际化将使之获利更多,则地方政府大力推动国际化进程。

二、两大联盟在社会层面上的竞争及其影响

社会层面的利益主体对中国周边地区安全政策的影响十分有限,其影响力主要集中在经济领域。在经济议题上,大型企业是最为重要的社会行为体。根据国内联盟理论的一般性结论,出口企业是代表性的国际化联盟力量,而国有企业和竞争性进口企业是代表性的反国际化联盟力量。

以建立自由贸易区为例,签订自贸区协定有可能使出口企业的受益多于进口企业的受益,甚至使某些贸易企业受损;而市场准入门槛的降低使更多对方国家的企业进入国内,打破了本土国有企业的垄断或是分享了部分企业的市场份额。对于这些获益较少或是利益受损的企业和商会来说,它们是站在反国际化立场上的。社会层面的竞争状态决定了国家在制订一项战略性地区经济政策时,其具体方向和内容的确定是综合权衡社会层面各方利益的结果。

三、社会层面对国家层面的挑战及其影响

如前文所述,国家层面和社会层面内部并不是铁板一块的,两大联盟力量的较量无处不在。因此,也不可能出现社会层面集体向国家层面挑战的局面。由于地方政府在大多数情况下与地方社会层面的利益是一致的,即扮演着地方利益维护者的角色,两大联盟在社会层面与国家层面间的较量主要体现在社会层面与中央政府之间,或者说是短期利益和战略利益之间的张力。在这一较量中,双方都有可能扮演国际化或是反国际化的角色。其结果,往往是中央政府牺牲了社会层面的部分短期利益而追求其战略利益。但随着社会层面影响力的逐渐增强,政府在制订周边地区政策时,会越来越多地平衡这二者的关系,并试图通过其他方式弥补社会层面丧失的部分利益,寻求政府与社会的良性互动和最优结果。

第五章 地区自主性与中国周边地区政策

　　冷战后中国对周边地区采取了差异化外交。为解释这一差异性,笔者提出情境变量——地区自主性。作为界定地区自我治理、开展共同外交能力的情境变量,地区自主性是通过外交互动对中国的角色定位和外交选择产生作用的。

第一节 对中国周边地区政策的社会化解释及其局限性

一、国际关系理论对社会化概念的界定

　　社会化(socialization)概念是从心理学、人类学和社会学中引入到政治学和国际关系理论的。国际关系学对社会化研究的重点是偏好的形成和变化、国家身份的形成、国际规范的创立、扩散和遵守、国际制度的效应等。[①]

　　目前,国际关系学者对社会化概念的界定不够精确,对社会化的产生机制和变化存在分歧。大多数学者认为社会化涉及对坚持某种行为方式或变更之具有共识,比如将行为体放在更大的共同体中。[②] 但除此之外

---

① Alastair Iain Johnston, *Social States: China in International Institutions*, 1980–2000 (Princeton and Oxford: Princeton University Press, 2008), p.1.

② 参见 Michael Haas, "A functional approach to international organization," *Journal of Politics*, Vol.27, No.3(Aug., 1965), pp.498–517; Alastair Iain Johnston, "Treating international institutions as social environments," *International Studies Quarterly*, Vol.45, No.4(Dec., 2001), pp.487–515; [美]肯尼思·华尔兹著,胡少华、王红缨译:《国际政治理论》,北京:中国人民公安大学出版社 1992 年版; [美]亚历山大·温特著,秦亚青译:《国际政治的社会理论》,上海:上海人民出版社 2000 年版。

他们对社会化的很多认识不尽相同。

经典现实主义没有明确的社会化理论来解释权力和利益的意义改变。新现实主义者将社会化看成是"国际体系通过无政府状态的过滤效果和试错学习,使安全自助和均势政治的基本规范成为国家的行为方式"。① 约翰·伊肯伯里(G.John Ikenberry)和查尔斯·库普乾(Charles A.Kupchan)则认为霸权国是一种社会化力量。认为社会化是霸权国行使霸权的软权力。他们把国家社会化定义为"其他国家领导人内化霸权国倡导的规范和价值观的过程",这使得由霸权国和其他国家组成的国际社会接受霸权国的领导地位。② 新自由制度主义者本质上没有关注国际关系中的社会化进程,部分是因为他们认为观察利益和偏好的变化存在困难。在建立模式时,假定偏好对于某个特定行为体是固定的,行为体所做的是为了追求这些偏好而改变成本和收益。③

而对于建构主义者来说,社会化是个核心概念。④ 尤其关注与身份建构有关的社会化理论。建构主义者在国家社会化的研究方法论上,存在两种相对立的主张:一派主张排除工具理性,以社会建构为机制,以江忆恩为代表;另一派主张把工具理性和社会建构结合起来,以杰弗里·切克尔(Jeffrey Checkel)为代表。⑤ 研究路径的差异首先体现在研究起点上,即对根本问题的假定和对概念的界定上。切克尔根据社会学和符号互动理论关于社会化的经典定义来界定社会化,认为国家社会化是"一种引导行为体接受或遵循某共同体的规范和规则的进程。其结果是持续的遵循或依从这些被内化的新规范"。⑥ 江忆恩指出,社会科学对社会化

① [美]肯尼思·华尔兹著,胡少华、王红缨译:《国际政治理论》,北京:中国人民公安大学出版社1992年版,第98—103页。

② G.John Ikenberry and Charles A.Kuchan,"Socialization and Hegemonic Power,"*International Organization*,Vol.44,No.3,1990,p.289.参见钟龙彪:《国家社会化——国际关系的一项研究议程》,载《欧洲研究》2009年第2期,第127页。

③ Alastair Iain Johnston,"Treating International Institutions as Social Environments,"*International Studies Quarterly*,Vol.45,No.4(Dec.,2001),p.490.

④ Alastair Iain Johnston,"Treating International Institutions as Social Environments,"*International Studies Quarterly*,Vol.45,No.4(Dec.,2001),p.487.

⑤ 钟龙彪:《国家社会化——国际关系的一项研究议程》,载《欧洲研究》2009年第2期,第134页。

⑥ JeffreyT.Checkel,"International Institutions and Socialization in Europe:Introduction and Framework",*International Organization*,Vol .59,No .4,2005,p.804.

有一个基本的共识,即认为社会化是"社会互动引导新手认可'所期望的思维、感受和行为方式'的进程"。① 玛莎·费丽莫(Martha Finnemore)和凯瑟琳·斯金克(Kathryn Sikkink)将社会化定义为"一种机制,新兴国家通过这种机制,接受由国家组成的国际社会所赞成的规范,据此改变自己的行为"。② 认为社会化是通过物质惩罚和类似于国家之间的伙伴压力起作用的。其中,伙伴压力指本地区其他国家接受规范后对未接受规范的国家所形成的压力,以接受规范的方式派生伙伴压力出于三种动力,即合法性、遵从性和自尊感。③

综上所述,确定一种进程是社会化至少要满足四个条件:首先"化"意味着互动、转移和扩散过程的出现,即必须有起点和终点,是一个动态的过程;其次,必须有社会化的主体和客体,但社会化的主客体并不是固定的,也是随互动进程而变化的;再次,社会化主客体转移和扩散的对象(包括观念、规范、规则、原则等)必须与一定的社会情境(social context)相关;最后,社会化客体在规范内化的驱动下行事。

二、跨国社会化的作用机制

对社会化概念认识的多样化基于不同的理论假定,也直接影响他们对社会化作用机制的认知。认定社会化的主体不同,其作用机制也是不同的。

(一)国际制度(international institutions)作为社会化主体

过去十年里,国际关系理论者和研究欧洲的学者在研究社会化时,尤为关注制度在社会化中的作用,但以两种不同的方式,分别是将国际制度视为社会化的推动者(Institutions as Promoters of Socialization)和将国际制度视为社会化的场所(Institutions as Sites of Socialization)。大多数建构主

---

① Alastair Iain Johnston, "Treating International Institutions as Social Environments," *International Studies Quarterly*, Vol.45, No.4(Dec., 2001), p.494.

② [美]彼得·卡赞斯坦、罗伯特·基欧汉、斯蒂芬·克拉斯纳编,秦亚青等译:《世界政治理论的探索与争鸣》,上海:上海人民出版社 2006 年版,第 312 页。

③ [美]彼得·卡赞斯坦、罗伯特·基欧汉、斯蒂芬·克拉斯纳编,秦亚青等译:《世界政治理论的探索与争鸣》,上海:上海人民出版社 2006 年版,第 312 页。

义者基于英国学派的论断,将国际制度视为社会化的推动者。①

切克尔倾向于将国际制度视为社会化的推动者。他指出,国际制度实现社会化的机制有三种——战略计算(strategic calculation)、角色扮演(role playing)和规范说服(normative suasion)。它们代表可能导致社会化结果的理性的三种模式,即工具性的、有界限的和沟通的。他认为这种分解有助于理性主义和社会建构主义的互动和潜在合流。第一,战略计算。当该机制单独发生时,因果逻辑未向适当性逻辑转变,行为体被认为是工具理性的。它们仔细计算,谋求利益最大化,使其行为适应国际社会支持的规范和规则。第二,角色扮演。这种社会化机制认为行为体具有有限理性。其适应性行为是非算计的,因果逻辑转向适当性逻辑。行为体接受组织环境赋予的特定角色是因为这些角色在特定环境下是适当的。第三,规范说服。当规范说服发生作用时,行为体深思熟虑并积极内化对适当性的全新认知。因果逻辑向适当性逻辑的转变是彻底的。②

江忆恩重点研究了社会化的微观过程。他提出,模仿(mimicking)、说服(persuasion)和社会影响(social influence)是行为体接受规范的三种形式。第一,模仿。这是最低程度的社会化,指新手对制度的程序、惯例和互动语言的逐渐熟悉。第二,说服。在缺乏公开的物质和精神强制下,说服包括改变利益和身份的思想、观点和态度。它导致"共有知识"(common knowledge)或认知共同体。第三,社会影响,即通过社会奖励和惩罚促进遵守规范的行为的形成。成功的社会影响的结果是行为体因"真实或想象的团体压力"而遵守团体规范。③ 通过研究中国在国际制度中被社会化的微观过程,江忆恩得出的结论是,由于参与了国际制度,中国的外交官、战略家和评论者被社会化了,出现了与现实主义政治相反的

① JeffreyT.Checkel,"International Institutions and Socialization in Europe:Introduction and Framework",*International Organization*,Vol .59,No .4,2005,pp.806-808;Ernst Haas,*When Knowledge is Power:Three Models of Change in International Organizations*(Berkeley:University of California Press,1990).

② JeffreyT.Checkel,"International Institutions and Socialization in Europe:Introduction and Framework",*International Organization*,Vol .59,No .4,2005,pp.805,808-813.Also see Thomas Risse,"'Let's Argue!':Communicative Action in World Politics,"*International Organization*,Vol.54,No.1(Winter,2000),pp.6-11;Jeffrey Checkel,"'Going Native' in Europe? Theorizing Social Interaction in European Institutions,"*Comparative Political Studies*,Vol.36,No.1-2(2003),pp.209-231.

③ See Alastair Iain Johnston,*Social States:China in International Institute,1980-2000*,Princeton and Oxford:Princeton University Press,2008.

规范和实践。这一结论是基于他之前对中国战略文化的研究,即认为中国战略文化的主要特征是强现实主义政治(hard realpolitik)。① 而冷战结束后,中国逐渐融入国际社会,开始表现出一个维持现状国家(status quo state)的姿态。从现实主义战略文化转向具有与之相反的规范和实践,是中国参与国际制度被社会化的结果。姑且不论江忆恩对中国战略文化的结论是否正确,他对中国参与国际制度的社会化过程的研究还是很有意义的。

有些年轻学者尝试通过比较区域一体化对东南亚和中东欧国家的影响,研究跨国社会化的不同过程和方式与区域一体化的关系。研究指出,对中东欧国家而言,"欧洲化"是欧盟依靠其规则与价值观使其成员国社会化的方式;而东盟成员的社会化依赖的主要是"东盟方式"。从社会化的过程看,跨国社会化分为发生在国际层面的输出型社会化与发生在国家层面的输入型社会化。② 从社会化的方式看,国际组织实现社会化的方式有奖励、惩罚和谈判三种。就过程和方法而言,中东欧和在东南亚地区的社会化存在较大的差异,这也影响了区域一体化的程度和路径。但任何伴有跨国社会化的区域一体化都有它自己独特的哲学和现实根源,只有建立在这样基础上的一体化才可能取得成功。③

(二)霸权国(hegemon)作为社会化主体

伊肯伯里和库普乾认为霸权国是通过三个机制使次要国家认可和接受其地位和合法性的。第一,规范式说服(normative persuasion),即不用物质惩罚和诱导,而是依靠观念说服和跨国学习,与这些国家的精英进行各种形式的直接接触。精英内化霸权国主导的规范,进而改变政策以合乎霸权国的要求,导致国际合作。这是"信仰先于行动"的案例。因果关系为:规范式说服→规范变化→政策改变(合法支配下的合作);第二,外部诱导(external inducement),即霸权国运用经济和军事激励诱使小国改变其政策。对体系规范的信仰是在精英开始实施其政策和价值取向时逐

---

① See Alastair Iain Johnston, *Social States: China in International Institute, 1980~2000.*, Princeton and Oxford: Princeton University Press, 2008., Preface.

② 这方面的论述还可见 Trine Flockhart, "'Complex Socialization': A Framework for the Study of State Socialization," *European Journal of International Relations*, Vol.12(1), 2006, pp.89-118.

③ 简军波:《民族国家的社会化——区域一体化对东南亚和中东欧国家的影响之比较研究》,载《欧洲研究》2010 年第 1 期,第 17—36 页。

渐产生的。这是"行动先于信仰"的案例。因果关系为：外部诱导→政策改变（强制下的合作）→规范改变（合法支配下的合作）；第三，内部改造（internal reconstruction），即霸权国直接干预次要国家的内部事务，改变其国内政治体制。这种社会化一般产生于取得胜利的霸权国占领失败的次要国家，次要国家的精英习惯新的制度，并逐渐接受内化。因果关系为：内部改造→政策改变（通过强迫接受）→规范改变（合法支配下的合作）。[1]

　　一些建构主义者也承认霸权在成功实现社会化上的重要性。伊曼纽尔·阿德勒和迈克尔·巴内特（Michael Barnett）在对安全共同体的探讨中，指出"作为磁体的强权"对其他行为体具有吸引力，由于利益与强权直接挂钩，使得它们重新思考旧有的观念、实践和角色。[2] 施莫芬宁更明确表示，拥有更大权力的"社会化者"是社会化成功的一个条件。他以欧盟东扩为例，指出"东欧和西欧的权力不对称是新欧洲普遍而深入的国际社会化的结构性前提"。[3]

　　基于权力的社会化观点描述了国际关系中部分的社会化现象，不能解释全部。但这些分析对我们研究在权力不对称情况下强国或大国（major/larger states）对小国（smaller/secondary states）的社会化具有重要的借鉴意义。

　　（三）小国/小国团体（smaller states/groups of smaller states）作为社会化主体

　　是否真如施莫芬宁所说"拥有更大权力的'社会化者'是社会化成功的一个条件"呢？小国或小国团体是否也能成为社会化的主体呢？如果可以，社会化进程产生和成功的条件是什么，形式是怎样的？从学界目前的研究现状看，非西方案例研究对于回答这些问题大有裨益。学者们得

[1] G.John Ikenberry and Charles A.Kuchan, "Socialization and Hegemonic Power," *International Organization*, Vol.44, No.3, 1990, pp.290-292.

[2] Emanuel Adler and Michael Barnett, "A framework for the study of security communities," in Emanuel Adler and Michael Barnett eds., *Security communities* (Cambridge: Cambridge University Press, 1998), pp.39-40; Theo Farrell, "Constructivist security studies: portrait of a research program," *International Studies Review*, Vol.4, No.1 (2002), pp.70-71.

[3] Frank Schimmelfenning, "International Socialization in the New Europe: Rational Action in an Institutional Environment," *European Journal of International Relations*, Vol.6 (1), 2000, p.111.

出的基本结论是,小国或小国团体对大国的社会化之所以会成功,是因为进程是"主体间互动本身产生的'化'力"。① 认为行为体在互动中并不一味地关注结果,而是将进程视为社会化的推动者,继而导致社会变化。同时,社会化进程作为一种社会情境,也是开放的、双向的。

前文提到的中国与东盟的社会化机制就是一个典型。爱丽丝·芭认为东盟对中国的"复合式接触"(complex engagement)是一种争论式说服(argumentative persuasion),即通过协商和非强制进程寻求共识,而这种互动方式本身是有利于社会学习的。"复合式接触"产生的社会背景包括,互动之初的战略不确定和权力对比,相似的历史经验、政治精英的推动、接触进程本身,以及对于中国而言相对稳定的地区均势。她将接触政策看做是双方共同作用的结果,认为它是包含了不同阶段的进程。首先,不确定性(uncertainty)的影响。冷战结束所带来的战略不确定为政策选择的改变打开了大门。这种不确定性还来自柬埔寨问题的解决、美国有可能抽身东南亚、地区安全及全球局势等。其次,理性算计(rational calculation)的影响。中国对东盟地区进程的态度由不热心逐渐转向积极,是"压力下选择"(constrained choice)的产物。工具性算计在它们最初接触对方时发挥了作用。再次,接触进程(the process of engagement)的影响。接触不单单是政策结果,也是进程。随着互动的深入,它们对利益、关系及相互接触的动力的理解会逐渐发生改变。最后,权力不对称(power asymmetries)的影响。随着中国的实力日益增强,中国仍未尝试成为社会化的主体,而是加大了对东盟的战略保证,表明自己是东盟的伙伴、值得信赖的地区领导者和地区稳定器。② 芭的分析着眼于互动,认为在不同的时期,社会化的特征和类型也有可能不同。

秦亚青和魏玲探讨在东亚缺乏清晰的权力结构和观念结构且制度化程度很低的情况下,东亚地区合作是如何得以不断推进的。他们认为非正式和松散的进程本身塑造了地区内国家的期望和利益。在此基础上,进而提出了一种"进程主导的社会建构模式",及融合中国理念的"过程

---

① 秦亚青、魏玲:《结构、进程与权力的社会化——中国与东亚地区合作》,载《世界经济与政治》2007 年第 3 期,第 10 页。

② Alice D. Ba, "Who's socializing whom? Complex engagement in Sino-ASEAN relations," *Pacific Review*, Vol.19, No.2(June), 2006.pp.157-179.

型建构主义"(process-oriented constructivism)理论。[①]他们认为,进程主导的社会建构模式弱化了结构建构身份的自上而下的因果型建构主义模式。其主要论点是:进程在社会化过程中起关键作用,维持进程就会延续建构身份的实践互动。"交感而化"是这个模式的核心,即通过合作进程吸引大国参与进程并实现渐进式的社会化。进程推动了权力的社会化、孕育合作的规则和规范,并且催生集体认同。进程强调的是"关系",它本身既是手段也是目的。[②]换言之,该模式将"进程"视为社会化的推动者,即社会化的主体,参与进程的国家行为体尤其是主要大国是社会化的客体。互动的行为体关注进程,并在进程中被社会化。然而,"进程主导型模式并不否定结果的重要性,行为体行动的目的是为了取得结果,所以东亚的软地区主义也有可能发展为硬地区主义。但是,在制度化程度尚低或无法提高的情况下,进程本身的动力和活力保持了地区的和平与合作。"[③]可见,这一模式适用于解释制度化程度低的机制内的社会化现象。

三、对中国周边地区政策的社会化解释及其局限性

对于中国融入国际社会并积极采取"新外交"的行为,国际关系学界解读不一。其中,社会化理论从互动和进程的角度,分析了中国与周边地区的社会化进程,具有很强的解释力。以中国对东南亚和中亚的政策为例,从社会化的作用机制看,中国对东南亚的政策可基于小国/小国团体作为主体的社会化机制、借鉴霸权国作为主体的社会化机制的研究成果进行解释;对中亚的政策则可用国际制度作为主体的社会化机制解释。

中国与东南亚的社会化进程始于1992年,中国正式成为东盟的对话伙伴国。社会化初期,中国与东盟的互动主要表现为建立机制上和政治上的联系,战略计算是社会化启动的原动力,而扩展和丰富与东南亚国家的关系是中国与东南亚交往的主题。中国强调多边合作与双边关系并举

---

① 见秦亚青:《关系本位与过程建构:将中国理念植入国际关系理论》,《中国社会科学》2009年第3期,第69—86页。

② 秦亚青、魏玲:《结构、进程与权力的社会化——中国与东亚地区合作》,载《世界经济与政治》2007年第3期,第7—15页。

③ 秦亚青、魏玲:《结构、进程与权力的社会化——中国与东亚地区合作》,载《世界经济与政治》2007年第3期,第11页。

是在亚洲金融危机后,中国逐渐认识到接受和支持东盟规范与实现中国的国家利益并不矛盾,开始积极推动机制内的社会化进程。随着中国与东盟深深地"嵌入"多层次、多渠道、多领域的社会化进程中,中国内化东盟规范的趋势越来越明显;在遵循内化的地区规范的同时,中国试图塑造一个与自身实力相符的"负责任大国"形象,并通过自我约束、战略保证、外部诱导等手段巩固社会化成果并推动社会化进程向前发展。这时发生于中国和东南亚间的社会化作用机制已不是单向的了。

中国与中亚的社会化机制可以分为两个阶段,第一阶段是中国对地区制度规范的积极创设,将中国的国家利益和塑造地区的理念融合一体,使之成为地区规范,获得更大范围的认可与接受。此时,地区制度作为社会化的场所,中国是主要的社会化主体,中亚国家是客体。第二阶段是地区制度规范建立后,随着机制结构不断完善,地区制度作为"自在"的实体,逐渐成为社会化的推动者,所有的制度参与者都是客体。然而,地区制度的主导权仍掌握在主要大国手里,中国在机制和规范的完善与扩展上常常会以主体的形象出现。

可见,社会化理论对于我们分析中国与周边地区的互动、进程和偏好改变具有很强的解释力。然而,它对于解释为何中国周边地区政策在互动模式和地区塑造方式上会呈现出明显的差异仍存在一些盲点。第一,社会化理论关注社会化的宏观和微观过程,重视进程对行为体偏好、利益和行为变化带来的影响,但对于社会化模式的解释不够。一些学者分析了社会情境因素与社会化模式的关系,比如,芭分析了社会化进程中的战略不确定、权力不对称等情境因素,[①]还有学者通过比较分析发现不同地区内部社会化方式的规律,[②]但总的来看,对社会因素如何影响社会化模式的研究仍相当薄弱。

第二,社会化理论在解决一些问题时存在困难。例如,社会化进程有终点吗;当社会化客体已经被完全社会化,规范被内化,并且它愿意依照规范、期待和共同利益行事时,社会化进程是否就结束了;如果结束了,那

① Alice D.Ba,"Who's socializing whom? Complex engagement in Sino-ASEAN relations,"*Pacific Review*, Vol.19,No.2(June),2006.pp.168-173.

② 简军波:《民族国家的社会化——区域一体化对东南亚和中东欧国家的影响之比较研究》,载《欧洲研究》2010年第1期,第17—36页。

么此后的互动机制是如何;如果没有结束,那么互动机制还会按照社会化机制进行吗,其方式又会呈现出怎样的新特点。甚至有学者还指出许多过程是无法追溯到具体肇始者的。① 但实证研究已经证实,当互动相对密集时,社会化进程是复杂的。社会化的主客体并不是固定不变的,模式也不是单一的,其进程呈现出阶段性特点。

为此,笔者强调社会情境因素与社会化模式之间的关系,对于解释中国对周边地区不同政策倾向的重要性。芭、切克尔、托马斯·利兹(Thomas Risse)等人曾分析了历史经验、精英的态度、接触的进程、稳定的均势环境、战略不确定等社会情境因素对社会化进程的影响。② 笔者基于他们的研究成果,认为"地区自主性"是决定中国周边地区政策在互动模式和地区塑造方式上呈现差异的最主要的情境因素。在接下来的部分,笔者将首先对地区自主性这一变量进行概念界定并分析其评判标准。

第二节 地区自主性的界定与评判标准

一、地区自主性的概念界定

地区并不仅仅是特定地理范围内的国家集合,它一般超出国家这一单元范畴,具有某种整体性和结构性的特性。正如卡赞斯坦所指出的:"地区研究的方式与研究国家和帝国、市场和全球化、文明与世界文化的

---

① 秦亚青:《关系本位与过程建构:将中国理念植入国际关系理论》,《中国社会科学》2009 年第 3 期,第 77 页。

② See Alice D.Ba, "Who's socializing whom? Complex engagement in Sino-ASEAN relations," *Pacific Review*, Vol.19, No.2(June), 2006.pp.168-173; Thomas Risse, "'Let's Argue!': Communicative Action in World Politics," International Organization, Vol.54, No.1(Winter, 2000), p.19; Thomas Risse-Kappen, "Ideas do not float freely: transnational coalitions, domestic structures, and the end of the Cold War," in Richard Ned Lebo and Thomas Risse-Kappen, eds., *International Relations Theory and the End of the Cold War*(New York: Columbia University Press, 1995); Jeffrey T.Checkel, "Why Comply? Social Learning and European identity change," *International Organization*, Vol.55, No.3(2001), pp.553-588; Consuelo Cruz, "Identity and Persuasion: How Nations Remember Their Pasts and Make Their Futures," *World Politics*, Vol.52, No.3(Apr., 2000), pp.275-312; Jeffrey Legro, "The Transformation of Policy ideas," *American Journal of Political Science*, Vol.44, No.3(Jul., 2000), pp.419-432.

方式之所以不同,关键在于地区具有其特性。"①从这个意义上说,地区都是"自在"、"自为"或"自在自为"的。②

在研究东盟共同体时,著名的建构主义学者阿米塔·阿查亚(Amitav Acharya)详细论述了东盟规范的演化和"东盟方式"的形成。他指出,"区域自治"原则(Regional Autonomy)是东盟的地区规范之一,"地区问题,也就是那些与地区直接关联的问题,应该被看作是关系到地区本身的主要问题。在面对这些问题时,区内国家之间的相互协商与合作也许能够达到某一点,在这一点上,这个地区的所有观点都有助于将解决问题放在第一位"。③

为了区分地区特性的展开程度,笔者结合辩证哲学、阿查亚所提出的"区域自治"原则和欧盟在建构共同体上的实践经验,提出"地区自主性"这一变量。

地区自主性是指地区不依赖域外大国、独立并集体解决地区事务的能力和意愿。其具体内涵可从三个方面来理解:首先,"地区自主性"描述的是一种状态,是能力和意愿的综合产物,也是地区凝聚力的体现。能力和意愿均是时效性变量,因此地区自主性也是动态变化的。其次,地区自主性主要体现在处理地区问题上。所谓地区问题,必须是跨国性的,是超越一国地理范畴的,仅凭一国的力量无法解决的,且问题的产生根源、作用情境和影响效应均发生于地区内。地区自主性考察的是地区处理这些问题的方式、能力及意愿。再次,地区自主性的动力可以是利益驱动、认同驱动或制度驱动。一般来说,地区寻求自主的最初动力往往来自利益驱动。这主要是因为国家作为理性行为体,其偏好和行为的根本依据是自身利益最大化。国家选择合作并不是因为

---

① [美]彼得·卡赞斯坦著,秦亚青、魏玲译:《地区构成的世界:美国帝权中的亚洲和欧洲》,北京:北京大学出版社 2007 年版,序言,第 1 页。

② 处于"自在"阶段的地区一般是指地区具有的某些基本特性因种种原因尚未完全展开,是地区发展的初级阶段。处于"自为"阶段的地区,潜在的地区特性开始向外表现并展开,分化出自身的逻辑和矛盾,是地区发展的成熟阶段。换言之,"自在"与"自为"的区别表现在自发与自觉上。而进入到"自在自为"阶段的地区,已经成了一个独立的、具体的、自由的、完整的事物。

③ Adam Malik, "Regional Cooperation in International Politics," in *Regionalism in Southeast Asia* (Jakarta: CSIS, 1975), p.160, 转引自[加拿大]阿米塔·阿查亚著,王正毅、冯怀信译:《建构安全共同体:东盟与地区秩序》,上海:上海人民出版社 2004 年版,第 72 页。

地区利益超越了国家利益,而往往源于合作能有助于实现其国家利益。共同面对的外部威胁常常是这一努力的催化剂。随着交往频率的增加,互信水平的提高,地区制度和认同开始共同发挥作用。地区制度有利于地区认同的形成,认同和规范作为制度的理念基础,有助于地区共同体的萌生和发展。

二、地区自主性的评判标准

在概念界定的基础上,笔者认为地区自主性可从三个方面去评判。

(一)能力和意愿共同决定地区自主性的取值。

1."能力"(capability)一般指顺利完成某一行动所必需的主观条件或素质。决定能力的要素有很多,这里所说的是地区独立并集体解决地区问题的能力,主要包括物质能力、观念能力和制度能力。首先,尽管物质能力与地区自主性不是正相关的关系,但一般情况下,域外大国容易介入实力较弱的地区。实力格局也是物质能力其中一个要素。地区格局一般分为单极、两极和多极三种。大多数研究一体化的学者都认同成功的地区一体化的前提条件之一是毫无争议的领导者,即一个地区霸权或愿意维护地区有效运作安排的领导国。① 换言之,拥有地区领导国的单极或两极地区格局更能实现一致行动。其次,观念能力包括地区规范、凝聚力和共同命运感等。阿查亚从规范形成和发展的角度对东盟共同体建立的研究,就揭示了规范和认同在东南亚地区一体化进程中的关键作用。再次,制度能力是指建立地区机制的能力,而制度的效用是考察制度能力大小的一个重要标准。

2."意愿"(aspiration)一般是指完成某一项行为的期望和决心。期望可能是由利益驱动,也有可能由观念驱动;决心表征的是期望的持续程度,一般在国家进入相对确定的冲突或合作时才会起作用。笔者这里强调的是政治精英对实现地区自主的政治意愿。研究一体化的学者通过实证分析,指出政治意愿在地区一体化中发挥着关键作用。一体化的持续

---

① Walter Matti, *The Logic of Regional Integration: Europe and Beyond* (Cambridge/New York/Melbourne: Cambridge University Press, 1999), pp.42-43.

依赖于参与国共享共同的政治目标和政治联合的意愿。① 同样,地区国家在"地区问题地区解决"上的政治意愿对于能否实现地区自主也有直接而重大的意义。

（二）地区一体化水平决定了地区自主性的取值。

东南亚和西欧的经验说明,一般实现了某种程度的一体化的地区都有能力和意愿进行"地区问题地区解决",一体化形式和程度的不同反映在地区自主性的取值上。而一些未实现一体化的地区大多难以阻止域外大国在各个方面的介入,自身凝聚力的不足暴露了面对地区问题时的脆弱性。可见,地区一体化与地区自主性之间是密切相关的。

道格拉斯·韦伯（Douglas Webber）在讨论东盟与亚太经合组织衰弱而东盟加中日韩快速兴起的根源时,提出了成功的地区一体化所需的四个前提条件:第一,跨国界交换的水平,最重要的维度是地区国家间的贸易水平;第二,一个"无私的"领导国或霸权国,或具有能力和意愿去预防潜在的或调解现实的地区冲突的国家联盟;②第三,经济和政治的同质性程度、地区国家间共同体意识或共同认知的和谐度;第四,美国对其影响范围之内的地区的一体化的态度。③ 值得注意的是,韦伯并不认为地区制度化是一体化的必要条件之一。换言之,与通常意义上的地区组织相比,经济上的相互依赖和观念上的共同认知是导致一体化的更为基本的条件。当然也有一些学者认为制度化尤其是拥有一套广泛的强制措施是必要的。④ 笔者认为,具有一定的制度水平不一定是导致一体化出现的必要条件,但却是推动一体化快速而深入发展的主

① Benjamin Cohen, *The Geography of Money*, New York: Cornell University Press, 2000, pp. 90 - 91; Michael D.Bordo and Lars Jonung, "The Future of EMU: What Does the History of Monetary Unions Tell Us," *NBER Working Paper* No. 7365 (September, 1999), http://econ161. berkeley. edu/Teaching_ Folder/Econ_210b_spring_2001/Readings/bordo_jonung.pdf. , 2010-10-2.

② 有学者基于"理念—制度现实主义",提出"合作霸权"理论,认为大国运用非强制性手段,采取合作霸权战略实现自己的利益,具体体现在在地区制度化中扮演积极的角色,并运用单方支付（side payments）、权力共享（power-sharing）、区别（differentiation）等措施。Thomas Pedersen, "Co-operative hegemony: power, ideas and institutions in regional integration," *Review of International Studies*, Vol.28(2002), pp.677-696.

③ Douglas Webber, "Two Funerals and a Wedding? The ups and downs of regionalism in East Asia and A-sia-Pacific after the Asian Crisis," *The Pacific Review*, Vol.14, No.3(2001), p.347.

④ Benjamin Cohen, *The Geography of Money*, New York: Cornell University Press, 2000, pp.87-91.

要动力。

一般来说,一体化程度与地区自主性的取值是正相关的。以前文所说的四个条件为标准,欧盟一体化程度远高于东盟;从独立并集体解决地区问题的能力和意愿看,欧盟以其高度的地区认同和超国家的地区制度成为世界上自主性最高的地区。如此看来,一体化程度与地区自主性的关系似乎是线性的。然而也存在例外。比如,北美自由贸易区是北美地区的经济一体化组织,相对于东盟而言,其经济一体化程度更高。但美国与其他地区国家之间的实力对比过于悬殊,且美国一直将北美看做自己的后院,从这个意义上说,北美的地区事务基本是美国一家做主,不可能实现集体解决地区问题,也就不是完全意义上的地区自主。

(三)与域外大国的关系影响地区自主性的取值。

所谓"自主",就是指相对域外力量,地区能独立决定地区事务。域外大国对地区事务介入的程度和范围与地区对待域外大国的态度共同影响地区自主性的取值。

域外大国对地区事务的介入标准主要包括介入的域外大国数量、介入的领域、介入的广度和深度等。美国是唯一一个介入世界所有地区的国家,它的介入往往成为影响地区自主性的最关键的外部因素。卡赞斯坦认为"多孔化"的地区构成了世界,它不是呈自由流动状态的,而是嵌于美国帝权体系之中。[①] 地区对待域外大国介入的态度也是重要的观察指标。大多数地区在对待域外大国时,很难形成完全一致的对外政策和行动,地区国家在平衡地区利益和国家利益时有各自的考量。一般来说,能够达成一致的对外行动需要高度的互信、超越国家范畴的地区认同和一定的制度保证。目前除欧盟以外,几乎所有的地区都仍处于建立信任的阶段,通过双边方式解决问题仍是国家处理对外关系的主渠道。因此,国家利益作为国家行为的根本依据,往往难以妥协于地区利益。但随着地区性问题的增多和复杂化,国家开始在不同层次和渠道上寻求共同解决的办法。

域外大国的介入和地区的态度是相辅相成、互为因果的。(1)地区的

---

① [美]彼得·卡赞斯坦著,秦亚青、魏玲译:《地区构成的世界:美国帝权中的亚洲和欧洲》,北京:北京大学出版社 2007 年版,第 208 页。

态度直接影响到域外大国参与目标地区事务的预期。客观上,地区不能形成一致意见和行动,削弱了地区独立处理地区事务的能力,为域外大国的介入创造了条件。而当地区信任未完全建立的时候,地区小国担心自身利益受到地区大国裹挟,倾向于拉入域外大国,平衡地区力量,从而保全自己。因此,地区行动的一致性越低,域外大国参与地区事务的障碍越少,介入的广度和深度也会越大。(2)域外大国介入所产生的效应积极与否也会反过来加强或动摇地区的态度。当域外大国介入所产生的效应是积极的,即与地区内大多数国家的利益相一致时,地区的态度收到的是正反馈,这将会促进地区与域外大国的合作,地区也将会更加乐见于该大国参与地区事务。反之亦然。但现实情况是,介入所产生的效应是复杂的,无法短期内观察到,地区国家的态度往往是模棱两可、不断寻求平衡的。

第三节　地区自主性、社会化模式与中国周边地区政策

一、中国与周边地区社会化模式的类型划分

"社会化模式"是指社会化进程运作的路径,用于界定行为体在社会化进程中的角色扮演。社会化进程遵循"适当性逻辑",但运作机制和路径会有不同。学界对社会化模式的研究还不太成熟,但已经提出了一些独到见解。有学者在研究国际组织对民族国家的跨国社会化过程时指出这一过程并不总是单向发生的,有时会出现"双向社会化"。因此跨国社会化不仅意味着国际组织影响民族国家的规则和价值,也可以从一个相反的方向进行,即民族国家也可以将其本国价值观渗透到国际组织。

根据社会化主体的不同,将跨国社会化分为两个层面,即发生在国际层面的输出型社会化和发生在国家层面的输入型社会化。前一过程由国际组织或机构发动,对象是成员国甚至非成员国,后一过程发生在国家层面,属于国内的社会化过程。① 这方面的实证研究主要集中于对"欧洲化"的考察,认为欧盟实现成员国社会化的方式存在着两种相反方向的

---

① 简军波:《民族国家的社会化——区域一体化对东南亚和中东欧国家的影响之比较研究》,载《欧洲研究》2010 年第 1 期,第 20 页。

过程。欧洲化不仅包含了欧洲层面的机构对成员国内部的影响,也包含欧盟成员国对欧盟机构所采取的行动。[1] 爱丽丝·芭也曾指出社会化不是封闭的、单向的,是同时受到行为体本身的偏好和选择与若干社会情境因素共同影响的。在不同时期,社会化进程会表现出不同的特征和类型。

笔者研究的是中国作为崛起中大国(rising major power)与周边地区的社会化过程。存在三种可能的社会化模式:第一,中国对周边地区的社会化,即中国是主体,周边地区是客体;第二,周边地区对中国的社会化,即周边地区是主体,中国是客体;第三,中国与周边地区的"双向社会化",即中国和周边地区分别在不同时期扮演着主体和客体的角色。

如前文所述,跨国社会化进程中的社会化主体主要包括国际制度、霸权国或主要大国、小国或小国团体这三种类型。中国的周边地区作为主体,必然具有地区制度,或拥有地区霸权国,或组成了小国团体。换言之,制度、权力或规范是该地区对中国进行社会化的主要力量来源。首先,制度确保地区具有一定的一体化水平。一般来说,该地区制度应是开放的,不是封闭的地区集体联盟,也就是说它的主要战略目标不是共同对抗外部的敌人,而是解决内部危机,维护地区稳定。开放的地区制度具有更强的灵活性和平衡多种力量的能力,它能通过创设新的对话机制和建立议程联系与中国确立制度框架下的稳定关系。其次,权力是地区硬实力和软实力的来源,能为地区国家提供它们所需要的地区性"公共产品"。地区霸权国为该地区提供"公共产品",首先必须得到地区国家的承认和认同,即霸权是"无私的"和"温和的";一旦霸权国将其意志凌驾于地区的意志之上,地区将丧失作为一个整体的自主性。再次,规范作为软实力的来源之一,不仅为地区一体化提供粘合剂,也是吸引和社会化中国的基础。地区规范则必须与国际通行的规范相符,能够得到国际社会广泛的承认和肯定。此外它是可以扩散的,可以适用更多的国家的。只有这样,地区才能使更多国家接受和认可其"传授"的地区规范。

现在的问题是,中国在与周边不同地区互动时,为什么会呈现出不同的社会化模式? 社会化模式的差异对中国周边地区政策又有何影响? 地

---

[1] Kristine Kern and Harriet Bulkeley, "Cities, Europeanization and Multi-level Governance: Governing Climate Change through Transnational Municipal Networks," *Journal of Common Market Studies*, vol.47, No.2, 2009, p.312.

区自主性作为重要的社会情境变量,能够帮助我们解答这些问题。

二、地区自主性与中国与周边地区的社会化模式

地区自主性的三个评判标准有助于判断中国周边地区是"自在"、"自为"还是"自在自为"的,地区自主性的取值在很大程度上影响了中国与该地区的社会化模式,即中国在社会化进程中的角色扮演。

当社会化模式表现为中国作为社会化进程中的客体、接受周边地区的制度安排和规则制定时,该地区的强自主性确保了它有提供地区公共物品的能力和意愿。具体体现为具备一定的物质实力,共享与地区文化和价值观相符的地区规范,且地区国家精英有强烈的政治意愿推动实现"地区问题地区解决"。在地区一体化方面,地区在内在需求和外部威胁的双重作用下形成了具有不同制度化水平的地区组织,涵盖地区所有或大多数国家。地区国家在组织中被社会化,具有紧密的命运共同体意识,有相似的地区目标和对地区秩序的共同期望,因而更容易达成共识和采取一致行动。在处理地区事务时,地区组织作为"理所当然"的斡旋者,相比某个国家的单边行动而言更具有合法性。共同利益越多,地区认同感越强,地区组织处理地区事务的话语权也将越大。因此,在处理与中国的关系时,凝聚力强的地区组织往往能通过协调对待中国的态度和引导中国在地区事务中发挥适当的作用,掌握处理地区事务的主动权和对议程的创设权,从而保证中国的"介入"遵循地区规范和程序,在地区组织搭建的多边平台上与之共同塑造地区秩序。

反之,当社会化模式表现为周边地区作为社会化进程中的客体、接受中国的制度安排和规则制定时,从互动的视角上看,该地区的弱自主性导致其在制度、权力或规范上无法提供作为主体所需的资源,这是该模式得以实现的重要因素。在自主性弱的地区,威斯特伐利亚体系主导地区态势,地区作为一个"自在"的实体发挥的独立作用不强。地区国家间在历史隔阂、不信任感等因素的作用下,无法超越国家利益的窠臼,因而在面临地区问题时无法形成合力。包括中国在内的域外大国对地区事务介入较深,甚至扮演关键性的角色。在这种情况下,由于有能力和意愿为解决地区问题和塑造地区秩序发挥主导性作用,中国更倾向于扮演社会化主体的角色,具体体现为创立制度、制定行为规范和规则、主导议程等。

现在的问题是,在自主性弱的地区,除中国之外,还有多个域外大国存在,它们会以何种形式与地区实现社会化呢? 有两种可能性:一是包括中国在内的域外大国之间无法在如何解决地区问题和塑造地区秩序上达成一致,但它们都没有能力排除对方单独对地区进行社会化。在这样的情况下,社会化过程将很难进行;二是中国与其他域外大国之间对于如何发挥自身在地区的作用形成了基于相互信任的默契,那么它们很有可能通过制度协调来实现对地区的集体社会化;当然也有可能其他域外大国默认或认可其中一个硬实力和软实力兼具的大国对地区的社会化,这一大国一般是实力超群的强国,如美国这样的超级大国。然而,即使启动了社会化进程,也不能保证域外大国能在过程中延续默契和信任,地区态势本身的不确定性也会影响社会化的最终实现。

三、地区自主性、社会化模式与中国周边地区政策

当中国周边地区同时满足自主性强和地区国家均为中小国家这两个条件时,地区制度或地区规范成为该地区作为社会化主体的主要力量来源,实施对中国的社会化,中国周边地区政策表现为甘于在地区国家安排的既定"轨道"中扮演负责任的攸关方角色。反之,当中国周边地区自主性弱,该地区不具备作为主体的条件,中国作为实力逐渐增强、地区责任感强烈的大国,扮演起主体的角色,进而影响其周边地区政策的制定和实施。

从地区的角度看,在权力缺失的情况下,制度或规范是地区在社会化进程中成为主体的重要基础。由于中小国家构成的地区无法排除域外大国的介入,地区组织在面对地区事务时,运用结盟、均势或地区主义等手段,处理与域外大国的关系,从而保证相邻大国的介入符合地区利益。

（一）结盟（非正式和正式盟友关系）

冷战结束后,各国都积极寻求全方位外交,即使结盟也不影响与其他所有国家发展正常的国际关系。相比传统的盟友关系,大多数国家更愿意维持一种非正式的同盟或松散的、暂时的联盟关系,这种关系具有很强的灵活性,以处理危机为内在动力,更有利于国家实现本国利益。如东南亚的菲律宾和泰国,尽管与非相邻大国美国是盟友关系,在安全领域联系紧密,但它们也积极发展与中国、日本等相邻大国的经济关系。安全上的

结盟与经济上的相互依赖互不冲突,满足了地区国家对安全和经济的双重利益需求。

（二）均势

地区国家掌握地区事务主导权的一个重要方式是谋求作为利益攸关方的地区外大国之间的均势。这里的均势政策与其说是寻求传统意义上的"权力均势",还不如说是"影响力均势"。"影响力均势"涵盖军事、经济、制度和理念等各个维度。这种战略的一个关键特征是"开放性"。[①]当然开放中包含相互制衡,限制包括相邻大国在内的地区外大国称霸地区的能力和意图。

（三）地区主义（封闭与开放的地区主义）

封闭的地区主义一般限于地区国家或是囊括了相邻经济体的经济圈;开放的地区主义则基于经济相互依赖和影响力均势,欢迎地区外大国加入到地区主导的制度中来,与作为利益攸关方的地区外国家共同推动地区一体化。在地区制度中,地区国家对相邻大国实施的是"制度均势"战略,这是"软均势"的一种。它是指通过倡议、利用和支配多边制度对抗压力或威胁,是国家在无政府状态下追求安全的一种新现实主义战略。[②] 无论是采用哪种地区主义策略,地区国家的意图都是通过协商确定相邻大国参与地区制度的门槛,在制度内的社会化进程中促使相邻国家遵循地区行为规范和规则,并在制度框架内推动地区秩序的形成。

面对自主性较强的周边地区,利益、压力、声誉等因素的作用促使中国甘于在小国团体安排的既定"轨道"中扮演负责任的攸关方的角色。当然,这种被社会的状态有可能是权宜之计,也可能是政策偏好。利益方面,国家作为理性行为体,利益考虑一般是社会化进程生成的重要动因。当接受地区制度和地区规范有利于实现相邻大国的地区利益时,大国会在观望中作出进一步的选择。压力方面,在社会化的生成阶段和实现阶段,压力都是使相邻大国维持客体身份的重要因素。压力来自于其他的

---

① John David Ciorciari,"The balance of great-power influence in contemporary Southeast Asia,"*International Relations of the Asia-Pacific*,Vol.9(2009),pp.157-196.

② Kai He,"Institutional Balancing and International Relations Theory:Economic Interdependence and Balance of Power Strategies in Southeast Asia,"*European Journal of International Relations*,Vol.14(3),pp.489-518.

地区外大国,也来自地区制度内的约束措施和地区国家的"制度均势"政策。声誉方面,大国施加影响力的手段除了硬实力以外,还特别在意与声誉有关的形象利益所带来的好处。作为软实力的一种表现形式,大国为了维持负责任的大国形象,获得道德上的赞赏,往往会释放善意的信号,表现出自己对促进相邻地区发展与稳定的良好意图。相邻大国在这三种因素的作用下受到地区的社会化,在竞争与合作中实现自己的地区利益。而当地区自主性因内部政治动荡、制度能力或规范的适用性下降等而弱化时,地区作为社会化主体的客观基础和主观意愿将不可避免地受到动摇,它在解决地区问题上的主导权有可能会让位于相邻大国。因此,一旦地区作为主体的能力下降,不论其意愿如何,社会化模式都将有可能发生改变。

在对冷战后中国周边外交的研究路径和影响变量进行深入探讨的基础上,笔者提出关于构建中国周边地区政策动力机制分析框架的两个基本假定。

第一,中国国内利益主体的多元化主要源于中国改革开放政策的推进和深化,多元利益主体影响中国周边地区政策决策过程的努力则主要出于对全球、跨地区、地区等体系结构力量的回应。利益主体之间通过组成国内联盟,试图将自身的共同利益上升为国家利益。从效果上看,国内联盟对中国周边地区政策决策过程的影响不仅推动了国家"利益边界"的延伸,促使国家利益的内涵不断丰富,外延不断扩展,而且反映出不同利益主体组成的国内联盟在不同地区议题上影响力和作用方式的异同。在具体议题上占支配性地位的国内联盟的偏好是中国周边地区政策偏好形成和改变的主要的国内因素。

第二,地区自主性不仅反映了中国周边地区自身的凝聚力和处理地区问题的能力与意愿,还作为中国与周边地区互动的情境因素,通过影响双方的社会化模式,即中国和该地区(或地区组织)在社会化进程中的角色扮演,从而决定中国在地区塑造上的政策取向。它关注的是中国作为一个行为体,在不同的地区情境下,其角色定位与塑造地区秩序之间的关系。

那么,国内联盟、地区自主性与中国周边地区政策三者之间有何联系吗?国内联盟和地区自主性对中国周边地区政策的影响能力有何差别,同时考虑这两个自变量的作用因素时,中国周边地区政策会表现出怎样的特点? 为此,笔者在分析框架和基本假定的基础上,提出一个重要推论:在自主性强的周边地区,相对于国内因素,地区互动因素对中国周边地区政策的形成和发展影响较大,即地区自主性对中国周边地区政策的影响大于国内联盟因素的影响;在自主性弱的周边地区,相对于地区互动因素,国内因素对中国周边地区政策的形成和发展影响较大,即国内联盟对中国周边地区政策的影响大于地区自主性因素的影响。

具体来看,面对自主性较强的周边地区,中国与该地区的社会化模式表现为该地区作为社会化主体,运用制度、权力或规范对中国施加社会化。中国作为客体,积极参与地区制度、支持地区大国对公共物品的提供以及接受地区规范,中国的这一角色扮演直接影响了其地区政策的制定和实施。可见,对地区自主性因素的考虑成为主导中国周边地区政策的主要因素。相比而言,国内联盟影响决策过程的空间就较小了。从这个意义上说,面对自主性强的地区,地区自主性对中国周边地区政策的影响大于国内联盟因素的影响。

反之,面对自主性较弱的周边地区,中国与该地区的社会化模式表现为中国作为社会化主体,运用制度、权力或规范对该地区施加社会化。由于中国在塑造地区秩序方面具有更大的主导权和影响力,国内联盟影响周边地区政策决策过程的余地较大。不同类型的国内联盟通过影响决策,在满足国家对塑造地区的基本诉求的同时,实现自身利益的最大化。从这个意义上说,面对自主性弱的地区,国内联盟对中国周边地区政策的影响要大于地区自主性因素的影响。

在第三编中,笔者将对提出的分析框架假定进行验证,希望有可能对未来的周边政策有所启示。

第三编　验证与启示：
以中国的东南亚和中亚
地区政策比较为例

第六章 国内联盟、地区自主性
与中国的东南亚政策

　　本章具体论述国内联盟和地区自主性影响中国对东南亚政策的机制,以验证分析框架的适用性。在第一节和第二节中,笔者主要探讨中国对东南亚的经济和安全政策中的国内联盟因素。首先,笔者以中国—东盟自由贸易区的提出和实施、中国对东南亚次区域经济合作的政策及中国对东南亚的能源政策为例,分析国内联盟与中国对东南亚经济政策的关系。其次,笔者以中国对南海问题的政策和中国对东南亚非传统安全问题的政策为例,分析国内联盟与中国对东南亚安全政策的关系。在第三节和第四节中,笔者重点阐述东南亚的地区自主性是如何影响中国对东南亚的地区塑造的。首先,笔者实证考察中国对东南亚地区塑造的具体表现。其次,笔者在定性分析东南亚地区自主性取值的基础上,论述地区自主性是如何通过影响中国与东南亚互动过程中的角色扮演和社会化模式,决定中国对东南亚的地区塑造的。在结论部分,笔者将简要验证国内联盟、地区自主性与中国对东南亚政策的相关性。

第一节　国内联盟与中国对东南亚的经济政策

一、国内联盟与中国—东盟自由贸易区的提出和建立

　　新世纪以来,中国对东南亚的地区贸易政策主要反映在中国积极推动的中国—东盟自由贸易区上。中国—东盟自贸区的概念和构想是由中国的中央政府提出的,在其建立过程中,中央政府主导下的包括地方政府、企业和商会、学者等多种利益主体的国内联盟起到了重要作用。自贸

区之所以在较短时间内得以实现,是与国际化联盟内部利益主体间的引导和协调分不开的。

(一)中央政府

建立中国—东盟自由贸易区的设想是由中国高层领导人率先提出的。2000年11月,在新加坡召开的第四次中国—东盟领导人会议上,时任国务院总理朱镕基提出建立中国—东盟自贸区的设想,得到了东盟各国领导人的积极响应。

对于中国来说,从中国—东盟自贸区获得的经济收益并不十分显著,且不及东盟。[1] 可见,除经济利益之外,中央政府倡议建立中国—东盟自贸区还有政治和战略的考虑。针对东南亚金融危机后该地区国家经济的普遍衰退和对中国加入世界贸易组织对其经济形成冲击的担忧,朱镕基总理在出席第四次中国—东盟领导人会议时表示,中国加入世贸组织不会对东盟各国造成威胁,只有好处,并首次提出建立中国—东盟自由贸易区的设想。东盟官员也认为,中国若能加入东盟自由贸易区,将可减少中国加入世贸组织对东盟经济的冲击。[2] 与此同时,2000年前后,面对诸多国际国内的重大挑战,中国领导人开始了战略思维的调整,[3]这也是对外采取重大经济举措的主要背景。由此可见,中央政府提议建立中国—东盟自贸区从某种程度上说是通过合作建立地区公共产品,与东盟分享实实在在的经济利益以消除"中国经济威胁论",从而提高其地区影响力和塑造有利的周边环境。

在中国—东盟自贸区的推进过程中,商务部、海关总署等中央政府部门起到了宏观规划、政策引导和协调的作用。以商务部为例,它扮演着谈判者和实施者的双重角色。一方面商务部牵头组织了自贸区的对外谈判,推动了《中国—东盟全面经济合作框架协议》及《货物贸易协议》、《争

① 参见邝梅、周舟:《中国—东盟自由贸易区创建与发展的政治经济分析》,载《当代亚太》2008年第3期,第51—55页;霍伟东:《中国—东盟自由贸易区研究》,成都:西南财经大学出版社2005年版;王勤等著:《中国与东盟经济关系新格局》,厦门:厦门大学出版社2003年版;许宁宁、安晓宇主编:《中国—东盟自由贸易区与东盟企业在中国》,北京:中国铁道出版社2009年版。
② 王勤:《中国—东盟自由贸易区的进程及其前景》,载《厦门大学学报(哲学社会科学版)》2004年第1期,第86页。
③ 如台湾岛内局势的发展、西部大开发的提出等。See Li Cheng, "China in 2000: A Year of Strategic Rethinking," *Asian Survey*, Vol.41, No.1, A Survey of Asia in 2000(Jan.-Feb., 2001), pp.71-90.

端解决机制协议》、《服务贸易协议》、《投资协议》等的签署;另一方面,由商务部主办的各种博览会、洽谈会、研讨会、展览会等在促进中国—东盟自贸区建设中的效果和作用显著。其中,中国—东盟博览会是由中国国务院总理温家宝倡议、中国和东盟十国经贸主管部门及东盟秘书处共同主办的经贸新平台,自 2004 年以来,每年在广西南宁举办。同期举行的还有中国—东盟商务与投资峰会。随着自贸区建设的发展,中国与东盟在农业、交通、信息产业等一系列领域达成了合作共识,农业部、交通运输部、工信部等部门也在商务部的牵头下发挥了更积极的作用。

(二)地方政府

到目前为止,广西、云南、广东、福建、四川、湖北、海南、河北、山东、浙江、重庆等 11 个地方政府出台了符合地方实际情况的东盟战略,并依照各自的战略出台了各种政策措施,为扩大地方与东盟的贸易和投资起到了不可或缺的作用。具体来看,地方政府所扮演的角色涵盖了主导者、合作机制的推动者、融资者和宣传者。

1.主导者。主要体现在政策引导以及组织和带领企业代表团与东盟国家签署订单,政府在其中发挥了"政治搭台、经济唱戏"的作用。以中国外贸第一大省广东省为例,在政策引导方面,广东通过"双转移",把劳动密集型产业向越南、印尼等国家转移,而这些国家的资源、能源、下游产品集群将和来自新加坡的先进技术和管理经验一起向广东转移;在签署订单方面,2008 年 9 月 3 日至 17 日,广东省委书记汪洋率广东经贸代表团共 700 家企业访问了印尼、越南、马来西亚和新加坡四国,签署了近109 亿美元的合同金额,其中,进出口贸易 45.65 亿美元,境外投资 9.92亿美元,承包工程 25.14 亿美元,招商引资 28.08 亿美元。①

2.合作机制的推动者。地方政府不仅与中央政府合作搭建了国家级的博览会等平台,还根据自身的特点,创建了多层次、多形式的交流合作机制。如广东省筹办了粤东侨博会、广东—东盟双边企业家理事会,加快推进与东盟四国(越南、老挝、柬埔寨、缅甸)的经贸对话协调机制和境外经贸合作区建设,还筹备在东盟建设各种产品展销中心、商贸城等项目,

---

① 中国—东盟自由贸易网:《广东启动东盟战略》,参见 http://www.chinaaseantrade.com/news/13/
SFXQQ.html。最后登录时间为 2010 年 8 月 5 日。

促进越南(深圳—海防)经贸合作区项目建设,其目的都是为企业开展经贸活动创造便利的条件。

3.融资者。主要体现在地方政府设立专项扶持资金或是成立海外投资公司,为中国企业与东盟国家的贸易和投资活动融资。这对于中小企业来说尤其重要,某种程度上加快了中小企业的成长,有助于进一步激发中国的经济活力,具有长远的战略意义。广东省设立 3000 万元"走出去"扶持资金,帮助企业在东盟设厂。这一举措的背后蕴含着广东省政府长远的考虑,即将东盟视为一个高度自由化和辐射力很强的市场,既是一个目的地,更是一块跳板。① 云南省政府也与国家开发银行成立了云南省海外投资有限公司,以战略性资源开发为投资重点,支持企业"走出去"。②

4.宣传者。主要体现在通过动员大会、培训、开辟咨询渠道等方式为企业提供与东盟开展自由贸易的重要信息,使这些企业能更快捷便利地获取资讯并开展贸易和投资活动。在 2010 年 1 月 1 日中国—东盟自贸区正式全面启动的第一个工作日,广东省政府就在广州召开了广东企业"走进东盟动员大会",相关部门负责人、全省各级经贸主管部门和企业代表参加了会议,政府的大力宣传增强了企业开拓新市场的动力。

(三)企业和商会

商会的基本特点是工作的灵活性和桥梁性,以及会员的代表性和广泛性。企业可借助商会资源,广开通商之路,从而快捷、有效地开发对方市场或开展投资合作。中国与东盟国家商会间的合作,是中国—东盟自贸区的组成部分之一,是政府间合作的支持力量,也是扩大企业间合作的重要渠道。中国与东盟各国均有大量的商(协)会,它们在各自国家的经济生活中发挥着重要的作用,已成为政府与企业、企业与企业、企业与社会联系的桥梁和纽带。③

中国贸促会代表中国工商界与东盟工商会、东盟十国国家工商会曾

---

① 如印度此前已和东盟多个国家实现零关税,中国企业直接去东盟办厂,可以开拓印度市场,还能避开欧美国家的对华贸易壁垒。

② 对云南省政府与中国—东盟自贸区建设的详细论述可参见刘稚等著:《参与中国—东盟自由贸易区建设与云南发展》,北京:中国书籍出版社 2004 年版。

③ 许宁宁、安晓宇主编:《中国—东盟自由贸易区与东盟企业在中国》,北京:中国铁道出版社 2009 年版,第 47 页。

先后签署了《中国—东盟工商会南宁共同宣言》和《中国—东盟工商界关于加快增进互利合作的共同行动计划》，并且在信息交流、会展组织、人才培训等方面开展了有效的合作。具体来看，商会扮演的是合作者和组织者的角色。

1.合作者。中国的商会并非严格意义上的非政府组织，它们常常是在与联盟中其他行为体的协调合作中推动了中国—东盟自贸区的建设。中国—东盟商务理事会设有行业协会联席会，还将设立若干个行业合作委员会，以将双方行业商会合作机制化。机电、资源产品是中国与东盟进出口贸易的主要部分，因而机电和资源行业的商会在理事会中拥有较大的发言权。[①]

2.组织者。中国的商（协）会积极组织工商代表团、项目考察团、培训团、经贸界人士访问东盟国家，主办博览会、高层论坛、专业展览会、研讨会及其对口洽谈会等，组织工商企业尤其是中小企业参加中国—东盟博览会，起到了桥梁的作用。

二、国内联盟与中国对东南亚次区域经济合作机制的政策

在第一章中，笔者曾提到中国参与的东南亚次区域经济合作机制主要有大湄公河次区域经济合作和泛北部湾经济合作，通过分析中国对这两个机制的政策，可以发现它们之间有很多异同点。接下来，笔者将验证国内联盟因素对中国的东南亚次区域经济合作政策的影响作用。

在中国对东南亚次区域经济合作政策的决策过程中，地方政府的作用尤为独特而重要。它们一方面积极地与中央政府主要部门相协调，另一方面广泛利用学者、企业、媒体等社会力量，在研究、实践和公共舆论等多个环节上增强其主导下的国内联盟的影响力，并通过国内外互动将地方发展战略上升至国家战略层面。云南省和广西壮族自治区政府是影响中国对东南亚次区域政策的主要利益主体。其中，云南对大湄公河次区

[①]　目前，中国—东盟商务理事会全国性商（协）会理事单位包括了中国工程机械工业协会、中国通用机械工业协会、中国建筑材料流通协会、中国石油和石油化工设备工业协会、中国印刷及设备器材工业协会、中国汽车工业协会、中国石材工业协会和中国仪器仪表行业协会。参见中国—东盟商务理事会网站：http://www.china-aseanbusiness.org.cn/newsmore.asp? lanmu = 28,2010 年8 月 10 日登录。

域经济合作的参与,广西倡导建立泛北部湾经济合作机制,是地方行为体主导构成的国内联盟影响次区域合作机制的典型案例。

(一)云南对大湄公河次区域经济合作的参与

云南省早在1992年该机制正式成立之时就是其初始成员,无论从参与的范围还是深度来看,它都是影响中国对大湄公河次区域经济合作政策的主要利益主体。①

大湄公河次区域经济合作是亚洲开发银行倡议建立的次区域合作机制,其主要目的是提高次区域相对落后的经济发展水平。该机制成立之初,云南省的经济发展水平较低,贫困现象显著,并且相对封闭,因此它对该机制的参与是被动的。随着云南省对大湄公河次区域经济合作的参与逐渐上升至国家战略层面,中央政府对云南省的政策扶持增多,云南省一方面扮演着中央政府次区域发展战略的具体实践者和操作者的角色,另一方面推动地方发展利益的实现。作为中国参与GMS的主体,云南省既充分参与GMS机制内活动,还积极利用GMS这个多边平台延伸作为、扩展合作。

云南省参与大湄公河次区域经济合作的行为体主要有政府机构、智库和企业。政府机构包括协调、指导或领导GMS事务的专门机构,云南省政府各职能部门内负责GMS事务的科室,以及中央处理GMS事务的协调机构的成员单位。第一类机构经历了不断的历史演变,逐渐发展为"澜沧江—湄公河次区域经济合作协调小组",省长、分管副省长分别任组长、副组长。第二类与GMS事务最直接相关的部门主要是省政府外办、省发改委和省科技厅。除此之外,云南省政府的其他部门几乎都有针对GMS事务的办公室或相关机构。第三类机构是"国家澜沧江—湄公河流域开发前期研究协调组",于1994年7月经国务院批准正式成立,由原国家计委和原国家科委任组长单位,外交部、原外经贸部、财政部和云南省人民政府任副组长单位。作为此协调组的副组长单位,云南省政府作为一个整体在中国参与GMS过程中起到了承上启下的作用。以上这三类行政机构代表了地方政府的利益,一方面反映了地方发展和对外开放

---

① 参见柴喻、陆建人、杨先明主编:《大湄公河次区域经济合作研究》,北京:社会科学文献出版社2007年版。

的需求,另一方面也与国家整体发展和外交利益相协调,是支配云南省参与 GMS 的国内联盟的主要力量。

智库也是云南省参与 GMS 不可忽视的行为体。目前已经形成了政府研究机构、高等院校、专业研究机构三支力量。政府研究机构主要有云南省商务厅国际贸易研究所、科技厅科学研究所、环保局环境规划所、政府研究室、省委政策研究室等。高等院校智库的主要代表有云南大学国际关系学院东南亚研究所、云南师范大学历史系东南亚研究所、云南民族大学、云南行政学院、昆明理工大学等。云南省社科院东南亚研究所是云南省唯一一家专门从事东南亚研究的机构,也是中国东南亚研究的重要力量和云南开展 GMS 研究的核心基地。这些智库为云南省参与 GMS 建言献策,为推动云南省深化次区域合作提供了智力支持。

在 GMS 合作中,云南省的企业和受到云南省政府政策扶持的省外企业正发挥越来越重要的作用。它们参与 GMS 的经济行为大致可分为两类:一类是直接作为 GMS 项目的具体执行商,另一类是以云南为大本营或借助云南的优惠扶持政策在 GMS 开辟的次区域商业航道上各显神通。第一类的典型代表是中国南方电网公司和中国电信,它们承担着与次区域国家实现电网互联、电力交易和合作开发、通信联络等责任,直接影响着 GMS 项目的实施效果和中国在次区域内所展示的国家形象。第二类以云南省的中小企业为代表。云南省 95% 以上的对外经济技术合作项目都在 GMS 次区域国家,而参与经济合作的大都是中小企业,以采矿、有色冶金、替代种植、水利水电为主,贸易产品以机械、机电产品、日用品为主。[①]

在中国参与 GMS 这局棋上,地处西南边陲的云南较为充分地整合、利用外来机遇和自身优势,以主体身份起到了独特的作用,不仅扮演了中国参与 GMS 机制的动力源的角色,而且在国家决策、合作项目的执行以及推动其他地方政府参与 GMS 合作上发挥了主体性作用。以政府机构为主导、智库提供智力支持、企业广泛深入参与合作项目的方式组成的国内联盟,在决策层面影响了中央政府的战略谋划和 GMS 机制的发展,在

---

① 陈迪宇:《云南省与"大湄公河次区域经济合作机制"——地方政府在中国周边多边外交中的作用》,复旦大学 2009 年硕士论文,第 16—19 页。

操作层面则承载了中国参与 GMS 机制的多元利益需求。

(二)广西倡导建立泛北部湾经济合作机制

在积极参与大湄公河次区域经济合作的同时,广西利用自身的地缘优势,从统筹地方发展、国内区域均衡发展和对外开放的思路出发,主动寻求新机制——泛北合作的倡导和建立。在泛北合作的创建和发展进程中,地方政府与中央政府、地方政府与社会行为体之间的多元互动促成了机制的建立和合作的生成,是地方影响中央、社会力量参与国家对外决策的典型案例。

《国家西部大开发"十一五"规划纲要》明确将广西北部湾经济区列为重点发展区域;时任国家主席胡锦涛在广西调研时,也表示北部湾的优势地位需要利用起来。中央政府和国家领导人的政策信号为广西自治区政府推动建立泛北部湾经济合作提供了原动力,与中央政府部门相互协调和广西各部门资源的广泛调动,学者、企业、媒体等社会力量的参与,共同促成了泛北部湾经济合作倡议的提出和落实。广西自治区政府之所以能主导建立新机制,是由于它通过寻求中央政府的支持和扩大地方社会力量的基础,组成了实力强大的国内联盟,并成为占支配性地位的国内联盟,影响国家的泛北合作政策。在此基础上建立起的"内外互动"的地方模式一方面持续影响着广西在次区域合作机制中的行为和国家的泛北合作战略,另一方面作为地方影响国家决策的典型案例,为我国开展全方位外交、统筹国内发展与对外开放起到了积极的示范作用。

泛北合作从提出概念到务实推进、地方建议到上升至国家决策的过程中,时任广西壮族自治区党委书记刘奇葆的个人因素发挥了关键性作用。上任书记伊始,刘奇葆从战略上提出建设"一轴两翼"的泛北部湾经济合作区区域合作大格局的构想。"一轴"是指以南宁为起点,新加坡为终点的经济走廊;"两翼"的东边是泛北部湾经济合作区,西边是大湄公河次区域。这一构想得到了中央和东盟诸国的呼应。事实上,2004 年中国—东盟博览会永久会址选定南宁,也是刘奇葆在东盟各国领导人之间精心运作的结果。他还力促东盟十国领馆落户南宁,全面展开与东盟海陆区域的交通对接,力促开通南宁至东盟国家的国际航线,全面启动广西北部湾防城、钦州、北海三港组合。由此,广西凭借不可替代的区位优势,将其地方发展目标纳入到国家对东盟的全局战略考量。

　　泛北合作倡议获得中央政府大力支持不仅与刘奇葆的个人因素有关,还与广西"内外互动"的地方模式密切相关。① 所谓"内外互动",是指面对中央政府(主要权责部门是国家发改委)时,广西强调自身面向西南开放的桥梁作用和建立经济特区的重要性,积极推动中央政府对广西北部湾经济区的批准建立,以实现广西的跨越式发展和国家西部大开发战略的落实;面对东南亚国家(主要是环北部湾海上国家)时,广西则强调北部湾经济区的建立给整个泛北部湾经济合作带来的发展机遇。正是在内外互动中,广西得到了中央政府的政策扶持,实现了泛北部湾经济合作和北部湾经济区的相互依托和共同发展。

　　以广西为主导的国内联盟还包括地方的社会行为体,主要有智库、商协会、企业、非政府组织、媒体等。这些利益主体在泛北合作的构想、创建、推进等过程中发挥了独特作用。广西社科院等智库最早对泛北部湾经济合作构想展开了研究,其研究成果成为了广西自治区政府倡导建立泛北合作的智力支撑。近年,泛北智库机构共同倡议搭建长期探讨平台,在人员交流与互访、联合开展研究等方面加强合作,保持和加强对区域内经济与政策的磋商,为政府提供有效的政策建议和决策参考。在泛北合作推进过程中,深化智库联系、构建智库机构网络越来越受到重视,这也为地区性和综合性智库的成果转化和发展壮大提供了难得机遇。如果说智库为泛北合作提供智力支持的话,企业就是将合作构想落到实处的主要行为体。商协会在企业和政府间扮演着桥梁的角色。与西方不同,中国的商协会大多是在政府指导下建立的,带有较强的政府意志。这不仅赋予了商协会更多的政策引导功能和责任,也为传达企业的商业需求、协调企业利益和"走出去"政策搭建了平台。在次区域层面,各国的商协会也建立了联系和合作,为次区域政策协调开辟了新路径。以泛北旅游合作为例。中国旅游协会重点支持广西、广东、海南的旅游产业,在海南国际旅游岛、广西北部湾经济区、粤港澳旅游区、中越国际旅游合作区、北海涠洲岛旅游经济区等一批重点旅游区域的重点旅游项目建设的规划、政策、资金、技术等方面给予支持、指导

---

① 这一观点来自于笔者对一位不愿意透露姓名的东南亚问题权威专家的访谈。访谈时间:2011 年 4 月 5 日。

和协调,同时与世界旅游组织、亚太旅游协会等国际组织建立联系,开展合作。① 此外,地方和中央媒体的广泛宣传也对凝聚国内共识、加快合作进程和提升泛北合作的国际影响力起到了不可或缺的作用。在新媒体时代,网络媒体、手机媒体等数字化媒体技术的引入,为次区域经济合作的传播和拓展提供了新平台。

在"内外互动"的作用下,广西积极参与泛北次区域各方的交流合作,取得了丰硕成果:南宁—新加坡经济走廊建设进展顺利,港口合作务实推进,金融合作步伐加快,旅游、文化、教育等领域合作深入开展。广西积极探索与泛北各方的跨境合作,有力地推动了中国各省(区、市)与东盟各国的合作与交流。

综上,在 20 世纪 90 年代,地方政府的参与是被动的、反应式的。而进入新世纪以来,地方政府发挥其能动性、主导建立国内联盟以影响国家的次区域政策的能力和意愿不断增强。国内联盟因素对中国的东南亚次区域经济合作政策的影响作用逐渐加强。

三、中国对东南亚能源政策中的国内联盟因素

对于一个国家而言,能源关乎其经济发展和国家安全。而对于中国这样一个能源对外依存度逐年提高的大国来说,确保能源来源多元化和保障能源供给、运输、利用安全是其国家发展战略的重中之重。在这种情况下,制定和完善针对不同国家和地区的能源政策势在必行。随着东南亚在中国能源布局中海上能源开发和能源运输领域地位的提升,在各级政府和部门、能源企业等力量的共同影响下,中国对东南亚的能源政策逐渐成型。

在中国对东南亚能源政策的决策过程中,由政府和能源企业组成的国内联盟发挥了重要作用。政府为了保障国家能源安全和能源企业利益支持与东南亚国家的广泛合作,以中海油为代表的国内能源巨头则在海上能源开发和能源运输领域具有较强的国际化偏好。但由于中国在南海与部分东南亚国家存在领海争端,政府的政治和战略考虑往往会影响能

---

① 广西壮族自治区发展和改革委员会:《旅游业已经成为推动泛北部湾区域经济合作的先导先行产业》,http://www.gxdrc.gov.cn/sites_34015/qyc/fbbwjjqhz/201108/t20110825_343713.html,2013年2月1日登陆。

源企业的国际化行为;反之,能源企业的市场开拓行为也有可能使政府的利益和偏好发生改变。

(一)政府

在能源战略规划和布局的过程中,政府主要从三方面推进其在东南亚的能源利益。其中,中央政府在决策过程中扮演的角色是关键性的,地方政府则作为受益者,发挥了积极响应和配合政策落实的作用。

1.海上能源开发。在海上能源开发方面,中央政府主要通过宏观规划和机制完善为能源企业的海外开发和多层次、多渠道的能源合作提供政策支撑。

(1)宏观规划。2008年2月7日,国务院出台了《国家海洋事业发展规划纲要》,规划开篇指出:"从我国未来发展全局看,海洋对保障国家安全、缓解资源和环境的瓶颈制约、拓展国民经济和社会发展空间,将起到更加重要的作用。在社会主义现代化建设过程中,必须把海洋事业摆在十分重要的战略位置。"①政府不仅认识到维护海洋权益的重要性,而且尝试通过政治、经济、安全等综合手段推动海上能源开发。其中,南海被列为国家十大油气战略选区之一,从国家战略层面推动了南海油气开发的步伐。

(2)机制完善。20世纪80年代我国曾两度设立能源委员会和能源部,但均被撤销。2008年8月,国家发改委下属的副部级机构国家能源局正式挂牌运行。2010年1月,国务院成立国家能源委员会,国务院总理温家宝和副总理李克强分别担任主任和副主任。国家能源委员会是目前我国最高规格的能源议事协调机构,办事机构为国家能源局。能源管理机构的完善是国家能源利益扩展带来的必然结果,它不仅有助于提高政府在决策制定、实施和效用上的水平,还能优化海上能源开发和利用的整体布局。对于地方政府来说,能源供应多元化是确保地方能源安全和推动经济发展的基础,能源需求的增加刺激了能源企业对海上能源的勘探开发。随着国家对深海油气资源开发的重视,沿海省市将有更多机会与能源企业合作,比如中海油就与珠海市签订了一

---

① 国家海洋局:《国家海洋事业发展规划纲要》,参见 http://www.soa.gov.cn/hyjww/xzwgk/zfxxgknr/fgjgwywj/gwyfgxwj/webinfo/2009/09/1252915436837873.htm,2010年8月10日登录。

揽子协议。

2.能源运输。在能源运输方面,中国能源进口因高度依赖印度洋—马六甲海峡—南中国海航线的运输安全,一方面面临着"马六甲困境",[①]另一方面南海的领海争端也对中国保障能源运输安全提出了挑战。目前,中央政府主要通过深化和拓展与海上运输线上国家的双边能源合作来对冲[②]能源运输的潜在威胁,但在加强设施建设、增进多边对话合作、改善运输通道管理等方面鲜有建树。中央政府大力推动中缅油气管道的修建,不仅是为了利用缅甸较为丰富的天然气资源,补充西南地区的"气荒"现象,更深层的考虑是对东南亚海上运输通道安全进行风险管理。经由印度洋运输的能源通过中缅油气管道进入中国境内,有助于减少中国对马六甲海峡的依赖和相对较大的脆弱性。同时,为中国与南亚国家的能源合作打下基础,有助于形成中国"四大能源进口通道",[③]保障能源的供应和运输安全。

3.能源合作。中央政府和地方政府积极推动与东南亚国家在次区域和地区经济合作机制框架内的能源合作,一方面是为了深化与地区国家在各领域的经济相互依赖,进一步巩固和充实睦邻关系;另一方面旨在通过建立多边能源机制来增强各国开展能源合作的持久偏好,并为能源企业开拓海外市场创造良好的政治环境和合作平台。

政府对于东南亚这两个次区域经济合作机制的能源政策侧重不同,在大湄公河次区域经济合作中,政府积极推动电力部门、电力企业与次区

---

① "马六甲困境"主要是指中国超过80%的进口石油要经马六甲海峡运回国内,一旦海峡航道受阻,中国将面临石油供应中断的危机。薛力和赵宏图都指出"马六甲困境"对中国海上运输安全的影响被高估,中国应着重处理的是进一步改善和平时期的一般能源运输安全。参见薛力:《"马六甲困境"内涵辨析与中国的应对》,载《世界经济与政治》2010年第10期,第117—140页;赵宏图:《"马六甲困局"与中国能源安全再思考》,载《现代国际关系》2007年第6期,第36—42页。

② 吴翠林(Evelyn Goh)认为,"对冲"就是"一整套战略,意在避免这样的一种情况,即政府无法在制衡、追随与中立等方案中做出更加直截了当的选择"。"国家坚持一种中间立场,预防或避免出现国家不得不以牺牲一方为代价来选择另一方(即一种明晰的政策立场)的不利情况。"Evelyn Goh, *Meeting the China Challenge: The U.S. in Southeast Asian Regional Strategies*, Washington, D.C.: East-West Center, 2005, pp.13~57.

③ "四大能源进口通道"是指中国东北、西北、西南和东南四条能源进口战略通道,包括中国东北的中俄原油管道、中国西北的中哈油气管道和中亚天然气管道、中国西南的中缅石油管道和中国东南的途经马六甲海峡的"黄金水道"。

域国家、国际和区域金融机构的水电开发合作;在泛北合作中,大力发展与环北部湾经济相对发达的东南亚国家在海上能源开发和新能源开发利用领域的合作。[1] 此外,对南海问题的考虑也在中国的泛北合作政策中体现出来。《泛北部湾经济合作研究报告》指出,"可以通过把共同开发南海资源纳入合作框架,积极推动利益相关方进行专门磋商,形成合作机制,在不损害各自主权的情况下获取经济利益。在此基础上协商解决南海问题"。[2] 相对于次区域机制中的务实合作,在 10+1、10+3、东盟地区论坛等地区机制中,中国政府积极推动能源合作论坛或研讨会的举行,但多限于政治层面,实质性合作并不多。

（二）中国海洋石油总公司

作为中国最大的海上油气生产商,中海油的海上油气勘探、开发和生产活动区域主要分布在渤海、南海西部、南海东部和东海四大海域。一直以来,中海油在浅海石油勘探开发方面取得了一定成果,而受制于深海油气勘探和开发[3]技术的不成熟,其在属于深水作业区的南海海域的勘探仍处于起步阶段。但随着中海油对深海油气资源勘探开发的推进和各国对海洋能源开发的重视,中国政府开始大力支持中海油发展深水勘探技术和开发南海资源。可见,中海油在海上能源开发领域的利益拓展,推动了政府在能源领域地区合作偏好的形成,而政府的政策支持和保护也将使中海油更有能力和意愿进行海上能源的勘探与开发。

中海油在海上能源开发领域的利益逐渐从中国浅海向深海延伸,促使政府在地区政策的制定过程中重视海上能源的开发与合作。早在 2002 年,中海油即对北部湾盆地的 12 个区块进行了合作勘探开发的招标,最终与哈斯基能源(Husky Energy Inc.)成为南海油气开发领域的主要合作伙伴。在深海天然气田勘探开发方面,中海油与国外公司合作勘

---

[1]　中华人民共和国中央政府:《第三届泛北部湾经济合作论坛在广西北海隆重开幕》,2008 年 7 月 31 日,参见 http://www.gov.cn/gzdt/2008-07/31/content_1060648.htm,2010 年 8 月 9 日登录。

[2]　泛北部湾经济合作可行性研究课题组:《泛北部湾经济合作研究报告》,2007 年 7 月。参见 http://www.gxnews.com.cn/specialzip/351/01.htm,2010 年 8 月 10 日登录。

[3]　所谓深海油气开发是指在 300 米以上水深海域进行的油气开发。我国南海石油地质储量为 230 亿至 300 亿吨,占油气总资源量的 1/3,属于世界四大海洋油气聚集中心之一,素有"第二个波斯湾"之称,其中 70% 在深海区域。

探开发了三个深海气田,①但事实上,它们都是哈斯基能源公司发现的,即中海油还不具备独立深海勘探的能力。但中海油在海上能源开发上的利益扩展已使政府意识到从战略高度和地区视野上确保中国能源安全的重要性。

在政府的政策和资金支持下,中海油从制定开发战略规划入手,对深海油气开发进行了远景展望,其作为政府拓展海洋空间和维护海洋权益的具体实施者和开拓者将发挥更大作用。中海油于2007年8月提出深海油气战略,计划投入150亿元建造深海油气勘探开发装备,启动南海深海独立勘探计划。2008年11月下旬,中海油有关负责人表示,作为中国有史以来最大的海洋石油开发计划,将在未来20年内投资2000亿元人民币加大开发南海油气资源的力度,力争建成一个"深海大庆"。

2005年3月14日,代表中方的中海油同菲律宾国家石油公司、越南石油和天然气公司在马尼拉签署了《在南中国海协议区三方联合海洋地震工作协议》。根据该协议,三方石油公司将在未来三年内,在面积为14.3万平方公里的海域内联合进行海上地质研究和考察。该协议是中海油与其他两国的石油公司开展的一项科学领域的合作,但其政治意义大于经济意义,被认为是朝着"搁置争议,共同开发"迈出的历史性、实质性的一步。② 然而,三方在南海的共同勘测合作并没有取得持续性进展,共同勘测协议最终未能落到实处。尽管,中国政府一直支持中海油努力促成与菲律宾、越南等国对于争议地区的"共同开发",但南海争端各方政治互信的缺失制约了中海油在南海共同开发合作中的影响和作用。

---

① 这三个气田分别是2006年4月在南海珠江口盆地1500米水深处钻探成功的荔湾3—1气田,在2014年全面建成投产;2009年12月在南海东部海域的珠江口盆地1145米深处发现的流花34—2气田,已钻获的流花34—2—1已投产;以及2010年2月在南海东部海域的珠江口盆地720米深处发现的流花29—1气田。

② 夏晓阳:《化争议地区为合作天地,中菲越携手开发南海资源》,2005年3月15日,http://www.chinadaily.com.cn/gb/doc/2005-03/15/content_424977.htm,2010年12月10日登录。

第二节　国内联盟与中国对东南亚的安全政策

一、国内联盟与中国对南海问题的政策

冷战结束后,中国与一些邻国仍存在领土和海洋权益争端。如何处理这些安全热点,不仅取决于中国对其战略目标的优先排序和对国家利益的整体考虑,也取决于国内联盟力量的相互作用和协调。由于社会力量对传统安全领域外交决策的影响非常有限,笔者主要考察的是由政府部门(外交部、海事部门、渔政部门、海监总队等)和军方等国家层面上利益主体构成的国内联盟对安全政策的作用和影响。

一般情况下,以外交部为代表的文官部门和军方在对国家战略目标确定和具体的安全政策制定上的立场和观点是相异的,这是由其部门本身的特性所决定的,并且广泛适用于大多数国家。在中国决策体系的顶端,虽然在与国防相关的政策上军方的观点可能影响最后的决定,但一些资深的军队领导人一般以合作和协商的方式与文职官员互动。[1] 换言之,军方对中国周边地区安全政策的影响力并不是决定性的。

中国与东南亚地区的传统安全问题主要表现为中国与东南亚部分国家之间的南海争端。随着南海经济意义的上升,国家对综合安全认知的加深,其对南海问题的处理已不再局限于军事手段,军队的功能和作用也不再局限于应对战争的发生。在这种情况下,尽管军方的基本偏好没有变化,但其利益得以拓展。[2] 除此之外,为了维护不断拓展的海洋权益,政府内部与海洋利益联系紧密的部门也开始成为影响中国对南海问题政策主要的利益主体,在国内联盟中扮演在维护海洋利益和实现国家战略利益之间寻求平衡的角色。

政府部门和军方在南海利益上的拓展导致了混合性国内联盟的形成,这使得中国在南海问题上的政策表现为在推进外交谈判进程的同时,

---

① Michael D.Swaine,*The Role of the Chinese Military in National Security Policymaking*(Revised Edition),Santa Monica,CA:Center for Asia-Pacific Policy,Rand,1998,pp.ix-xiii.

② 通过比较 1998、2000、2002、2004、2006、2008 年的《国防白皮书》,可以发现军队所面临的安全形势、军事战略方针以及与外交等其他国家对外交往手段的关系等都出现了不同程度的变化。

适时表达维护其海洋权益的决心。

（一）外交部

一直以来，国家在南海问题上的基本偏好是通过对话、谈判等和平方式维护中国在南海的利益，外交部作为外交谈判的具体实施者，是这一政策的维护者和推动者。高龙江（John W.Garver）在研究20世纪80年代中国的南海政策变化时，曾着重考察了外交部和军方对部门利益与国家利益的协调。他指出，外交部反对军方的强硬行为，担心会干扰中国与这些邻国的关系，并使中国有可能面临国际孤立的困境，因此，主张通过外交谈判来寻求争端的解决。[①] 对于中国有可能被国际孤立的风险问题，有一些观点反驳道，这仅仅是潜在风险，并未真正发生。中国在南海逐渐推进的行动并没有遭到很强的国际反应，地区外大国并未关注，地区国家也只是偶尔表示反对，没有形成集体行动或是在任何国际论坛中提出过这一问题。中国与地区国家（除越南外）的关系也没有受到影响。换言之，当时中国所面对的国际安全环境较为宽松。基于此，国家最终于1988年与越南在南沙赤瓜礁打了一场海上自卫战。

但冷战结束后，随着中国国力的增强，美国在东南亚地区影响力的相对下降，东南亚地区的"中国威胁论"甚嚣尘上。在这种情况下，中国的南海政策保持了战略克制和自我约束的总体态势。在坚持和平解决南海争端、开展外交磋商与斡旋、保障对话渠道通畅和增进相互信任等方面，外交部扮演了重要角色，无论是《南海各方行为宣言》的签署、"南海行为准则"的磋商，还是对2012年黄岩岛事件、2014年的"981"钻井平台事件等的处理应对，都与外交部的积极作为密不可分。

2012年中菲黄岩岛事件持续搅动南海局势，使得中国与东盟的关系蒙上了一层阴影。中国在南海的地区安全和国际舆论压力倍增。在同年7月的中国与东盟外长会上，菲律宾极力推动签订"南海行为准则"，希望利用有约束力的行为准则制约中国在南海的行动。东盟内部也就这一问题出现了意见分歧。中方认为南海行为准则的签署是建立在各方对《南海各方行为宣言》的遵守前提下的，当条件成熟时中方愿探讨制定"南海

---

① John W. Garver, "China's Push through the South China Sea: The Interaction of Bureaucratic and National Interests," *The China Quarterly*, No.132(Dec., 1992), pp.1026–1027.

行为准则"。对中国而言,维护自身的南海权益至关重要,避免菲律宾的挑衅及其抱团行为对中国—东盟关系产生消极影响也是中方考虑的重要方面。

在落实《南海各方行为宣言》框架下探讨推进"南海行为准则"的进程中,外交部的角色扮演主要表现在:其一,积极推动与东盟各国落实《南海各方行为宣言》后续行动联合工作组会议,以便在处理南海争端方面达成一项新的"更强的"行为准则。其二,在国际场合上明确传达和阐释中方立场和主张,避免战略误解和误判。2013 年 8 月,外交部长王毅在河内就"南海行为准则"发表四点看法,认为应对制订准则有合理预期,协商一致,照顾各方舒适度,排除干扰,循序渐进,协商确定制订"准则"的路线图。[1] 基于该立场,外交部积极开展与东盟国家的外交磋商,并同文莱和越南就海上共同开发达成了一定共识。

(二)军方

中国人民解放军一直都是中国外交决策中重要的利益主体,但对于其在外交政策中发挥怎样和多大的作用,中外学者意见不一。一部分观点认为,军方在外交政策中的影响力有限。也有观点认为其作用受到了国家体制改革的实质性削弱。体制性改革推动了军队的专业化,这使得军方在外交政策中越来越多是提供军事专业方面的意见。[2] 还有观点认为,军方近来在外交事务中开始重新活跃起来,并与其他影响方形成竞争。不论其判断如何,军方在不同时期不同议题上的影响力是不同的,不仅受制于国家高层领导人的安全认知和对政策行为的预期,其自身的利益和定位也在发生改变。

在南海问题上,军方的偏好始终是趋于强硬的,即不排斥使用非和平手段维护国家利益。从冷战结束以来中国的南海政策演变来看,尽管军方的这一偏好并未上升为国家的政策偏好,但事实上,军方在南海问题上的利益在延伸,其地位也未被削弱。具体表现在两方面:一是中国海洋利

---

[1]　中华人民共和国外交部:《王毅谈"南海行为准则"进程》,http://www.fmprc.gov.cn/mfa_chn/zyxw_602251/t1064187.shtml,2013 年 8 月 10 日登录。

[2]　Nan Li,"Chinese Civil-Military Relations in the Post-Deng Era: Implications for Crisis Management and Naval Modernization," *China Maritime Studies*, No.4(US Naval War College: Newport, RI, 2010). 转引自 Linda Jakobson and Dean Knox,"New Foreign Policy Actors in China," *SIPRI Policy Paper* No. 26, September 2010, p.12.

益的拓展促使国家大力发展海军建设,作为捍卫国家主权、领土完整和海洋权益的坚强后盾,海军的能力建设与国家能否维护自身在南海的利益密切相关。二是国家高层对综合安全观念的认知使之更为强调国防建设与经济建设的协调发展,进而影响了军方在实现国家安全目标进程中的地位和作用。

《南海各方行为宣言》签署之后,国务院新闻办公室在 2002 年公布的《国防白皮书》中首次提到:"(新时期积极防御的军事战略方针)注重遏制战争的爆发。根据国家发展战略的需要,人民解放军灵活运用各种军事手段,同政治、经济、外交等斗争密切配合,改善中国的战略环境,减少不安全、不稳定因素,努力遏制局部战争和武装冲突的爆发,使国家建设免遭战争的冲击。"[1]2004 年出台的《国防白皮书》更加明确地指出:"中国的国防政策以国家的根本利益为出发点,服从和服务于国家的发展战略和安全战略。……坚持发展与安全的统一,努力提高国家战略能力,运用多元化的安全手段,应对传统和非传统安全威胁,谋求国家政治、经济、军事和社会的综合安全。"[2]可见,军方不仅强调发展自身的实力建设,并且更加注重与多个政府部门的协作,共同维护中国在南海的综合安全。

(三)与海洋利益联系紧密的政府部门

中国海洋管理体制一直因"九龙治水"的局面广受诟病。国家海洋局海洋战略研究所编写的《中国海洋发展报告(2012)》披露,包括海军在内,我国中央层面的涉海管理部门有 17 个部委和机构。比如,海洋领土纷争的谈判由外交部负责,海上救助打捞由交通运输部负责,农业部负责管理全国渔业,公安部负责近海海上治安,海关总署承担全国海上缉私任务,海军则承担中国海上、领海主权和维护海洋权益等任务。而作为全国海洋行政主管部门的国家海洋局,仅仅是归属国土资源部管理的副部级机构。随着中国与周边国家海洋纷争的激化,对海洋事务进行综合管理变得迫在眉睫。为应对复杂多变的地区局势,中国越来越认识到完善自身的海洋权益维护体系的重要性。

---

① 国务院新闻办公室:《2002 年中国的国防》,2002 年 12 月 9 日,http://www.scio.gov.cn/zfbps/ndhf/2002/200905/t307925.htm,2010 年 8 月 16 日登录。

② 国务院新闻办公室:《2004 年中国的国防》,2004 年 12 月 27 日,http://www.scio.gov.cn/zfbps/ndhf/2004/200905/t307905.htm,2010 年 8 月 16 日登录。

2012 年中共十八大报告首次提出要建设"海洋强国",标志着海洋发展上升为国家战略。要实现海洋大国到海洋强国的质变,理顺海洋管理体制成为当务之急。为此,2012 年下半年,我国成立了海洋权益维护的高层次协调机构——中央海洋权益工作领导小组办公室(以下简称"中央海权办"),负责协调国家海洋局、外交部、公安部、农业部和军方等涉海部门。① 对国内海洋管理体制的改革将有助于海洋事务的有序开展和海洋权益的高效维护,避免了"多头管理"、"九龙治水"所导致的诸多问题,也给中国及时有效地应对南海形势创造了积极条件。2013 年 3 月,国务院机构改革和职能转变方案决定,将原国家海洋局及中国海监、公安部边防海警、农业部中国渔政、海关总署海上缉私警察的队伍和职责进行整合,重新组建国家海洋局,由国土资源部管理。国家海洋局以中国海警局名义开展海上维权执法,接受公安部业务指导。同时设立高层次议事机构国家海洋委员会,负责研究制定国家海洋发展战略,统筹协调海洋重大事项,国家海洋委员会的具体工作由国家海洋局承担。重新组建的国家海洋局在海洋综合管理和海上维权执法两个方面的职责都得到了加强。

在海洋外交与合作方面,2012 年 1 月,国家海洋局编制了《南海及其周边海洋国际合作框架计划(2011—2015)》,为推动海洋外交与合作提供了行动指南。我国相继与泰国、印尼、马来西亚等国签署了海洋合作文件;建立了机制化的合作平台和机构,如与印尼共建的中印尼海洋与气候中心、与泰国共建的中泰气候与海洋生态系统联合实验室等;与东南亚国家共同实施了一批合作项目,如中国与印尼、泰国、马来西亚等国开展的季风观测、海气相互作用等一批双边合作项目,以及中国牵头制定的《南中国海区域海啸预警与减灾系统建设方案》等;开辟了发展"蓝色经济"的合作新领域,构建"蓝色经济示范区网络"。②

在海洋执法方面,成立中国海警局是我国在海洋机构设置上的突破,整合海事、渔政、海监总队等海防执法力量,克服了过去我国海洋执法部门条块分割、多头管理的情况,使得海洋管理更加完善。中国海警局隶属

---

① 彭美、吴瑶:《中国已成立中央海权办　系高层次协调机构》,凤凰网:http://news.ifeng.com/mil/
2/detail_2013_03/02/22663764_0.shtml,2013 年 3 月 2 日登录。

② 国家海洋局:《中国与南海及其周边海洋国家海洋合作取得四大成果》,http://www.soa.gov.cn/
xw/hyyw_90/201212/t20121227_23424.html,2012 年 12 月 27 日登录。

于国家海洋局,单从形式上看,它只不过把之前分散的力量整合起来,共同进行海上执法,总体保持了行政执法、公务执法的职能。与日本的海上保安厅和韩国的海上警察厅具有军事化特点不同,中国的海警局不具有军事执法的职能。但是,中国海警局接受公安部指导,边防海警的加入,对于海洋巡航执法的力度会加大,毕竟边防海警属于武装力量。

与军方不同,海防执法部门的行动意在表达出国家对于维护其海洋权益的能力和决心,而不至于引起大规模的冲突。海防执法力量的运用已经成为中国适时显示其维护海洋权益的能力和决心的重要手段。从海防执法部门的特性来看,海事、渔政、海监总队等均是中国海洋权益的坚定的维护者。可以说,它们的基本偏好是反对中国在南海问题上对东南亚声索国一再退让的。

综上,在影响中国对南海问题政策的国内联盟中,外交部往往扮演对话谈判的重要角色;军方在加紧海军建设的同时,更注重与政府部门的协调;海防执法部门的地位有所提升,是除外交谈判之外维护海洋权益的必要手段。这一混合性的国内联盟决定了在相当一段时期,中国对南海问题的政策将以外交谈判为主,同时充分调动政治、经济、执法、军事等各种资源,以解决争端和维护海洋权益。

二、国内联盟与中国对东南亚非传统安全问题的政策

随着非传统安全问题的日益突出,中国领导人逐渐将国际合作视为应对层出不穷的非传统安全威胁的解决之道。为了有效解决恐怖主义、贩毒、传染病、海盗、非法移民、环境安全、经济安全、信息安全等非传统安全问题,中国高层领导人在理念和政治层面上建立了共识,制定了中长期计划;政府内部诸多相关部门的国际化偏好也逐渐增强,启动了双边、次区域和地区层次上的务实合作,旨在从工作层面上提高共同应对非传统安全威胁的能力。面对安全威胁的增多,军方的利益也在拓展。在应对恐怖主义、海盗、贩毒等非传统安全威胁方面,军方扩大对外军事合作的国际化倾向日益明显,但由于受制于军队的部门特性,这一倾向带有某种功能性目的,并未发展为国际化偏好。

中国在东南亚的非传统安全政策可大致分为两个阶段,第一阶段:自1997年亚洲金融危机出现到"9·11"事件爆发,中国领导人对非传统安全

问题处于认知阶段,合作多局限于高层会晤、口头和书面声明;第二阶段:
"9·11"事件爆发以后,中国政府和学界对非传统安全威胁有了更为全面
而深刻的理解,政府出台了指导性的立场文件和长远计划,政府内多个部
门开始了实质性的国际合作,对具体问题的事后处理转向了事前预警。①
在开展具体务实的国际合作时,公安部、检察机关、农业部、卫生部等职能
部门的国际化偏好增强,尽管在外事协调上仍存在诸多问题,但合作机制
的建立和合作成效的累积加强了这一偏好的持续性和稳定性。相较而
言,地方政府的作用并不显著。军方则在安全对话和联合行动方面表现
出了一定程度的透明度和开放性,通过积极参与地区非传统安全合作,体
现出中国在维护地区安全上的"负责任大国"形象,同时使得中国发展海
权变得更具正当性。

(一)中央政府

亚洲金融危机爆发后,中国领导人逐渐意识到共同应对跨国非传统
安全威胁的重要性。进入新世纪后,中央高层开始积极推动与东盟在
10+1、10+3、东盟地区论坛等地区机制中非传统安全领域的多边合作,涵
盖了防务、灾害救援、反恐维和、维护海上通道安全、打击跨国犯罪等多个
领域。具体体现在以下三方面。

确立政治框架。2002 年 11 月,中国与东盟领导人发表了《中国与东
盟关于非传统安全领域合作联合宣言》,启动了中国与东盟在非传统安
全领域的全面合作。2004 年 1 月,双方又签署了《中国与东盟关于非传
统安全领域合作谅解备忘录》,明确了其在各议题上的中长期目标。

提交立场文件。2002 年 7 月参加东盟地区论坛外长会议的中国代
表团向大会提交了《中方关于新安全观的立场文件》,文件指出,"新安全
观实质是超越单方面安全范畴,以互利合作寻求共同安全。其核心应是
互信、互利、平等、协作"。② 而合作模式也应是灵活多样的,包括"具有较
强约束力的多边安全机制、具有论坛性质的多边安全对话、旨在增进信任

---

① 方军祥:《中国与东盟:非传统安全领域合作的现状与意义》,载《南洋问题研究》2005 年第 4 期,
第 28 页。

② 中华人民共和国外交部:《中方关于新安全观的立场文件》,2002 年 7 月 31 日,参见 http://www.
fmprc.gov.cn/chn/pds/ziliao/tytj/t4549.htm,2010 年 8 月 16 日登录。

的双边安全磋商,以及具有学术性质的非官方安全对话"。① 文件还提到
"促进经济利益的融合,也是维护安全的有效手段"。② 2002 年 5 月中国
向东盟地区论坛高官会议提交了《关于加强非传统安全领域合作的中方
立场文件》,文件清晰地表明中国在非传统安全问题上的态度,即必须通
过跨国合作才能解决这些问题,合作的方式是"形式多样、逐步推进"③
的,"应重在预防,从消除贫困,建立公正、合理的国际新秩序入手"。④

　　建立部长级会议机制及工作层合作机制。随着非传统安全问题的日
益突出,公安部、检察机关等部门在执法司法上的国际化偏好逐渐增强。
在打击跨国犯罪方面,公安部参加了 10+1 和 10+3 打击跨国犯罪部长级
会议,⑤在扩大多边执法交流与合作、促进地区整体执法能力建设上发挥
了重要作用。2004 年 1 月,中国与东盟签署的谅解备忘录将合作领域拓
展到了反恐、打击国际经济犯罪等重点合作领域。7 月,双方签署了《中
国与东盟成员国总检察长会议联合声明》,启动了双方检查机关间的务
实合作。8 月,中国与东盟"中国刑事司法制度和执法体系研修班"举行,
中方提出了三阶段合作规划,旨在加强双方执法部门共同打击跨国犯罪
的能力。2005 年 8 月,中国还主办了 10+3 首都警察局警务交流与合作
研讨会,签署了《关于加强东盟与中日韩首都警察局合作的北京宣言》。
2006 年 8 月,中国与东盟各国的海上执法部门或警察部门代表在中国大
连举行了海上执法合作研讨会,商讨联合打击海上跨国犯罪的机制问题。
在禁毒合作方面,中国与东盟的执法部门在 2000 年签署的《10+1 禁毒行
动计划》框架下开展了务实合作。在双边和次区域层次上,与老挝、缅
甸、泰国举行了四国禁毒合作部长会议,并分别与它们签署了双边禁毒合
作谅解备忘录,还与缅甸、泰国、越南、柬埔寨、老挝和联合国禁毒署共同

---

① 中华人民共和国外交部:《中方关于新安全观的立场文件》,2002 年 7 月 31 日,参见 http://www.
　　fmprc.gov.cn/chn/pds/ziliao/tytj/t4549.htm,2010 年 8 月 16 日登录。
② 中华人民共和国外交部:《中方关于新安全观的立场文件》,2002 年 7 月 31 日,参见 http://www.
　　fmprc.gov.cn/chn/pds/ziliao/tytj/t4549.htm,2010 年 8 月 16 日登录。
③ 中华人民共和国外交部:《关于加强非传统安全领域合作的中方立场文件》,2002 年 5 月 29 日,
　　参见 http://www.fmprc.gov.cn/chn/gxh/zlb/zcwj/t4547.htm,2010 年 8 月 16 日登录。
④ 中华人民共和国外交部:《关于加强非传统安全领域合作的中方立场文件》,2002 年 5 月 29 日,
　　参见 http://www.fmprc.gov.cn/chn/gxh/zlb/zcwj/t4547.htm,2010 年 8 月 16 日登录。
⑤ 其中,10+3 打击跨国犯罪部长级会议是中国倡议举行的,中国还提交了概念文件。

建立了六国七方禁毒合作机制。在防治传染病方面,随着"非典"和禽流感等传染病的蔓延,中国与东盟的卫生、农业等部门加快了疾病通报、交流研究、出入境管理等合作机制的建设。

(二)军方

2007 年 1 月和 11 月,中国在 10+1、10+3 领导人会议上,提出一系列加强非传统安全领域合作的倡议,强调开展机制化防务合作和军事交流的重要性。因此,军方在中国对东南亚的非传统安全政策中所发挥的作用主要表现为推动防务合作和军事交流。

举办地区安全对话。2004 年 11 月,由中国倡议的"ARF 安全政策会议"在北京举行首次会议,中国人民解放军副总参谋长熊光楷率团与会。会议讨论了国防部门在应对非传统安全威胁中的作用等议题。2006 年 7 月,中国国防部举办了"中国—东盟亚太地区安全问题研讨班",这是中国和东盟十国防务部门首次以研讨班的形式探讨地区安全,旨在加强对各国安全战略和国防政策的了解,增进军事和安全互信。2007 年和 2008 年 6 月,国防部连续主办了两届 10+3 武装部队国际救灾研讨会。自 2008 年起,军事科学院连续举办了两届"中国与东盟高级防务学者对话"。2009 年 6 月,国防部还举办了首届 10+3 武装部队非传统安全论坛。

救灾行动。中国与印尼在 2005 年 11 月和 2006 年 9 月共同主办了两次 ARF 救灾会间会,讨论了军民合作救灾、救灾合作模式等问题。2006 年 7 月,由中国倡导并起草的"ARF 救灾合作指导原则"经第十四届论坛外长会通过,成为论坛第一份指导救灾合作的框架性文件。军方在灾难救援领域中所起的作用主要是进行联合搜救演习和参与地区救灾行动。2005 年 12 月 13 日,中国海军舰艇编队在泰国湾海域与泰国海军成功举行了代号为"中泰友谊—2005"的联合搜救演习。这是中国海军首次与泰国海军举行非传统安全领域的演习。2007 年 5 月,中国海军舰艇在新加坡附近海域与新加坡等 8 个国家共同举行了西太平洋海军论坛多边海上联合演习,其中,中国参与了海上搜救等课目的演习。此外,中国国际救援队还在印度洋海啸、印尼日惹地震等国际救援行动中承担了搜救等任务。

反恐演习。除了参加救灾、维和等国际行动,中国军队还积极参与双边和多边反恐演习。2007年7月和2008年7月,中泰陆军特种作战反恐联合训练在中国广州和泰国清迈举行。2013年9月,东盟防长扩大会首次反恐演练在印尼举行,中方派出由解放军总参谋部和济南军区的18人参加演练。在恐怖主义威胁日渐凸显的今天,安全部门尤其是军方的相互协调与合作非常必要。开展打击恐怖主义合作,不仅需要保证彼此间的对话渠道畅通,还要注重加强打击恐怖主义的经验与信息共享,不断推进信任建立措施。开展反恐演习,既是反恐合作的主要形式,也是国家间尤其是大国的军方之间建立相互信任、减少战略误判的重要途径。

参与地区防长机制。军方直接参与的地区机制主要有东盟地区论坛、东盟防长扩大会、香格里拉对话会等。国防官员对话会是东盟地区论坛重要的对话与合作平台,对于推动信任建立措施发展、维护地区和平与稳定和东盟地区论坛向预防性外交的推进都具有重要意义。每年东盟地区论坛都会召开安全政策会议和多次国防官员对话会,主要是围绕国防部门在非传统安全领域合作中的能力建设、落实预防性外交、加强东盟地区论坛和东盟扩大会之间的协作和分工进行深入讨论。中国军方对该对话机制非常重视,将其作为推动地区减灾、海上安全、维和等领域合作的重要多边平台。与东盟地区论坛国防官员对话会着重在宏观的战略层面协调信息共享和关注广泛而战略性的方向性议题不同,东盟防长扩大会侧重于军队对军队的实用性合作。[1] 自2010年10月首届东盟防长扩大会召开以来,中国国防部长参加了历次会议。除此之外,香格里拉对话会是亚太地区安全对话机制中规模最大、也是各国出席层级最高的"一轨半"对话机制,来自20多个国家和地区的国防部长、防务高官和学者围绕区域安全议题,展开双边和多边会谈。2011年6月,时任国务委员兼国防部长梁光烈首次率团出席香格里拉对话会。通过该机制,中国防御性国防政策和亚太地区政策主张得以传达和阐释,有助于减少战略误判,同时,各国防务部门领导人就地区安全问题开展对话交流,增进了相互协调

---

[1] "Co-Chairs'summary Report of ASEAN Regional Forum Defence Officials' Dialogue", Wellington, New Zealand, 7 May 2012, http://aseanregionalforum. asean. org/files/library/ARF% 20Chairman´s% 20Statements%20and%20Reports/The%20Nineteenth%20ASEAN%20Regional%20Forum,%202011- 2012/07%20-%20Co-Chairs%20Summary%20Report%20-%20ARF%20DOD,%20Wellington.pdf, 2012-5-8.

与沟通,中国军队在国际维和、灾难救援、打击海盗等领域的理念和实践也在国际舞台上得以展示和宣传。

第三节　中国对东南亚的地区塑造

由于政策是互动的产物,因此,不能仅从中国的角度出发去界定政策的动力、内容及结果。就如信号的发出和接收都是观察和分析信号的重要对象,笔者视野中的中国对东南亚的地区政策,不仅是基于中国的政策表述和历史实践总结而来的,地区如何认知和理解中国的政策意义也是笔者需要考虑的。

冷战结束以来,"中国—东盟关系走过了从消除疑虑、开展对话、增进互信到最终建立战略伙伴关系的不平凡的历程"。[1] 中国与东南亚的政策互动大体可分为两个阶段,分界点是 1997 年席卷东南亚的金融危机。[2] 第一阶段的特点主要是建立政治联系,为深入的双边与多边合作打下政治基础。具体表现在冷战结束初期中国与所有的东南亚国家建立或恢复了正常的外交关系,于 1991 年被邀请成为东盟的"磋商伙伴",并于 1996 年升级为"全面对话伙伴"。在这期间,中国与东盟的合作随着五个对话机制的产生而逐渐制度化,这五个对话机制涉及了政治、科学、技术、经济和贸易磋商。第二阶段始于中国在亚洲金融危机中的货币政策和对一些东南亚国家的援助,这一举措成为东南亚国家对中国认知的转折点,也深刻地影响了中国的安全观和地区观。首先,中国认识到,地区性问题的增多使共同安全与合作安全变得愈发重要。中国与地区国家共同承担维护地区稳定与发展的责任。当务之急是通过多边合作寻求对地区性问题的解决之道。其次,中国意识到自身实力的增加给地区带来的挑战,为此中国努力培育良好的地区形象。尤其强调经济发展上的互

---

① 温家宝:《携手奋进,共创中国—东盟关系的美好未来——温家宝在中国—东盟建立对话关系 15 周年纪念峰会上的讲话》,2006 年 10 月 30 日,南宁。参见 http://www.gov.cn/gongbao/content/2006/content_457902.htm,2010 年 8 月 20 日登录。

② See Joseph Y.S.Cheng, "China's ASEAN policy in the 1990s: pushing for regional multipolarity," *Contemporary Southeast Asia*, vol.21, no.2 (August 1999); Alice D.Ba, "China and ASEAN: Renavigating Relations for a 21st-century Asia," *Asian Survey*, vol.43, no.4 (July/August 2003).

利,以及中国作为地区经济增长引擎和财金支持者的重要角色。① 从政策互动的历史演进可以看出,冷战后中国对东南亚的政策大体可归纳为融入、吸引和一体化三个方面。

一、中国对东南亚地区的融入

20 世纪 90 年代中期,美日同盟再定义之初,中国尝试削弱地区对美日安全同盟及其他双边盟友的支持,并且反对日本提升在该地区的安全地位及在日本国内和周边部署反导系统。② 而此后,中国逐渐发现通过积极外交更容易实现这些目标,即首先使地区认为中国是温和的(benign),以弱化东南亚对中国威胁的担忧。③ 融入政策正是为了实现这些目标所采取的策略。这里需要强调两点:第一,融入不是被动接受地区和其他大国的安排,而是积极主动的接触。中国融入地区的过程也是地区学习处理与外部大国关系的过程。因此这一过程不仅修正和充实了中国的地区利益,改变了中国的身份认同和政策偏好,而且建构了地区对中国的认知,进而影响进一步的互动。第二,融入的动力在不同时期表现出不同的侧重。进入新世纪之前,融入政策更多地表现为消极地参与和静观其变,"韬光养晦"持续性的一面体现得尤为充分。进入新世纪后,融入政策显现出更多的灵活性和主动性,不再停留于被动接受的阶段。中国开始在既有的地区制度和规范的基础上,提出符合地区利益的倡议,并主动释放善意和深化合作。与此同时,对地区的人力、物力、财力投入也更多,尤其施惠于最不发达国家,体现中国作为负责任大国的形象。从具体的实践来看,主要表现在:

首先,中国接受并内化地区规范,通过自我约束和战略保证表明自己是一个维持现状且负责任的大国。具体体现在:第一,认可"东盟方式"作为地区组织运作的决策方式,对东盟国家坚持不干涉内政的原则。中

---

① Evelyn Goh, "Southeast Asian Perspectives on the China Challenge," *The Journal of Strategic Studies*, Vol.30, No.4-5 (August-October 2007), p.812.

② Evelyn Goh, "Southeast Asian Perspectives on the China Challenge," *The Journal of Strategic Studies*, Vol.30, No.4-5 (August-October 2007), p.811.

③ See Wang Jisi, "*China's Changing Role in Asia*," paper delivered at Salzburg Seminar, Session 415, 2003.

国支持东盟在泛地区组织中起主导作用,用意之一是认为协商一致、非正式、不干涉内政的"东盟方式"是符合中国的地区利益的,而中国与东南亚在文化、价值观上的相通之处也是这种认同的基础。由于东南亚国家对中国在冷战时期对它们内政的干预抱有很强的"历史记忆",在涉及东南亚国家内政的事务上,中国小心谨慎,常以中立的旁观者形象出现。第二,签署政治条约和发表联合宣言以达到自我约束和战略保证的目的。中国于 2003 年加入《东南亚友好合作条约》,成为东盟组织外第一个加入该条约的大国。与东盟签署《联合宣言》,宣布建立"面向和平与繁荣的战略伙伴关系"。中国因此成为东盟的第一个战略伙伴,东盟也成为和中国建立战略伙伴关系的第一个地区组织。① 2002 年中国同东盟签署了《南海各方行为宣言》,表示了放弃使用武力解决南海争端的意图。中国还屡次表示支持东盟建立东南亚无核区的努力,并愿意尽早签署《东南亚无核武器区条约》议定书。

其次,中国意识到某种程度上美国在该地区的存在是无法替代的,而且美国的安全保护伞也使得地区内国家在和中国打交道时更加放心。② 同时承认并接受所有的利益攸关方包括中国都应与地区国家共同承担塑造地区秩序的责任。具体表现为参与到东盟主导的开放性地区机制中来。目前来看,东盟主导的地区主义既有开放的地区机制,也有封闭的地区主义框架。开放的地区机制包括了东盟地区论坛和东亚峰会,封闭的地区主义包括 10+3 和东盟分别与中、日、韩三国的 10+1 合作。地区国家之所以建立开放的地区机制,主要就是希望将中国纳入由多个地区外大国相互制衡的多边架构中,限制中国的影响力,防止中国成为地区霸权。东盟地区论坛的成员国广泛,不仅包括了澳大利亚、新西兰、印度、巴基斯坦等亚太国家,还将欧盟纳入论坛中。而制度结构也是相对松散,不是一个实质意义上的地区组织。东亚峰会成立于 2005 年,也包含了一些通常意义上的东亚以外的国家,即澳大利亚、新西兰、印度等。美国、俄罗斯也于 2010 年 9 月加入进来。中国对这两个机制所持的态度均是"有限的"接触与合作,但又略有差异。有学者认为中国参加东盟地区论坛属

① 谢益显主编:《中国当代外交史(1949—2009)》,北京:中国青年出版社 2009 年版,第 505 页。
② 唐世平、张蕴岭:《中国的地区战略》,载《世界经济与政治》2004 年第 6 期,第 10 页。

于"慎重稳健型","中国在此间的考虑主要是缓解外部威胁和避免利益损失","并不会扩大中国的国家利益"。但 1996 年以后,随着中国对多边外交的认识趋于正面和积极,中国对东盟地区论坛才开始表现出更积极的姿态。① 而东亚峰会作为大国博弈的一个折中产物,与中国的初衷并不一致。尽管勉强接受这个结果,中国并不将此作为实现东亚共同体的主渠道。而东亚峰会目前是个政治协商和发表各国立场的平台,与其他的地区机制相比,更多的时候是发挥象征性作用,无法推动实质问题的解决。

二、中国对东南亚地区的吸引

中国对东盟的吸引政策主要体现在经济方面,这一方面与中国的经济实力和市场吸引力有关系,另一方面也折射出中国过于依赖经济外交,过于相信依靠经济吸引就能消除地区国家的担忧和疑虑。中国的经济外交是要向东南亚国家及东盟表明,中国的经济发展对于东南亚而言是机遇大于挑战。最有效且意义重大的事件是中国提出了在 10 年内建成中国—东盟自由贸易区的宏大构想。2002 年 11 月,中国总理朱镕基出席了在柬埔寨举行的第六次"10+3"会议,与东盟领导人共同签署了《中国与东盟全面经济合作框架协议》,并根据该协议实施"早期收获"计划,启动了中国与东盟建立自由贸易区的进程。中国倡议推动的中国—东盟自贸区给双方的经济合作打了一针强心剂,使双方的经济关系更加紧密,对于中国和东盟来说都是战略性的举措,而它也持续而深远地影响着其他国家与东盟经济合作的发展。这是一个双赢的制度安排。双边贸易额从 2003 年的 782 亿美元迅速增长至 2008 年的 2311 亿美元,年均增长 24.2%;中国从东盟的第六大贸易伙伴成为其第三大贸易伙伴,东盟则从中国第五大贸易伙伴上升为第四大贸易伙伴。东盟对中国实际投资额从 2003 年的 29.3 亿美元增长到 2008 年的 54.6 亿美元;同时,中国对东盟直接投资从 2003 年的 2.3 亿美元增长到 2008 年的 21.8 亿美元,增长近 9 倍。② 自贸区建成后,2010 年双边贸易额达 2927.8 亿美元,比 2009 年增

① [韩]姜宅九:《中国地区多边安全合作的动因》,载《国际政治科学》2006 年第 1 期,第 13—16 页。
② 中华人民共和国中央人民政府网站:《商务部召开"中国—东盟自贸区建成"新闻发布会》。

长 37.5%。其中,中国对东盟出口 1382.1 亿美元,增长 30.1%;中国自东盟进口额 1545.7 亿美元,增长 44.8%。中国对东盟存在 163.6 亿美元逆差,并且中国自东盟进口的增幅明显高于中国对东盟出口的增幅。[①]

中国—东盟自贸区的经济意义重大,对于缓解东盟国家对中国经济实力增长及对它们自身的冲击的担忧有一定作用。然而,仅仅通过加深经济的相互依赖仍无法使它们完全信任中国是一个温和的地区大国。换言之,中国应该调动起多渠道、多方面的外交资源,在一轨、一轨半、二轨等机制中促进相互了解,在公共外交中扩大民间交流。

三、中国与东南亚地区的一体化

中国在四个层面上对东南亚地区实施一体化政策,分别是东盟共同体、中国与东盟一体化、中日韩与东盟一体化和以东盟为核心的泛地区一体化。由于东亚合作形成了以东盟为核心的同心圆,[②]中国与东南亚的一体化也逐渐超越地区层面,发展为多渠道多层次的相互融合。中、日、韩与东盟的一体化被中国看做是建立东亚共同体的主要渠道。与此同时,中国也希望在东盟的制度框架内,加快中、日、韩一体化的进程。但三国在农业等问题上的分歧和日韩领导人摇摆的政治意愿使这一进程格外缓慢。

首先,中国支持东盟的共同体建设,并认可东盟在地区一体化和泛地区机制中的“驾驶员”角色。中国总理温家宝曾明确表示,“我们支持东盟一体化和共同体建设,支持东盟在区域合作中发挥主导作用。我们坚信,一个自强、自尊、自主,团结、稳定、繁荣的东盟,必将为世界和平与发展作出更大的贡献。为支持东盟的发展,中国政府决定向东盟发展基金捐资 100 万美元;为支持东盟一体化倡议下的有关项目提供 100 万美元

---

① 中华人民共和国驻印度尼西亚共和国大使馆经济商务参赞处:《2010 年中国东盟贸易额达 2927.8 亿美元》,2011 年 1 月 17 日。参见 http://id.mofcom.gov.cn/aarticle/ziranziyuan/huiyuan/201101/20110107365653.html,2011 年 3 月 20 日登录。

② 这一观点参见翟崑:《东亚合作不断扩大的同心圆》,载《瞭望新闻周刊》2005 年第 50 期,第48 页。

援助;今后 5 年为东盟培训 8000 名各类人才,并邀请 1000 名东盟青少年访华"。① "中方将继续支持东盟缩小内部发展差距的努力,积极参与东盟—湄公河流域开发合作、大湄公河、东盟东部增长区等次区域合作。"②从中国对东盟一体化的政策可以看出,中国已经认识到缩小东盟内部的发展差距是东盟实现一体化的重要一环,运用中国在印支半岛上的影响力和财力人力等优势援助东南亚落后国家不仅符合东盟的根本利益,也有助于中国南部沿边地区的发展与稳定,从长远看有利于中国与东盟的一体化。

以东盟为核心的泛地区机制包括 10+1、10+3、东盟地区论坛、东亚峰会等。中国领导人历来是支持东盟在地区一体化和泛地区机制中保持核心主导作用的。李肇星外长曾表示:"维护东盟的主导作用,是东盟地区论坛顺利发展的关键和保障。论坛应坚持东盟主导、遵循不干涉内政、协商一致、照顾各方舒适度等行之有效的原则……成为实践地区多边主义的典范。"③中国领导人之所以多次明确表达支持东盟主导的意愿,既是对美国等地区外大国意图的反应,也有战略上的考虑。从机制的历史演变来看,它们都是在东盟制度框架的基础上建立起来的。也就是说,机制的建立、行为规范和规则的制订、组织构成等均由东盟主导,地区外大国则作为利益攸关方在制度中发挥作用。这正是大国利益交织、信任难以建立的亚洲现实的产物。然而,在 1997 年亚洲金融危机给东南亚国家带来了严重的经济、政治和社会冲击的情况下,以美国为首的西方大国对东盟在地区机制中的主导力提出了质疑。美国指出东盟地区论坛只是一个"清谈馆",必须制度化,摆脱东盟的控制,通过多边司法和维持秩序合作

---

① 温家宝:《携手奋进,共创中国—东盟关系的美好未来——温家宝在中国—东盟建立对话关系 15 周年纪念峰会上的讲话》,2006 年 10 月 30 日,南宁。参见 http://www.gov.cn/gongbao/content/2006/content_457902.htm,2010 年 8 月 20 日登录。

② 温家宝:《扩大合作 互利共赢——温家宝在第十一次中国与东盟领导人会议上的讲话》,2007 年 11 月 20 日,新加坡。参见 http://www.gov.cn/ldhd/2007-11/20/content_811038.htm,2010 年 8 月 20 日登录。

③ 李肇星:《李肇星外长在第 13 届东盟地区论坛外长会上的讲话》,2006 年 7 月 28 日,参见 http://www.mfa.gov.cn/chn/gxh/mtb/bldhd/t270073.htm,2010 年 8 月 20 日登录。

解决实质问题,同时将军事领域合作纳入论坛近期和中期目标。① 这一立场与东盟倡导的协商一致和不干涉内政原则相悖,也不符合中国的国家利益。因此,中国坚决予以反对,并明确站在东盟一边,坚持维护东盟的"驾驶员"地位。同时,中国与东盟在立场和价值上的接近无疑也有助于增进双方互信和深化地区合作。

其次,在支持开放地区主义的同时,中国更注重通过深化封闭地区主义以实现地区共同体的目标。封闭的地区主义包括 10+3 和东盟分别与中、日、韩三国的 10+1 合作。与开放的地区主义相比,中国更倾向于深化与地区国家在 10+1 和 10+3 机制内的务实合作。

中国与东盟建立了领导人、部长级、高官级等较为完备的对话合作机制,确立了农业、信息通信技术等 11 个重点合作领域,在近 30 个领域开展务实合作。在加强政治互信上,中国在第七次 10+1 领导人会议上宣布加入《东南亚友好合作条约》,成为东盟组织外第一个加入该条约的大国。双方领导人还签署了《联合宣言》,宣布建立"面向和平与繁荣的战略伙伴关系"。中国因此成为东盟的第一个战略伙伴,东盟也成为和中国建立战略伙伴关系的第一个地区组织。中国还在 2002 年同东盟签署了《南海各方行为宣言》,表达了中国通过和平谈判解决南海争端的政治意愿。在推动经济合作方面,中国提出"把加强经济交流与合作作为营造周边持久安全的重要途径",欢迎东盟经济一体化进程,深化同东盟在经贸、科技和社会等各领域的交流与合作,如倡议与东盟共建自由贸易区,积极参与澜沧江—湄公河流域合作,在东南亚地区积极实施"走出去"战略等。② 而中国—东盟自由贸易区的建立已成为双方战略伙伴关系的重要基石。在非传统安全领域,中国重视与东盟在打击跨国犯罪、海上安全、减灾救灾、传染病防治和环境保护等领域的合作。不仅组织举办了培训班和研讨会,还倡议建立新的部长级对话机制,切实落实《关于加

---

① 参见喻常森:《东盟地区论坛的目标及大国的立场》,载《东南亚研究》2000 年第 4 期,第 22—26 页;Rosemary Foot, "China in the ASEAN Regional Forum: Organizational Process and Domestic Modes of Thought," *Asian Survey*, vol.38, no.5 (May 1998), pp.425-440; John Garofano, "Power, Institutions, and the ASEAN Regional Forum: A Security Community for Asia?," *Asian Survey*, Vol.42, No.3 (May-Jun., 2002), pp.502-521.

② 中国现代国际关系研究所东盟课题组:《中国对东盟政策研究报告》,载《现代国际关系》2002 年第 10 期,第 9 页。

强非传统安全领域的合作的中方立场文件》。

10+3 被中国看做是建设东亚共同体的主渠道。[①] 中国驻东盟大使薛捍勤曾表示，"东亚地区多样性突出，区域合作将是一个多渠道、多速度、多机制向前推进的过程。10+1 合作是基础，10+3 合作是实现东亚共同体长远目标的主渠道，东盟与中国、日本、韩国、澳大利亚、新西兰、印度 6 个对话伙伴国（10+6）合作是领导人引领的战略论坛，中日韩合作是东亚合作的重要组成部分"。[②] 换言之，中国将 10+3 作为东亚合作的主体和建立东亚共同体的载体，10+1 和中日韩合作分别是东南亚和东北亚的地区合作，并整合于东亚合作机制中。10+6 则被视为象征意义多于实质意义的政治论坛。

再次，推动次区域层次的一体化，与地区一体化相互促进，相互补充。次区域层次上的地区主义是加速中国与东盟一体化的一大动力。在东南亚，中国积极参与了大湄公河次区域经济合作和泛北部湾经济合作这两个次区域合作机制。中国在大湄公河次区域经济合作的发展中发挥了重要的推动作用，中国对大湄公河次区域经济合作的参与和推动主要体现在加快基础设施建设、促进贸易投资便利化、推动环境合作与开发、大力开展人力资源合作等方面；而由中国倡议并主导的泛北部湾经济合作则体现出中国日臻灵活而成熟的多边合作思维和构建地区合作新格局的深层次考虑。

第四节　东南亚地区自主性与中国对东南亚的地区塑造

一、对东南亚地区自主性的评判

根据地区自主性的评判标准，笔者从"地区问题地区解决"的能力和意愿、地区一体化水平、与域外大国的关系三方面，对东南亚的地区自主

---

① 杨洁篪：《杨洁篪外长在东盟与中日韩外长会议上的讲话》，2007 年 7 月 31 日，菲律宾。参见 http://www.fmprc.gov.cn/chn/pds/wjb/zzjg/yzs/dqzz/dnygjlm/zyjh/t346539.htm，2010 年 8 月 20 日登录。

② 杨海云、包尔文：《中国驻东盟大使薛捍勤：中国积极支持东亚区域合作》，2009 年 10 月 24 日。见 http://news.xinhuanet.com/world/2009-10/24/content_12314021.htm，2010 年 8 月 20 日登录。

性进行定性分析。

（一）"地区问题地区解决"的能力和意愿

1.物质能力及地区实力格局

地区的物质能力反映在经济和安全两个领域,国内生产总值(Gross Domestic Product,以下简称 GDP)和军费开支可被视为衡量经济能力和军事能力的两个主要标准。

（1）地区 GDP。在比较地区的 GDP 时,仅仅考察其总量是不够的,地区国家的经济发展现状和相互间差异性也是值得关注的。作为一把"双刃剑",地区国家间的差异性既有利于地区内互补性发展,也给地区的均衡长远发展提出了新挑战。经历了 1998 年亚洲金融危机的打击后,东南亚地区的经济形势逐渐有所好转,GDP 逐年增长(见表 6—1)。2008 年已达到约 1.5 万亿美元,人均 GDP 达到 2577 美元,是 1998 年的 2.69 倍。[①] 作为新兴的发展中市场,东南亚地区具有巨大的经济发展潜力。东盟的内部差异性首先体现在东盟六国(包括印尼、新、泰、马、菲、文)和新成员国间。东盟扩大后,机制面临一个内部梯队发展的问题,即相对于东盟六国,四个陆续加入的新成员国的经济社会发展落后,GDP 和人均 GDP 也较低(见表 6—2)。新成员国的人口和地理面积大约是东盟的 28%,其经济规模不到东盟的 9%;2008 年,新成员国的人均 GDP 约为 813 美元,东盟六国大约为 3273 美元。[②] 东盟的内部差异性还体现在东盟六国和新成员国内部。新加坡是东盟六国中的发达国家,相比而言,其他五国还处于发展中国家的阶段。越南是新成员国中经济发展最好的国家,2008 年其人均 GDP 首次达到了 1000 美元。缅甸则最不发达,人均 GDP 只有 465 美元。[③] 可见,东盟内部的差异性较大。

[①] ASEAN Secretariat,"ASEAN Community in Figures:2009,"Jakarta,February 2010,p.3,http://www.aseansec.org/publications/ACIF2009.pdf,2010 年 8 月 18 日登录。

[②] ASEAN Secretariat," ASEAN Community in Figures:2009," p. 1, http://www.aseansec.org/publications/ACIF2009.pdf,2010 年 8 月 18 日登录。

[③] ASEAN Secretariat," ASEAN Community in Figures:2009," p. 1, http://www.aseansec.org/publications/ACIF2009.pdf,2010 年 8 月 18 日登录。

表6—1　东南亚地区的GDP(十亿美元)和人均GDP(美元)

	1998	2000	2003	2006	2007	2008
国内生产总值	480.5	598.6	718.4	1074.4	1292.6	1504.2
人均国内生产总值	960	1159	1327	1895	2249	2577

资料来源:根据 ASEAN Secretariat,"ASEAN Community in Figures:2009,"(Jakarta, February 2010)的数据整理而得。

表6—2　东盟六国与新成员国的GDP(十亿美元)和份额(%)比较

	1998	2000	2003	2006	2007	2008
GDP(十亿美元)						
东盟	480.5	598.6	718.4	1074.4	1292.6	1504.2
新成员国	38.0	46.3	58.0	84.9	102.9	134.2
东盟六国	442.4	552.3	660.3	989.4	1189.7	1370.0
GDP 份额(%)						
东盟	100.0	100.0	100.0	100.0	100.0	100.0
新成员国	7.9	7.7	8.1	7.9	8.0	8.9
东盟六国	92.1	92.3	91.9	92.1	92.0	91.1

资料来源:根据 ASEAN Secretariat,"ASEAN Community in Figures:2009,"(Jakarta, February 2010)的数据整理而得。

(2)地区军费开支。新世纪以来,特别是"9·11"事件后,东南亚地区国家开始了新一轮军备采办。地区每年的军费开支增长保持在10—15%,其中很大一部分是装备采购。[1] 马来西亚和新加坡的军事实力较强,其军费开支增长也较快。2006年马来西亚的军费开支由上一年的24.7亿美元增长到30.8亿美元,新加坡由上一年的55.7亿美元增加到64亿美元。而印尼、菲律宾等国受制于国内不稳定的政治经济状况,军费开支增长较慢。[2] 可见,军费开支是与经济状况密切相关的,东南亚的

[1] 军事科学院:《世界军事年鉴2005》,北京:解放军出版社2005年版,第579页。
[2] 参见军事科学院:《世界军事年鉴2008》,北京:解放军出版社2008年版。

经济实力较强,其应对安全威胁的军事能力也相对较强。

除了地区的物质实力之外,实力格局也是影响自主决定地区事务能力的重要考量因素之一。根据地区一体化理论和实践经验来看,具有一个地区领导国或一个领导国联盟的地区,往往容易达成行动一致,在与域外大国的交往中更能保持自主性。单个的领导国或是两个领导国组成的联盟为地区秩序提供公共产品,其他地区国家则通过"搭便车"受益于领导者的秩序安排。因此,在大多数情况下,单极和协调合作下的两极格局①更容易导致地区秩序的稳定,从而对地区事务的解决掌握更大的发言权。相比而言,多极格局下的地区国家间关系往往受制于权力平衡,内部的权力争夺有可能消耗甚至抵消其凝聚力,在共同决定地区事务方面表现出能力低下。② 尽管东南亚地区的格局是多极的,但东盟的机制安排和决策方式弱化了多极格局在权力平衡上的作用,使得东盟通过协调一致的"东盟方式"实现内部妥协与合作,同时在此基础上,对不同的域外大国发挥了"平衡手"的作用。③ 正是通过机制和规范的运作,东南亚地区获得了较强的自主处理地区事务的能力。

2.观念能力

地区解决地区问题的观念能力不仅体现在地区认同上,还反映在对外的"软实力",即观念的扩散上。首先,地区认同。阿查亚曾为东盟的对内成就提供了一个合理且说服力强的建构主义理论分析框架。他认为

---

① 当两极格局中的两极是相互争夺和对抗的关系时,地区秩序容易走向动荡。它们对地区领导权的争夺导致了内耗,削弱了地区自主解决地区问题的能力,从而给域外大国介入地区事务创造了"可趁之机"。

② 参见[美]肯尼思·华尔兹著,信强译,苏长和校:《国际政治理论》,上海:上海人民出版社2008年版;[英]巴瑞·布赞著,刘永涛译:《美国和诸大国:21世纪的世界政治》,上海:上海人民出版社2007年版。

③ 参见刘阿明:《权力转移过程中的东南亚地区秩序——美国、中国与东南亚的角色》,载《世界经济与政治》2009年第6期;杨成:《形成中的中亚地区格局:尚存的单极残余、不稳定多极和其他选择》,载《俄罗斯研究》2009年第6期;Evelyn Goh, "Great Powers and Hierarchical Order in Southeast Asia: Analyzing Regional Security Strategy," *International Security*, Vol.32, No.3, 2007/2008, pp. 113-157; John David Ciorciari, "The balance of great-power influence in contemporary southeast Asia," *International Relations of the Asia-Pacific*, Vol.9(2009), pp.157-196.

东盟之所以能确保近 40 年的内部和平主要得益于成员国共享了不干涉内政、不使用武力、寻求协调一致的"东盟方式",并以此作为处理相互关系的准则。东盟扩大后,这一地区规范同时面临着机遇和挑战。一方面,成员国数量的增加对于地区认同建构具有重要意义,会加强新成员的体制安全;东盟扩大也会增加地区经济的相互依存,这也是集体认同的来源。另一方面,新成员国明显的经济差距和内部政治动荡也会给东盟的核心规范带来新的考验,从整体上增加地区问题解决进程以及实践的压力。①

其次,对外"软实力"。地区之所以会对外具有"软实力",其前提必须是自身具备较强的地区认同和凝聚力,能将其推衍和扩散至更广阔的国际社会并使之接受。从这个意义上说,东南亚的"软实力"明显较强。张云在阿查亚建构主义分析的基础上,对东盟的对外关系进行了研究。他认为东盟试图通过向亚太地区大国积极推广自身的"东盟规范"来促使这些大国逐步建立起以"东盟规范"为基础的处理国际关系的习惯,从而避免冲突,最终实现亚太地区的和平与稳定。东盟的力量/实力不是体现在传统意义的"硬实力"上,而是集中体现在"软实力"上。② 换言之,他认为东盟在对外"软实力"上的运用相对于其在硬实力上的成就更为突出和成功。

3.制度能力

制度能力可从制度的建立和运作的效用两方面来衡量。从制度建立的能力看,东南亚于 1967 年建立了东盟。东盟主要被当作一个政治论坛,"在东西方冲突中寻求中立、寻求经济上的合作以提高该地区在世界经济格局中的地位、寻求谅解以解决地区内部存在的各种争端是五国联合起来的直接原因"。③ 从制度运作的效用看,东盟在政治、经济、安全、

---

① [加拿大]阿米塔·阿查亚著,王正毅、冯怀信译:《建构安全共同体:东盟与地区秩序》,上海:上海人民出版社 2004 年版,第 167—172 页。

② 张云:《国际政治中"弱者"的逻辑——东盟与亚太地区大国关系》,北京:社会科学文献出版社 2010 年版,第 6 页。

③ 王正毅:《亚洲区域化:从理性主义走向社会建构主义?》,载[加拿大]阿米塔·阿查亚著,王正毅、冯怀信译:《建构安全共同体:东盟与地区秩序》,上海:上海人民出版社 2004 年版,第 13 页。

社会等各个领域发挥了维护地区和平与稳定、促进地区经济发展和社会进步的核心作用。东盟成立以来，该组织的制度化程度逐渐提高，不仅签署并通过了《东南亚友好合作条约》和《东盟宪章》等保障地区合作的法律文件，还不断进行自我的机制完善，陆续成立了地区内的专门性机构和地区间磋商机制，以应对日益突出的非传统安全威胁和增强地区问题的处理能力。其结果是东盟这一地区性组织成为很多新兴的发展中地区研究和效仿的对象，其制度构建的方式和路径也被视为一种"东盟模式"，可见其制度能力已经得到了认可，化作一种"软实力"成为地区国家推动东盟发展的重要资本之一。

4.对实现"地区问题地区解决"的期望

衡量"地区问题地区解决"期望的依据主要是国家领导人所发表的言论、书面文件等，它们能够反映决策层的战略意图。冷战结束以来，东南亚国家表达出推动地区融合、加快联合自强的强烈需求。其中，马来西亚在推动实现"地区问题地区解决"进程中扮演了重要的角色。

东盟成立后，其成员国对冷战时期大国竞争恐惧的增强以及对外部安全保护信任的减弱，是东南亚建立一个和平、自由和中立区（ZOPFAN）计划的动因。这一建议最初是由马来西亚倡导的。在其设想的中立化框架下，地区国家需要戒绝与域外大国结盟，阻止域外大国在这些国家的领土上驻扎军事力量，并且要求大国不以任何方式颠覆或干预地区国家。①

5.对实现"地区问题地区解决"的决心

衡量"地区问题地区解决"的政治意愿，不仅要比较不同地区的期望，更为重要的是考察决心，主要根据期望所获得的响应以及转化为地区实践行动的程度来进行粗略的比较。

很显然，尽管东盟内部对于个别国家提出的倡议产生了激烈的争论，且该组织并不具有强制性和约束性，但在协商一致的基础上，倡议在争论和妥协的过程中被转化为了现实，体现出东南亚地区国家自主决定自己事务的决心。以和平、自由和中立区为例，对于马来西亚所提出的这一建

---

① ［加拿大］阿米塔·阿查亚著，王正毅、冯怀信译：《建构安全共同体：东盟与地区秩序》，上海：上海人民出版社 2004 年版，第 75—76 页。

议,该地区的精英就"东南亚中立化"的可能性进行了讨论,大多数东盟国家认为严格的中立化途径是行不通的。在印尼看来,国际法下的中立化会导致把政策权利让给美国、苏联和中国。印尼力争找到一种不同的方式,以此表达地区国家对安排地区秩序负有独一无二的责任。东盟内部的分歧还体现在新、菲、泰强调外部安全联系,而马、印尼倾向于自治。[1] 争论的结果是,1971年11月27日,在吉隆坡召开的东盟外长会议上,签署了《和平、自由和中立区宣言》。与最初的中立化计划不同,该宣言更为温和与灵活。尽管宣言没有制定特定的措施,但在和平、自由和中立区的理念中,已经容纳了所有的安全考虑和目标原则。[2] 这些原则反映出东盟国家在坚持地区自治的同时,也认识到允许东盟成员国和域外大国保持安全关系的现实性。

(二)地区一体化水平

从地区一体化水平看,东盟的一体化水平较高。一方面体现在一体化目标的确定上,另一方面则表现在实际的发展程度上。

1.地区一体化目标

(1)地区一体化的目标范围。1967年8月8日,东盟正式成立,并发表了《东南亚国家联盟宣言》(简称"曼谷宣言")。宣言称东盟的宗旨在于"加速本地区的经济增长、社会进步和文化合作",[3]并未提到政治合作,直到1976年才正式加上政治合作的内容。但事实上,从东盟成立之初到冷战结束,东盟一直以政治和安全合作为主,经济合作并未被放在首要位置上,其成果也不突出。日本研究东盟的著名学者山影进曾指出,对东盟的一个错误解释是接受它表面声称的目的。东盟国家的政治发言人都不断重复东盟是促进经济和社会合作的地区组织。事实上,东盟不仅是要有所作为的合作组织,而且也是成员国寻求地区和平

---

① [加拿大]阿米塔·阿查亚著,王正毅、冯怀信译:《建构安全共同体:东盟与地区秩序》,上海:上海人民出版社2004年版,第77页。

② [加拿大]阿米塔·阿查亚著,王正毅、冯怀信译:《建构安全共同体:东盟与地区秩序》,上海:上海人民出版社2004年版,第76—77页。

③ ASEAN Secretariat:"The ASEAN Declaration(Bangkok Declaration)",8 August 1967,http://www.asean.org/news/item/the-asean-declaration-bangkok-declaration,2015-12-25.

与合作的象征。① 国内学者陆建人也认为,在东盟成立的初期,东盟将经济作为合作基础,这是出于共同的政治需要。虽然从东盟国家政治家的意愿来说,经济合作是它们的首要目标,但政治合作毕竟是其维系合作的真正动力。②

　　冷战结束后,东盟加快了地区经济一体化的步伐。在 2003 年的巴厘峰会上,东盟领导人宣布东盟经济共同体作为到 2020 年地区经济一体化的目标。同时,东盟安全共同体和社会文化共同体也是构想中的东盟共同体的另外两个方面。2007 年签署的《东盟宪章》突出了东盟一体化特别是建设经济共同体的使命,通过了《东盟经济共同体蓝图》,提出经济共同体路线图,确保"实现单一市场与生产基地"、"形成竞争力强的经济区域"、"维护地区经济平衡发展"和"推动与国际经济体系融合"四大目标。宪章还细化了东盟共同体理事会的构成,规定东盟共同体将由东盟经济共同体、安全共同体和社会文化共同体组成,使未来的东盟具有"一个视野、一个身份、一个共同体"。③ 此后又陆续通过了《东盟政治安全共同体蓝图》和《东盟社会文化共同体蓝图》。可见,东盟已由成立初期以政治、安全合作为主要目标逐步转变为以建立安全、经济、社会文化共同体为主要目标的地区机制。

　　(2)地区一体化目标的实现方式。东盟仿效欧共体设定时间表,并制定出详细的具体行动细则,保证了目标的顺利实现。2006 年 8 月在吉隆坡举行的东盟经济部长会议对于制定包含清晰的目标和时间表的经济共同体蓝图达成了共识。在 2007 年 1 月举行的第 12 次东盟领导人峰会上,各国领导人同意将建成共同体的时间提前至 2015 年。在 2007 年 11 月召开的第 13 次东盟领导人峰会上,东盟国家领导人签署了《东盟经济

---

① ［日］山影进:《东盟在地区一体化中的作用:从象征到体系》,载王正毅、迈尔斯·卡勒、高木诚一郎编:《亚洲区域合作的政治经济分析:制度建设、安全合作与经济增长》,上海:上海人民出版社 2007 年版,第 157—158 页。

② 见陆建人:《东盟的今天与明天——东盟的发展趋势及其在亚太的地位》,北京:经济管理出版社 1999 年版。这种观点被学界普遍认可,还可参见李玮:《欧盟与东盟经济一体化的比较研究》,载《东南亚纵横》2004 年第 11 期;［印尼］哈迪·斯萨苏托洛:《东盟经济共同体——其概念、成本和利益》,载《南洋资料译丛》2005 年第 3 期;李楚祥:《东盟政治经济一体化面临的问题与前景》,载《当代亚太》1999 年第 6 期;曹卫平:《东盟一体化的障碍和趋势》,载《西南民族学院学报(哲学社会科学版)》2002 年第 2 期。

③ ASEAN:"The ASEAN Charter,"Jakarta:ASEAN Secretariat,January 2008.

共同体蓝图宣言》。该蓝图提出了建立经济共同体的四个方面,即"创造一个单一市场和生产基地"、"形成一个竞争力强的经济地区"、"确保本地区经济平衡发展"、"推动本地区与国际经济体系的融合",①并制定出2008—2015年东盟在每个方面的详尽时间表。

2.地区一体化的发展程度

东盟从经济、政治安全、社会等三个方面推动其地区共同体建设。在经济共同体构建上,东盟自由贸易区于2002年正式启动后,地区内贸易和投资均有所增加,但增幅不大。自2002年以来,东盟的区内贸易额一直维持在总贸易额的25%左右。2008年,东盟的区内贸易额由1998年的1210亿美元增至4580亿美元,占当年总贸易额的26.8%。此外,东盟还与美国、中国、欧盟、日本等贸易伙伴开展了密切的贸易来往,2008年,东盟与这四个贸易对象的贸易额由1998年的1800亿美元增至2120亿美元(见表6—3)。可见,尽管与欧盟、北美自贸区、亚太经合组织相比,东南亚的区内贸易依存度偏低,但作为中小国家尤其主要是发展中国家构成的地区,东南亚的区内贸易依存度并不算低。② 在东盟内部,2002年以来,东盟六国中的新、马、泰、印尼对地区内的出口额均出现了较大涨幅,而菲律宾和文莱基本维持之前的水平(见图6—1)。2002年以来,新、印尼的涨幅最大,其次是马、泰、菲,文莱基本维持之前的水平(见图6—2)。2003年来自东盟内部的投资额并没有增加,从2004年开始出现增长,2005年起增幅逐渐明显。2008年,来自东盟内部的投资额已超过日、美等国,接近欧盟,已成为东南亚国家主要的投资来源之一(见图6—3)。

① ASEAN:"ASEAN Economic Community Blueprint,"Jakarta:ASEAN Secretariat,January 2008.
② 欧盟组织成员之间的出口占欧盟总出口额的66.7%,进口则为63.4%。北美自由贸易协议成员彼此间的出口额占北美自贸区整体出口总额的51.3%,进口仅为34.1%。亚太经合组织成员国彼此的贸易依存度直逼甚至超越了很多自由贸易协定的贸易情形。在其整体贸易中,67%属于区内贸易。成员国间的出口额是和非成员国间的三倍,进口则为两倍。相比而言,东盟的区内贸易依存度是较低的。参见崔亮:《APEC贸易依存度超越NAFTA直逼欧盟》,2009年11月10日,http://finance.stnn.cc/fin/200911/t20091130_1214988.html,2010年8月18日登录。

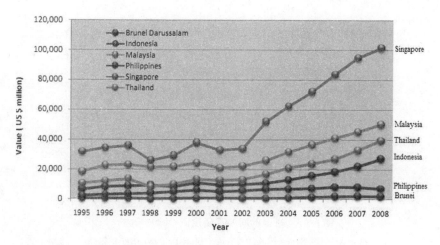

图6—1　东盟六国在地区内的出口走势:1995—2008

资料来源:The ASEAN Secretariat,"ASEAN Statistical Yearbook 2008,"(Jakarta,July 2009),p.74。

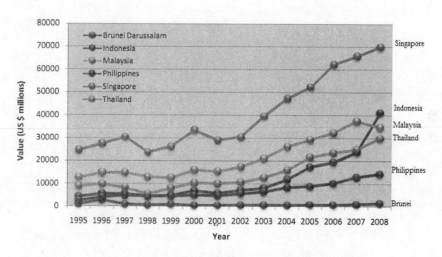

图6—2　东盟六国在地区内的进口走势:1995—2008

资料来源:The ASEAN Secretariat,"ASEAN Statistical Yearbook 2008,"(Jakarta,July 2009),p.74。

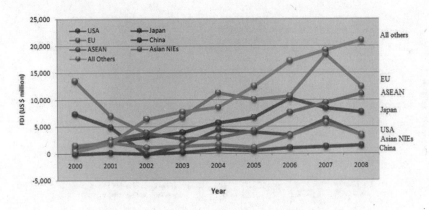

图6—3　东盟的对外直接投资:2000—2008

资料来源:The ASEAN Secretariat,"ASEAN Statistical Yearbook 2008,"(Jakarta,July 2009),p.131。

表6—3　东南亚的区内和区外贸易额(百万美元)

	1998	2000	2003	2006	2007	2008
东盟	120,918	166,846	206,732	352,771	401,920	458,114
日本	81,410	116,191	113,401	161,781	173,062	211,916
欧盟	83,302	102,647	101,365	160,332	186,720	202,358
中国	20,414	32,316	59,637	139,961	171,118	192,672
美国	115,562	122,218	117,886	161,196	179,068	181,039
合计	576,108	759,101	824,539	1,404,805	1,610,787	1,710,422

资料来源: ASEAN Secretariat,"ASEAN Community in Figures:2009,"(Jakarta, February 2010)。

在政治安全共同体建设上,2006年在吉隆坡召开的首届东盟防长会议(ADMM)是东盟共同体发展中的一大里程碑。东盟防长会议是东盟十国防长讨论当前防务和安全问题的正式论坛,有利于增强各成员国间的合作,促进地区和平与稳定。[1]

在社会文化共同体建设方面,东盟为教育、艾滋病防治、环境保护等

---

[1] Fact Sheet,"ASEAN Defence Ministers' Meeting,"The ASEAN Secretariat,July 11,2008.

合作领域制订了工作计划,①并开展了务实合作。2010 年 10 月在越南河内举行的第 17 届东盟领导人峰会通过了"东盟互联互通总体规划",标志着东盟共同体建设进程又迈出了关键性的一步。

(三)与域外大国的关系(受制程度)

地区与域外大国的关系从一个侧面反映了在处理地区事务时,地区受到域外大国制约的程度。受制程度高,则地区自主性会较弱;反之亦然。一般来说,中小国家构成的地区均无法阻止域外大国对地区的影响力,但其回应和处理方式会呈现差异。面对域外大国不同程度的介入,东南亚国家一方面欢迎域外大国在地区事务中扮演符合其利益的角色,另一方面坚持联合自强,确保自身利益不至于沦为大国竞争的牺牲品。

东盟与域外大国的关系具体体现为:在政治上,东盟加快共同体建设,增强其地区话语权和国际影响力,其规范和制度能力已获得了域外各大国的认可和接受。在经济上,东盟在建设区内的自贸区的同时,谋求与中、日、韩分别建立自由贸易区以避免被边缘化。新加坡贸工部长杨荣文指出,在东亚整体经济中,中、日、韩三国的经济已占 80%—90%,其综合经济实力远超过东盟十国。② 若东盟同意建立东盟—中日韩自由贸易区,东盟势必会被边缘化。这就是为什么东盟必须分别与中国、日本和韩国一一谈判,以便维持东盟自主的地位。③ 在安全上,东盟一方面加强自身的防务建设,发展磋商机制和多边合作,另一方面维持与美国的传统安全关系,使之与相邻大国保持动态的影响力均势。

二、地区自主性、社会化模式与中国对东南亚的地区塑造

社会化进程的实质是"传授"和"学习"。社会化进程顺利推进取决于两个因素,一是至少有一方兼具能力和意愿在双方的互动中扮演"传授者"或者说是社会化主体的角色;二是在社会化主体的基本条件具备

---

① Fact Sheet, "Combating Haze in ASEAN: Frequently asked questions," The ASEAN Secretariat, June 28, 2007; "An ASEAN Regional Response to HIV&AIDS," The ASEAN Secretariat, October 11, 2007; "Cooperation on Education in ASEAN," The ASEAN Secretariat, October 24, 2009.
② 王勤:《中国—东盟自由贸易区的进程及其前景》,载《厦门大学学报(哲学社会科学版)》2004 年第 1 期,第 90 页。
③ 杨荣文:《若同意建立"10+1"自由贸易区亚细安势必会被边缘化》,载《联合早报》2002 年 9 月 15 日。

的情况下,对方有意愿成为"学习者"或者说是社会化客体。可见,社会化主体的存在是社会化进程得以启动和推进的前提。

中国与东南亚的互动之所以被视为"社会化",是因为在双方的互动过程中存在社会化主体和客体的角色扮演。不论是中国,还是东南亚地区,必须具备社会化主体的基本条件,才能在双方的社会化进程中扮演该角色。简而言之,社会化主体的基本条件是指兼具能力和意愿为推动双方互动关系提供物质、观念、制度等公共产品,并使对方认可并接受。对于一个地区而言,其作为主体的能力和意愿主要取决于地区自主性的取值,即该地区能否集体独立处理地区事务,在与相邻大国的关系中能否保持一定的独立性和主导性。地区自主性通过决定地区作为主体的能力和意愿,影响地区在与相邻大国的社会化进程中的角色扮演。

如前所述,东南亚在"地区问题地区解决"的能力和意愿、地区一体化水平、与域外大国的关系等三个指标上呈现出较强的地区自主性,这也成为东南亚地区能够扮演社会化主体角色的主要依据。在"地区问题地区解决"的能力和意愿方面,观念和制度等地区公共产品的出现,不仅得益于学习全球性组织或其他地区集团的规范,还根植于本地区社会、文化和政治背景。东盟规范就是这两种来源的混合体。① 东南亚相对较强的物质实力尽管不是制度和观念形成的前提,却是制度发展和观念进化的重要条件,东盟的建立及运作与东盟地区规范的确立则为其在该地区推进"传授"过程奠定了机制和观念基础。东盟的制度和观念能力还使其得以在复杂的大国关系中游刃有余并发挥独特的作用。在地区一体化水平方面,东南亚在建成的自由贸易区基础上,加快了东盟经济、政治和社会共同体的建设步伐,体现出较强的市场活力和政治决心,这是对相邻大国实施社会化的重要条件。在与域外大国的关系方面,东南亚国家的共同利益在机制中得以强化和集中,使之在与域外大国互动时,擅于运用机制的整体力量。尽管在安全上东南亚较多地依赖域外大国,但政治和经济上的联合确保了其在地区事务上的话语权。只有保持了自身的独立性和灵活性,才能说服域外大国认可并接受其提供的某种公共产品。

---

① [加拿大]阿米塔·阿查亚著,王正毅、冯怀信译:《建构安全共同体:东盟与地区秩序》,上海:上海人民出版社2004年版,第66页。

基于中国与东南亚在互动进程中的角色扮演,其社会化模式逐渐由中国的"被社会化"发展为"双向社会化"。冷战结束后至1997年亚洲金融危机时期,中国作为社会化客体,被东盟社会化。在这段时期,接受东盟的社会化是中国作为较晚融入地区体系的相邻大国谋求和平发展的必然选择。但这种"被社会化"不是被动的接受社会化,一开始可能是利益驱动下的选择,而随着社会化进程的推进,"适当性逻辑"取代"因果逻辑",在利益、压力和声誉的共同驱动下,中国的偏好改变,进而是利益和行为的改变。1997年亚洲金融危机后,中国与东盟的互动体现为一种"双向社会化"的模式,即在不同时段不同议题上,中国与东盟都曾作为主体,对对方实施社会化。东南亚国家在金融危机后出现了明显的经济衰退,印尼、泰、菲、缅等国国内政局不稳,严重影响了东盟的机制凝聚力和国际声誉,在处理地区事务上与外部大国的关系上,也显得底气不足。美、澳等国开始质疑东盟在地区机制中的主导能力。与此同时,中国经济快速增长,成为亚洲乃至世界经济发展的引擎。中国开始寻求对东盟的社会化,尤其在经济领域推动了中国—东盟自贸区的建立。但这种社会化不是单向的,中国在实力增强的同时,并未放弃继续成为东盟眼中的"温和的"大国,而是加大了对自我的约束和对东盟的战略保证。中国与东盟在互动中已然形成了在不同领域、不同时期的相互社会化。

本章以中国的东南亚政策为案例,验证第二章中有关中国周边地区政策动力机制的分析框架。通过分别研究中国对东南亚政策中的国内联盟因素和地区自主性因素,笔者得出的结论是:国内联盟在中国对东南亚政策的决策过程中发挥了重要作用。在经济和安全议题上占支配性地位的国内联盟的偏好是中国对东南亚政策偏好形成和改变的主要的国内因素。作为中国与东南亚互动的情境因素,地区自主性通过影响中国和东盟的社会化模式,即双方在社会化进程中的角色扮演,进而决定中国对东南亚的地区塑造。

以上是本章对分析框架中基本假定的验证,那么有关国内联盟、地区自主性和中国周边地区政策相关性的推论是否也在中国的东南亚政策中得以验证呢?

由于东南亚的地区自主性在亚洲金融危机后出现了变化,我们将该事件作为考察推论适用性的分界点。

第一,在亚洲金融危机前,东南亚地区自主性强,中国接受东盟的社会化,对东南亚的地区塑造表现为融入、吸引和一体化。中国作为社会化客体的角色扮演极大地影响了这一时期中国对东南亚的政策。在经济议题方面,中国对东南亚的贸易政策表现为主要通过提升伙伴关系定位等政治手段来推进与东盟的贸易,地方政府、学者、企业等利益主体对中国的东南亚次区域合作政策的影响也很小,中国更是从20世纪90年代中后期才开始重视能源安全问题。在安全议题方面,中国对南海问题的政策表现为中央政府高层在外交谈判与军事干预之间的摇摆,而亚洲金融危机后中国才开始认识到应对非传统安全威胁的紧迫性和重要性。可见,相较于东南亚的地区自主性这一地区情境因素,国内联盟在这一时期对中国的东南亚政策影响并不大。

第二,而1997年亚洲金融危机之后,东南亚地区自主性有所减弱,这直接影响了它对中国的社会化。与此同时,中国的实力增强,地区影响力也在提升,中国在接受东盟的继续社会化的同时,也开始在特定议题和某些时间段内对东盟进行社会化。中国与东盟的社会化模式表现为一种"双向社会化"。在中国的地区塑造上则体现为更为积极的融入、吸引和一体化。中国在不同议题不同时间段作为社会化主体和客体的角色扮演对这一时期中国的东南亚政策产生了重要影响。

在经济议题方面,首先,在中国提出和建立中国—东盟自由贸易区的过程中,中央政府主导下的包括地方政府、企业和商会、学者等多种利益主体的国内联盟起到了重要作用。其次,在中国对东南亚次区域政策的决策过程中,地方政府的作用尤为独特而重要。它们一方面积极地与中央政府主要部门相协调,另一方面广泛利用学者、企业、媒体等社会力量,在研究、实践和公共舆论等多个环节上增强其主导下的国内联盟的影响力,并通过国内外互动将地方发展战略上升至国家战略层面。再次,在中国对东南亚能源政策的决策过程中,由政府和能源企业组成的国内联盟发挥了重要作用。政府为了保障国家能源安全和能源企业利益支持与东南亚国家的广泛合作,以中海油为代表的国内能源巨头则在海上能源开发和能源运输领域具有较强的国际化偏好。

在安全议题方面,首先,在中国对南海问题的政策形成过程中,由政府部门(外交部、海事部门、渔政部门、海监总队等)和军方等利益主体构成的混合性国内联盟发挥了重要作用。其中,外交部往往扮演对话谈判的重要角色;军方在加紧海军建设的同时,更注重与政府部门的协调;海防执法部门的地位有所提升,是除外交谈判之外维护海洋权益的必要手段。其次,影响中国对东南亚非传统安全政策的国内联盟,主要包括政府部门(公安部、检察机关、农业部、卫生部等)和军方。各职能部门是中国开展务实合作的具体实施者;军方则在安全对话和联合行动方面表现出了一定程度的透明度和开放性,通过积极参与地区非传统安全合作,体现出中国在维护地区安全上的"负责任大国"形象,同时使得中国发展海权变得更具正当性。

可见,随着东南亚地区自主性的减弱,国内联盟在这一时期对中国的东南亚政策的影响逐渐显现出来。但由于东南亚地区仍具有较强的自主性,中国在短期内不会拒绝继续被东盟社会化,地区自主性因素的影响将持续存在。通过以上分析,可以发现,中国对东南亚的地区政策验证了本书关于国内联盟、地区自主性与中国周边地区政策相关性的推论。

第七章　国内联盟、地区自主性
与中国的中亚政策

　　本章具体论述国内联盟和地区自主性影响中国对中亚政策的机制，进一步验证第二章分析框架的适用性。在第一节和第二节中，笔者主要探讨中国对中亚的经济和安全政策中的国内联盟因素。首先，笔者以中国对上海合作组织框架内经济合作的政策、中国对中亚次区域经济合作的政策及中国对中亚的能源政策为例，分析国内联盟与中国对中亚经济政策的关系。其次，笔者以中国对边界问题的政策和中国对上海合作组织框架内非传统安全合作的政策为例，分析国内联盟与中国对中亚安全政策的关系。在第三节和第四节中，笔者重点阐述中亚的地区自主性是如何影响中国对中亚的地区塑造的。首先，笔者实证考察中国对中亚地区塑造的具体表现。其次，笔者在定性分析中亚地区自主性取值的基础上，论述地区自主性是如何通过影响中国与中亚互动过程中的角色扮演和社会化模式，决定中国对中亚的地区塑造的。在结论部分，笔者将简要验证国内联盟、地区自主性与中国对中亚政策的相关性。

第一节　国内联盟与中国对中亚的经济政策

一、国内联盟与中国对上海合作组织框架内经济合作的政策

　　在上海合作组织从政治、安全合作扩展到经济合作的历程中，中国的中央政府起到了重要的倡议和主导作用。但由于西北边疆尤其是新疆自治区面临着重要的维护边界安全、社会稳定和防止境内外民族分裂分子勾结的历史任务，中央政府内部一直以来对于推动新疆与中亚国家的经

济一体化存在争议。① 中央高层最终大力支持在上海合作组织框架下实现自由贸易区的目标,与国际化联盟力量逐渐增强有密切关系。地方政府、企业、银行等利益主体加速了这一进程的推进。然而,国际化联盟的支配性地位能否稳定还与新疆和中亚地区的安全形势紧密相关,一旦威胁到中国的核心利益,反国际化联盟力量将会反弹,国家会选择维护安全利益而牺牲经济利益。

（一）中央政府

中国对上海合作组织框架内经济合作的积极推动源于中央政府高层根据国内国际大环境所做出的战略评估,以及对与中亚地区开展经济合作的重新认识。2003 年中国与上合组织其他成员国签署了截止到 2020 年的多边经贸合作纲要,致力于商品、资本、服务和技术的自由流通。但相比中国—东盟自贸区,中国国内对于如何确定上海合作组织在中国参与经济全球化格局中的地位、目标和作用还存在不同看法,这在一定程度上也制约了中国推进该组织地区经济合作的进程。②

由于新疆自治区面临着“三股势力”的严峻威胁,国家相关部门在是否和如何推进自由贸易区的战略选择上显得较为谨慎,霍尔果斯口岸中哈自由贸易区的建立就是一个实例。早在 1992 年,香港商人就曾想在霍尔果斯口岸建商贸城,但终因种种原因而搁浅。2001 年,伊犁州政府考虑到扩大口岸功能对伊犁经济的强大拉动作用,再次将此事列入计划。2002 年 4 月,中国外交部、国防部、海关总署三家以函电形式答复:同意在霍尔果斯口岸建立中哈自由贸易区。③ 2003 年,中国国家主席胡锦涛访问哈萨克斯坦时,哈萨克斯坦总统纳扎尔巴耶夫已经是第四次向中方提出建立中哈边境自贸区的计划。在 2004 年 6 月胡锦涛主席访哈期间,中哈双方终于达成共识,加快筹建中哈边境自贸区,以实现区内零关税。

从中国同意建立霍尔果斯口岸中哈自贸区的整个过程可以看出,一方面,中央政府内部对于在西北边境开展自由贸易是有争议的。军方一

① 霍尔果斯口岸中哈自贸区建立的曲折过程就反映了这一点,对此,笔者将在下文重点阐述。
② 商务部欧洲司和国际贸易经济合作研究院联合课题组:《上海合作组织区域经济合作研究》,载《俄罗斯中亚东欧研究》2004 年第 1 期,第 8 页。
③ 李立凡:《论上海合作组织经济与贸易合作——兼论中国对推动上合组织经贸一体化的设想》,载《世界经济研究》2007 年第 4 期,第 84 页。

直在上合组织的安全合作中发挥了关键性的作用,因而,对于上合组织合作范围的拓展,军方具有较大的发言权。一般来说,军方对安全威胁的感知是最为敏感的,对于新疆和中亚地区安全形势的评估也是最为倾向于现实主义思维的。面对民族分裂势力在新疆的死灰复燃和中亚地区安全局势的复杂化,确保国家安全和社会稳定是军方的主要关切。相比而言,经济的自由化不是军方主要关心的。可见,中国在这一议题上政策态度的转变是部门竞争与协商的结果。之所以最终会选择建立自贸区,与国家高层安全认知的改变和国际化联盟的主导作用有密切关系。另一方面,随着中亚国家之间陆续建立了自由经济区,以双边经济合作带动多边合作逐渐成为实现上合组织框架内自由贸易的可行路径。① 正是在这一趋势下,中央政府内部对于与中亚地区发展自由贸易形成了基本共识。

(二)地方政府

与上合组织地区经济合作直接相关的是新疆维吾尔自治区政府,其他省市的地方政府也不同程度地响应了国家提出的西部大开发战略和"走出去"战略,开展了与新疆、中亚国家的经济合作。

对于新疆维吾尔自治区政府来说,它所面临的维稳任务是第一位的。这也决定了它在开展和推进上合组织框架内经济合作中的局限性,即很大程度上受制于中央政府对其稳定社会局势和维护国家安全的战略需求。在处理对外经济合作问题时,安全考虑与经济利益往往是密不可分的。因而,相对于广西和云南这两个中国—东盟自贸区的直接参与者和受益者,新疆自治区政府在中国的地区经济政策制定和实施中的自主性要小得多,影响也是相当有限的。

从目前来看,新疆维吾尔自治区在上合组织框架内开展的经济合作以双边边境贸易为主,多边合作的项目不多。相较而言,新疆自治区政府直接参与的中亚区域经济合作机制在促进其对外经济合作中发挥了重要作用。由于该次区域机制已经发展出较为完备的组织机构,确立了合作重点,在交通和贸易便利化等方面取得了一定进展。有学者担心,从实际运作效果看,次区域经济合作在一定程度上削弱了上海合作组织将要开

---

① 参见郑雪平、孙莹:《上海合作组织区域经济合作的现状、问题及发展路径》,载《俄罗斯中亚东欧市场》2006 年第 3 期,第 29—33 页;李立凡:《论上海合作组织经济与贸易合作——兼论中国对推动上合组织经贸一体化的设想》,载《世界经济研究》2007 年第 4 期,第 79—84 页。

展地区经济合作的吸引力。① 从操作层面上看,新疆自治区政府在推动对外经济合作时是以其中之一为优先还是双管齐下,将一方面取决于市场和融资的情况,另一方面还受制于中央政府对于地区多边经济合作的态度。随着中国越来越明显地致力于通过金融、能源、交通等合作推动多边合作项目的落实,新疆自治区政府将更有参与上合组织多边合作进程的动力。

国家提出西部大开发战略和"走出去"战略的目的是要通过统筹国内国际两个大局,将国内资源和国际资源有效地整合,将比较优势化为经济优势。其中,国内资源的整合发挥着基础性作用。在此战略考虑下,各地方政府尤其是东部沿海省市在中央政府的号召下加大了对西部省市的政策扶持,鼓励拥有雄厚资金和高水平人才的企业到西部开拓市场,带动西部的经济发展,并以新疆的市场为跳板,进入中亚国际市场开展贸易和投资活动。但由于西部基础设施建设、投资环境等各方面还较为落后,其对于企业尤其是中小企业的吸引力并不大,这就更突显出政府部门政策引导和布局的作用了。

(三)企业

企业影响中国对上海合作组织框架下经济合作政策的主要渠道是实业家委员会,这是企业与政府相互沟通和协调的重要平台。实业家委员会是上海合作组织的三个合作机构之一,由成员国实业家委员会组成,是一个联合成员国实业和金融的非政府组织。该委员会实际成立于2005年10月25日,在上海合作组织成员国政府首脑(总理)第四次会议召开之际,该委员会在莫斯科举行了第一次理事会会议。但宣布正式成立则是在2006年6月15日上海合作组织成立五周年峰会期间。

中国实业家委员会是由中国贸促会主管,吸收境内的企业、中介机构和科研院所等单位作为会员单位而成立的。② 它在上海合作组织地区经济合作中所扮演的角色主要体现在三方面。其一是建议者。中国实业家

---

① 商务部欧洲司和国际贸易经济合作研究院联合课题组:《上海合作组织区域经济合作研究》,载《俄罗斯中亚东欧研究》2004年第1期,第9页。

② 上海合作组织区域经济合作网:《有关合作机构》,参见 http://www.sco-ec.gov.cn/crweb/scoc/info/Article.jsp? a_no=54949&col_no=290,2010年11月10日登录。

委员会与其他成员国的实业家委员会一同在上合组织成员国政府首脑会议前向其提交年度报告,阐述自己对上合组织经济发展的一些观点和建议。必要时,还会参与向上合组织其他机构提出建议。其二是实施者。中国实业家委员会会优先照顾成员单位的关切,在适当条件下承担实施上合组织制定的一些合作项目,同时组织工商论坛,为企业间的贸易与投资合作创造平台。其三是沟通桥梁。作为企业界和政府部门的沟通桥梁,中国实业家委员会免费吸收中国企业会员并颁发会员证书,为会员提供咨询、考察、举办会展、谈判等服务。

中国的机电、轻工产业与中亚国家的资源、能源、原材料产业具有高度的互补性,对于双方相关行业的进出口企业来说,一方面可以通过上合组织实业家委员会,获得更多拓展海外市场的机会,另一方面企业开拓市场的行为也会促使政府扩大其海外利益的外延和内涵,并通过机制完善等方式保障企业的商业利益。

(四)国家开发银行

国家开发银行在中国推进与中亚的经济合作中起到了重要的融资作用,尤其是在中亚国家资金短缺的情况下,国家开发银行提供的优惠贷款促成了一系列项目的落实。为了满足实施大型合作项目的资金需求,扩大融资渠道,更好地发挥国家开发银行的作用,在中国的倡议下,2005年11月,上海合作组织框架下的银行联合体(简称"银联体")在莫斯科正式成立。作为上海合作组织的三大机构之一,银联体是俱乐部式的合作机构,不设法律实体,由各成员国指定的开发性或商业性银行组成,根据市场原则对上合组织通过的合作项目组织银团贷款。国家开发银行作为中国最大的开发性金融机构,其行长陈元担任了联合会首任主席,与其他五个成员国银行一同推动了银联体的具体运作。

但是,到目前为止,除交通领域小范围的多边合作以外,上合组织的大部分经济合作仍局限在双边领域,因此,国家开发银行所依托的银联体参与融资的对象也多为双边项目。为了进一步推动上合组织框架内的多边合作,并促进经济领域合作的落实,温家宝总理在2010年11月25日上合组织第九次总理会议上又提出成立上合组织开发银行,建议以"共同出资、共同受益"的方式,中方拟出资80亿美元,剩余的20亿美元由以俄罗斯为主的其他成员国共同出资。① 可见,中国政府认识到上合组织框架内经济合作的继续推进离不开金融合作的深化和融资渠道的机制化。银联体已无法充分满足能源、交通等多边跨国项目落实的需求,必须建立更为机制化的金融机构作为支撑。如果该倡议成为现实,在中方拟出资最多的情况下,作为主要出资方的国家开发银行将有可能为推动务实的多边经济合作发挥更大的作用。

二、中国对中亚能源政策中的国内联盟因素

对中国而言,与中亚的能源贸易是基础,能源开发是补充,而资源相对丰富的西北内陆省市与中亚毗邻的区位优势更是巩固了中亚作为能源接续区在中国能源布局中的重要地位。中国能源企业直到 20 世纪 90 年代末才进入中亚,所面对的是西方能源企业压倒性的市场优势和复杂多变的地区安全形势。尽管这段时期企业的"走出去"行为得到了政府的支持,但政府在战略上存在明显的滞后性、被动反应性等问题,表现为能源公司的法人利益而非中国政府的国家利益影响着中国能源规划与议事日程,结果就是各干各的。② 新世纪以来,随着中国能源局等机制的建立和相关法律的完善,中国政府的能源政策真正形成,开始运用政治、经济、安全等各种手段鼓励和支持能源企业深化与中亚国家的合作。

在中国对中亚能源政策的决策过程中,由政府和能源企业组成的国内联盟发挥了重要作用。政府在国内联盟扮演着对中亚能源政策的主要推动者和受益者的角色。以中石油和中石化为代表的国内能源巨头既是中国能源利益在中亚的拓展者和受益者,也是实现国家能源安全的具体实施者,在能源战略方面与政府保持高度一致。

(一)政府

新世纪以来,中国政府在与中亚国家的能源合作中扮演着市场推动者、机制平台搭建者和倡议响应者的角色,具体表现在以下四个方面。

---

① 上海合作组织中国实业家委员会:《温家宝建议成立上海合作组织开发银行》,2010 年 11 月 26 日,参见 http://www.scobc.cn/content/d907493,4ac22d,5710_25087.html,2010 年 12 月 15 日登录。

② [挪威]奥斯汀·腾斯强:《中国能源安全的对冲战略》,载《世界经济与政治》2008 年第 8 期,第 48 页。

推动油气管道建设。中亚地区是中国能源的战略接续区,修建油气管道并与国内的"西气东输"工程相结合,能够确保能源安全和优化能源布局。中哈石油管道项目最初由哈萨克斯坦方面提议建设,在经历了可行性研究之后,项目因市场和利润问题被中国石油天然气集团公司(简称"中石油")搁置。2003 年 6 月,胡锦涛主席访问哈萨克斯坦,表达了重启中哈管道项目的决心。该管道于 2004 年 9 月动工,2005 年 12 月完成,并开始试运油。可见,新世纪以来,政府在中亚的能源政策不仅强调政治和战略意义,同时也关注长远的经济利益。紧接着,中土签署了天然气管道协议,这条管道将土库曼斯坦的天然气经乌兹别克斯坦和哈萨克斯坦输送到中国境内,因此又被称作中国—中亚天然气管道。2009 年 12 月,中国国家主席胡锦涛出席了在土库曼斯坦阿姆河右岸举行的中国—中亚天然气管道通气仪式。

修建统一交通网。中国政府通过融资和援建的方式积极推动中吉乌铁路和中亚经济合作走廊的规划和建设,这将有利于能源企业在中亚、里海石油的开发和利用。在完善基础设施建设的基础上,能源企业能够更便捷高效地开辟新的石油进口源和确保能源供应多元化。

推动上合组织框架内能源磋商机制的建立。2002 年 10 月,中国倡议的上合组织框架下的首届投资与发展国际论坛在北京举行,加强能源合作是主要议题之一。2003 年 9 月,上合组织成员国签署了《上海合作组织成员国多边经贸合作纲要》,提出开展能源合作,设计、建设新的油气管道的设想。2006 年初,上合组织成立了能源合作国家间专门工作组。对于能源机制的发展前景,中国商务部长陈德铭表达了中国推动建立区域能源网络的意愿。

响应上合组织能源俱乐部倡议。俄罗斯在 2006 年 6 月上合组织上海峰会上提出了"建立上海合作组织能源俱乐部"的倡议,中国政府基于在能源安全上的广泛利益和上合组织的长远发展予以了响应。对中国的能源安全而言,建立能源俱乐部有利于保障中国的能源需求,为中国企业进入中亚能源上游开发领域、发展自里海至中国境内的油气输送管网创造新的条件,并且有可能使中国的油气过境潜力得到有效发挥。[①] 对上

----

① 王海运:《上海合作组织能源俱乐部中国的立场选择》,载《国际石油经济》2007 年第 6 期,第 3 页。

合组织的发展来讲,能源俱乐部的建立将能源供应者、消费者和运输者联合在一起,能强化互补合作,促进成员国的经济发展,并增强上合组织的凝聚力和国际影响力。中国积极响应俄罗斯的能源倡议也有助于巩固和深化中俄战略协作伙伴关系,带动中俄双边能源合作。在地缘政治方面,能源俱乐部的建立及由此产生的北向和东向凝聚力,显然也符合中国的战略利益。然而,也有人担心,能源俱乐部的建立可能增大俄罗斯控制中亚能源的风险,对中国与中亚国家开展双边能源合作带来冲击。① 因此,中国政府应力求在机制中发挥积极作用,确保中国的能源利益和战略利益。

(二)能源企业

中石油和中国石油化工股份有限公司(简称"中石化")是中亚地区市场上最为活跃的中国能源企业。在国内资源有限的情况下,为了确保稳定的能源供应,毗邻中国、具有丰富资源的中亚地区便成为这些能源企业开拓海外市场的战略目标区。

从一般意义上说,中石油和中石化采取的都是来自西方的商业战略模式。作为中亚能源市场的后来者,它们的主要关切是获取中亚能源生产与资源勘探权,而且,它们常常会付出比西方石油公司预期的更多的成本。② 这对于开拓市场的能源企业来说是可以接受的,当然,它们也关注商业机遇、生产潜力和利润。对它们来说,市场准入和利润相较于安全来说更为重要。这一偏好也影响了政府对能源安全的实现方式的认知,即单纯依靠政治和外交手段保障能源供应是无法实现能源安全目标的,还需要适应市场,与企业协调,了解并利用国际能源市场的规则和运作方式。

中石油和中石化与中亚国家的能源合作已初步形成以哈萨克斯坦为重点、合作范围扩及周边中亚国家的合作态势,合作形式包括获得油气资源开采权、修建跨境油气管道、并购中亚国家及外资在中亚的油气田以及

---

① 王海运:《上海合作组织能源俱乐部中国的立场选择》,载《国际石油经济》2007年第6期,第4页。

② Michael Wesley, ed., *Energy Security in Asia*, London: Routledge, 2007; Erica S. Downs, "The Chinese Energy Security Debate," *China Quarterly*, Vol. 177, 2004, pp. 21-44; John Mitchell and Glada Lahn, "Oil for Asia," *Briefing Paper*, Chatham House, March 2007. 转引自[挪威]奥斯汀·腾斯强:《中国能源安全的对冲战略》,载《世界经济与政治》2008年第8期,第48页。

油气生产技术服务等多个领域。[①] 其能源利益主要集中在哈萨克斯坦。1997 年,中石油公司获得了哈萨克斯坦阿克纠宾油田的控股权,这是中国企业首次涉足中亚油气领域。此后,中石油公司又成功并购了一些哈萨克斯坦境内的油气资产股份。2003 年,中石化集团国际石油勘探开发公司收购英国天然气国际有限公司集团在哈北里海项目一半权益。2004 年,中石化国际工程公司也开始进入哈油气勘探市场。2005 年,中石油旗下的中油国际公司全资收购了哈萨克斯坦石油公司。

第二节　国内联盟与中国对中亚的安全政策

一、国内联盟与中国对边界问题的政策

有学者指出,在与国防相关的外交政策议题上,尤其是在与战略武器、领土争端及国家安全相关的政策上,中国军方的影响力仍是支配性的。[②]

中国西北边界政策形成的一个重要背景是,苏联解体和中亚国家独立时,中国与苏联的边界谈判正在进行中。中苏东段边界已基本解决,但西段边界问题还没有解决,其中大部分边界变成了中国与哈、吉、塔的边界。正是在这种情况下,边界谈判在原有基础上继续进行,谈判仍以双边形式,俄、哈、吉、塔为一方,作为原苏联的继承者,中国为另一方。[③] 边界问题涉及国家的重大利益,因此边界谈判是在国家最高领导层的注视下进行的,原则性的问题都需国家最高领导层决策。[④] 国家领导人坚持通过谈判尽快解决中国与中亚国家关系发展中的最大障碍,一方面是源于中苏边界谈判机制的承继关系,另一方面也与中国当时的国际处境密切

① 郑羽主编:《中俄美在中亚:合作与竞争(1991—2007)》,北京:社会科学文献出版社 2007 年版,第 297 页。

② Linda Jakobson and Dean Knox,"New Foreign Policy Actors in China",p.13. *SIPRI Policy Paper* No. 26,September 2010.

③ 关于中国选择与俄、哈、吉、塔为一方的双边谈判解决边界问题的做法,赵华胜教授认为它具有历史的特殊性,是由于苏联突然解体的特殊情况,不能算一种模式,在其他谈判如南海问题中不具有适用性。

④ 赵华胜:《中国的中亚外交》,北京:时事出版社 2008 年版,第 38 页。

相关,中国亟需稳定西北边疆,以应对来自东部的地缘政治和经济压力。①

外交部是边界谈判的主要执行者,陆续完成了与俄、哈、吉、塔四国的国界划定。在边防方面,中国坚持的是"统筹规划、陆海并重、以防为主、防管一体"②的原则,国家边防委员会由国务院和军队的有关部门组成,军队是边防防卫的主要力量。在建立信任措施方面,中国与中亚邻国达成了一系列边境地区建立信任措施和边境裁军协定,军方是具体履行和实施这些措施的执行者。1996年4月,中国与俄、哈、吉、塔签署了《关于在边境地区加强军事领域信任的协定》,逐步扩大和深入的边境军事合作为此后上海合作组织框架下的地区安全合作打下了互信基础。

二、国内联盟与中国对中亚非传统安全问题的政策

中国与中亚国家的非传统安全合作早在20世纪90年代后期就开始了。中国应对"三股势力"的努力大致可以分为两个阶段。第一阶段,"上海五国"时期。中国领导人逐渐认识到其在中亚的利益已从维护边界安全拓展到与地区国家共同应对"三股势力"的威胁,与俄罗斯和中亚国家达成了联合打击"三股势力"的共识,还成立了"比什凯克小组",即安全执法部门负责人会晤。第二阶段,上海合作组织成立以来,特别是"9·11"事件发生之后,反恐、禁毒等已成为中央政府在上合组织中主要的安全关切。此外,水资源利用问题也逐渐成为中国和中亚邻国面临的重要的非传统安全问题。

总的来说,影响中国对中亚非传统安全政策的国内联盟,主要包括中央政府(公安部、检察机关、农业部等)、地方政府和军方。各职能部门是中国开展务实合作的具体实施者;地方政府是中国打击"三股势力"的主要受益者;军方则通过联合军事演习、安全对话等方式提升其对中亚的辐射能力,对非传统安全威胁造成一定的威慑作用。

---

① 冷战结束后,美、日等国在太平洋西岸给中国不断施加地缘政治压力,与此同时,中国东部沿海省市又面临对外开放和经济发展的大好时机。为了抵御地缘环境压力和保持经济发展动力,确保一个相对稳定的周边环境变得尤为重要。

② 国务院新闻办公室:《2006年中国的国防》,http://www.mod.gov.cn/affair/2011-01/06/content-4249948.htm.,2015-12-25.

（一）中央政府

20 世纪 90 年代后期,中国与中亚国家共同面对的来自"三股势力"的现实威胁是促成"上海五国"进一步发展为上海合作组织的重要原因之一。由于具有相同的安全需求,更加机制化的地区安全合作便孕育而生。在元首会议签署的政治宣言基础上,上海合作组织框架内的非传统安全合作不仅确立了各成员国多个部门间的会晤机制,而且建立了地区反恐怖机构。从中国政府推动上合组织机制化的努力来看,如何有效而高效地解决问题而非仅仅展现政治姿态是其考虑的重点,具体表现为中国政府综合运用政治、经济、安全等各种手段,充分调动安全、司法、执法等相关部门资源,实现对非传统安全威胁的"治本"。

倡导新安全观。中国倡导的新安全观,成为多边反恐合作的重要指导原则,其实质是超越单方面安全范畴,以互利合作寻求共同安全。与此同时,综合安全理念也被中国领导人用于应对非传统安全问题。中国领导人曾多次表示,中国反对单纯使用武力打击恐怖主义,主张通过促进地区的经济发展,消除恐怖主义产生的土壤。① 这也可以解释为何中国积极援建中亚地区的基础设施建设,不仅是为了深化与中亚国家的经济合作,另一方面也是希望通过推动经济发展和社会进步,从源头上根除非传统安全威胁。

签署法律性文件及其合作构想。2001 年上合组织成立时,与《成立宣言》同时签署的还有《打击恐怖主义、分裂主义、极端主义上海公约》,该公约在信息交流、侦查、培训专家等方面达成了协议,并且特别强调各方中央主管机关可建立紧急联系渠道和举行例行或特别会晤,必要时可相互提供技术和物资援助。② 中国的全国人大常委会于 2001 年 10 月 27 日批准了这份法律性文件,表明了政府采取地区合作措施预防和打击"三股势力"的立场。在公约的法律基础上,2005 年 7 月,成员国元首又签署了《上海合作组织成员国合作打击恐怖主义、分裂主义和极端主义构想》,确定了联合反恐的主要宗旨、原则、方向、合作方式及落实机制。其中,合作方式包括了采取协商一致的预防性措施、开展协商一致的侦缉

---

① 孙壮志:《上海合作组织反恐安全合作:进程与前景》,载《当代世界》2008 年第 11 期,第 21 页。
② 上海合作组织:《打击恐怖主义、分裂主义、极端主义上海公约》,2001 年 6 月 15 日,参见 http://www.sectsco.org/CN/show.asp? id=99,2010 年 12 月 5 日登录。

和调查行动、开展联合反恐行动、给予司法协助等。

推动地区反恐怖机构的建立。在上合组织成立之前,"上海五国"元首就曾一致表示要建立"反恐怖中心"。2004 年 6 月,地区反恐怖机构在塔什干正式启动,标志着上合组织框架内的多边反恐合作进入全面深化的阶段。反恐怖机构内部设立理事会和执委会,其中,执委会主任由反恐机构理事会提名、上合组织元首理事会任命产生,因此,从机构的职权上看,反恐怖机构受命于上合组织的最高决策机构——成员国元首理事会,本质上仍是一个政府间机构,并不具备超国家特性。但从机构的职能上看,其发挥的作用是务实有效的,包括了同成员国和国际组织的沟通与协调、参与准备法律文件草案、建立反恐机构资料库、为反恐活动提供建议、协助反恐行动等。

建立工作层会晤机制。"9·11"事件爆发后,中国公安部就成立了反恐局,从反恐情报和反恐行动两方面开展国内反恐工作和进行国际合作。与此同时,各省、区、直辖市的公安部门的相关机构也在筹备中。在国内反恐机制不断完善的同时,2002 年以后,中国的安全、司法和执法部门相继参与了一系列上海合作组织框架内的年度定期会晤机制,包括国防部长、总检察长、安全会议秘书、最高法院院长等机制。目前,已经形成了国内各部门间相对完善的合作机制、地区层面上各国对应部门的合作机制以及各国部门与地区反恐怖机构的合作机制等。

(二)地方政府

对于中国打击中亚地区"三股势力"的政策,新疆维吾尔自治区政府作为"三股势力"的重灾区,是主要的受益者和支持者。

(三)军方

开展联合反恐军事演习。除就联合反恐问题进行磋商、组织和实施情报分析活动及有关防范、侦查、打击恐怖主义等活动以外,成员国还组织了多次在上合组织框架内的双边和多边联合反恐演习,参加者有执法部门、边防军人、特种警察和成建制的武装部队。① 上合组织框架内的首次反恐演习,就是 2002 年 10 月中吉两国军队在边境地区举行的联合反

---

① 孙壮志:《上海合作组织反恐安全合作:进程与前景》,载《当代世界》2008 年第 11 期,第 19—20 页。

恐演习,这也是中国军队首次与外国军队举行联合演习。2003 年 8 月,中、哈、吉、俄、塔五国军队在哈萨克斯坦乌恰拉尔市和中国新疆伊宁市附近地区,成功举行了上海合作组织框架内首次多边联合反恐演习。2006 年 9 月,中国和塔吉克斯坦举行了"协作—2006"联合反恐军事演习。2007 年 8 月,在上海合作组织框架内,中国与其他五个成员国在中国新疆和俄罗斯车里雅宾斯克共同举行了以打击恐怖主义、分裂主义、极端主义为课题的联合反恐军事演习,这是中国军队第一次在境外参加的较大规模的陆空联合演习。2003 年 2007 年的这两次多边联合反恐军演影响最为深远,起到了震慑恐怖分子和提高反恐能力的作用。

参与国防部长会晤机制。2000 年 3 月,"上海五国"国防部长第一次会议在阿斯塔纳举行。2002 年 5 月,上合组织成员国国防部长会晤在上海举行,各方讨论了加强六国军事协作的问题,并同意完善六国国防部长和军队总参谋部代表的定期会晤机制。中国参与的多次联合军事演习都是在国防部长会晤机制所达成的共识的基础上开展的,换言之,国防部长会晤机制在运用军事力量共同应对非传统安全威胁方面扮演着不可或缺的角色。

举办地区安全论坛。2005 年 11 月,中国国防部主办的上海合作组织防务安全论坛在北京举行,旨在探讨组织内部新的合作形式,加强防务与安全领域的交流合作。此外,国防部还多次主办了与反恐有关的大型论坛、研讨会、研讨班,帮助中亚国家培训军官和警务人员。

第三节　中国对中亚的地区塑造

冷战后中国对中亚的政策是逐步形成的。成型的中亚政策不仅包括双边层次上的睦邻外交,在次区域和地区层次上也展开了涉及经济、安全、人文等各个领域的合作。其中,上海合作组织对中国来说是地区塑造的杠杆。所谓地区塑造是指中国希望中亚作为一个地区整体上应是什么样子,包括中亚地区向什么方向发展,它应形成什么样的地区结构和形态,它的地区合作采取什么架构,它在地缘政治上扮演什么角色等等。中国对中亚地区发展的设想通过上海合作组织体现出来,并通过上海合作组织来推动实现其设想。上海合作组织不仅是中国参与地区管理的多边框架,在某种意义上,它还在政治上把中国纳入到了中亚地区之"内",使中国在政治上成为一个"地区内"国家。[①] 从中国对中亚的地区观及其具体实践上看,同样可以用三个政策术语来概括,即引导、倡议和适应。

一、中国对中亚地区的引导

中国对中亚国家的引导不同于主导。在双边、次区域、地区三个层次上,中国通过开启新的沟通与合作渠道,减少国内尤其是西部省市在对外开放过程中的壁垒,援助中亚国家兴建和改造基础设施并帮助它们进行产业结构升级。在互动中了解对方的利益诉求,并在共同利益的部分,同时寻求国内层次的政策完善和国际层次的互利互惠。换言之,照顾地区的利益实际上也是为了实现自身的利益。因此,积极主动的引导就能确保合作的进行并最大化地实现双方的利益。

在双边层次上,中国对中亚的引导反映在中国对双边关系的推动方式上。由于中亚与毗邻的中国西部腹地均属于欧亚内陆地区,大部分距出海口遥远,且生态环境恶劣。尽管自然资源丰富,但区位上的劣势决定了这些地区对外交易成本高,在市场的作用下很难大幅度扩大西部地区与中亚国家的经济来往。因此,中国推动与中亚国家双边合作的方式和途径多是通过政府高层渠道,包括中央政府的政策引导和首脑外交,以及地方政府的规划出台和优惠政策。也就是说,政府起主导作用,引导市场"向西看"。商务部研究院的一位研究员曾经对媒体表示,从比较经济效益来看,中国西北部不如东部,外资乃至中国东部的资金,不愿意去西北部投资。"因此,政府正考虑调整有关政策,加快西部地区的经济改革,使投资者能有利可图。"[②]对西部的政策倾斜和市场引导与扩大同中亚的经济合作是密切相关的。从实施的效果来看,是颇有成效的,但在"走出去"战略的实施上仍有待改进和加强。

在次区域层次上,中国在现有的次区域多边机制中发挥了积极的推动作用。在中亚区域经济合作框架下,中国主导召开了多次"商务发展

---

① 赵华胜:《中国的中亚外交》,北京:时事出版社 2008 年版,第 408 页。
② 易强:《沟通西亚再走"丝绸之路"　西部发展出现新商机》,2006 年 10 月 28 日。参见 http://money.163.com/06/1028/03/2UG7K966O0251OBC.html,2011 年 3 月 5 日登录。

论坛"和"丝绸之路投资论坛"。举办这些由政府牵头的大型论坛,一方面是为了扩大国内西部地区的对外开放,鼓励更多的企业"走出去",另一方面也给次区域国家带去了商机和发展的机会,吸引更多的外资"走进来"。贸易和投资渠道的搭建带来的成效是显著的。中国对中亚区域经济合作国家的投资逐年增加,主要集中在能源、交通、电信、机电、轻工、农业等领域。中国还通过在亚行设立的"减贫与区域合作基金",向次区域国家提供技术援助,主要用于农业开发、环境保护和能力建设。中国在经济技术上的对外援助不是"掠夺性"的,或"新殖民主义式"的,而是满足了受援国的紧迫需求而提供的长期性举措。这也反映出中国在发展经济合作上的战略思考。

由于交通是制约与中亚邻国贸易的重要因素之一,中国在交通等基础设施的规划和投资上投入了很多资源。1999 年根据铁道部的计划,铁道部第一勘测设计院在《新建中吉乌国际铁路中国境内段可行性研究报告》中提出了中吉乌南、北两个方案。最终确定的是北方方案,其路径是从新疆的喀什经过吐尔尕特山口到吉尔吉斯斯坦的卡拉苏,终点是乌兹别克斯坦的安集延。中国为了这一项目,向吉尔吉斯斯坦提供了 6000 万元人民币的援助。中吉乌铁路的建成将完善新亚欧大陆桥南部通路,形成东亚、东南亚通往中亚、西亚和北非、南欧的便捷运输通道。对于中国而言,这不仅将改变新疆乃至整个西部的交通格局,加快西部大开发的步伐,促使新疆成为中国向西开放的前沿和枢纽,还将有利于中亚、里海石油的开发和运输,对开辟中国新的石油进口源、调整国家能源发展战略具有战略意义。

在地区层次上,引导政策表现为对机制发展和对规范制定的双重引导。首先,根据中国与中亚关系发展的现实,结合中亚特殊的地缘政治经济环境,为制度的发展定调。由于上海合作组织的建立基于中亚国家、俄罗斯与中国消除对抗和建立边境相互信任的努力,并且是在回应地区非稳定因素的挑战过程中得以制度化的,"高度的政治互信和高水平的战略协作是该组织的独特优势"。[①] 中国明确指出政治互信是地区组织的

① 胡锦涛:《携手应对国际金融危机 共同创造和谐美好未来——在上海合作组织成员国元首理事会第九次会议上的讲话》,2009 年 6 月 16 日,俄罗斯叶卡捷琳堡。参见 http://www.gov.cn/ldhd/2009-06/16/content_1341807.htm,2010 年 8 月 10 日登录。

基石,而只有进一步夯实信任、扩大共识,才能巩固机制使其在维护地区安全和促进共同繁荣上发挥作用。2003年第三次峰会批准张德广为组织首任秘书长,并在北京设立秘书处。其次,强调上海合作组织是一个协调型地区安全组织,不同于北约,不诉诸集体武装抵御外敌,其目标是维护地区稳定和繁荣。各国通过元首、首脑、国防部长、文化部长、经贸部长、安全执法部门负责人及总检察长等部长级会晤等渠道寻求共识,开展合作。中国欢迎各对话国的参与和机制成员国的增加,强调这是一个开放的地区主义机制。但与此同时,中国仍希望以高度的政治互信为扩容的前提条件。再次,"新安全观"的践行和"上海精神"的确立体现出中国的战略新思维。"上海五国"会晤机制形成之时,中国领导人关于新型安全观、新型国家关系和新型区域合作模式的构想和思路也通过初步实践逐渐上升为理论。[①] "新安全观"最终表述为"互信、互利、平等、协作"。[②]在2001年峰会上,江泽民明确提出"互信、互利、平等、协商、尊重文明多样、谋求共同发展"的"上海精神",这不仅是五国处理相互关系的经验总结,而且对推动建立公正合理的国际政治经济新秩序也具有重要的现实意义。[③]

二、中国对塑造中亚地区秩序的倡议

对于中国而言,中亚的重要性主要表现在四个方面,第一,中亚将在相当长时期里在反恐安全问题上扮演重要角色;第二,中亚将是大国合作与竞争的最重要地区之一,这使中亚的重要性已经超越了其本身;第三,美国在中亚军事存在的长期化使得中亚可能从中国的战略后方变为前沿阵地;第四,中亚能源对中国的意义上升是最重要的一点。[④] 中国对中亚地区秩序的设想正是在对中亚重要性认知的基础上发展而来的,而阐述和推广这一设想并且使之得以践行和实现的平台主要就是上海合作组织。具体来看,中国对中亚地区秩序的设想包括,首先,中国倡导的"上

① 潘光:《上海合作组织和"上海精神"——第三代领导集体对邓小平国际战略思想的发展》,载《社会科学》2003年第12期,第34页。
② 江泽民:《论"三个代表"》,北京:中央文献出版社2001年版,第183页。
③ 钱彤、金学耕、陆斌:《上海合作组织元首会议在沪举行》,载《人民日报》2001年6月16日,第1版。
④ 赵华胜:《中国与中亚:经济是关键》,载《现代国际关系》2005年第2期,第22页。

海精神"体现出中国对权力政治和大国政治决定地区秩序模式的改进,①更多地依靠在共同利益基础上的地区合作来维持地区和平与稳定;强调大国(主要是指具有较大地区影响力的域外大国)应该照顾中亚小国的利益,在互信的基础上,以平等协商的方式处理地区问题。其次,中亚地区秩序不仅要维持大国主导下的地区安全,更为根本的是要实现整个地区的经济社会发展,这是解决安全威胁的治本之道。

能否使这一设想成为现实,还需考虑到中国影响中亚地区的能力和所具备的资源。中国发展与中亚的关系有着稳定的外交资源,其中经济资源最为突出。它对中亚地区的经济影响主要体现在贸易、投资、经济援助等领域。此外中国还是中亚能源和其他矿业产品的重要市场,是中亚交通运输的重要出口。因此,赵华胜教授认为,未来中国在中亚地区影响的增长将主要通过经济途径。② 中国对塑造地区秩序的倡议也多集中在经济领域。值得一提的是,由于所具备的优势资源和各自的战略考虑不同,中俄两国在上海合作组织的发展方向,或是在塑造中亚地区秩序的重点上略有差异。中国在深化上合组织安全合作的基础上,积极推动组织框架下的经济一体化进程,进一步加快中国与中亚地区和俄罗斯的经济融合。俄罗斯则更希望将中亚经济整合到其主导的欧亚共同体中,降低中亚国家对中国经济的依赖程度;除了独联体集体安全条约组织之外,俄罗斯也将上海合作组织作为维护地区安全的主要平台;而它对上合组织能源合作的推动则更体现出其争夺地区秩序主导权的战略考虑。

中国在智力上是上海合作组织最大的投入国,可以说是上海合作组织最主要的思想和倡议来源国,在上合组织的各个层次和各个领域中,中国是提出发展规划、设想和方案最多的国家。③ 在引导政策的基础上,中国对地区议程的安排也呈现出积极主动的倾向。倡议相对引导而言,指的是更为具体的细节部分,更多的时候是体现在操作和实施阶段。在上海合作组织中,中国对多边政治框架和经济合作议程的推动尤其是自由贸易区目标的提出,展现出中国的"企图心",即在不断加深的政治互信

① 对国际秩序模式的综述参见潘忠岐:《世界秩序:结构、机制与模式》,上海:上海人民出版社2004年版,第214—317页。
② 赵华胜:《中国与中亚:经济是关键》,载《现代国际关系》2005年第2期,第22页。
③ 赵华胜:《中国的中亚外交》,北京:时事出版社2008年版,第410—411页。

的基础上,凭借中国庞大的制造业市场和潜能巨大的消费市场,利用与中亚国家的经济互补性,实现西部大开发与地区一体化的互促互进。

多边政治框架的建立和政治互信的深化。2007年8月,在中国的倡议下,上海合作组织成员国在比什凯克峰会上共同签署了《上海合作组织成员国长期睦邻友好合作条约》,这也成为欧亚地区首份类似内容的多边政治文件。外交部副部长武大伟表示,该条约"为进一步巩固上海合作组织成员国政治互信和睦邻友好、推动中亚地区持久和平和共同发展奠定了政治和法律基础"。[①]

经济合作议程的提出和推进。从上海合作组织成立之初,中国就强调机制内开展经济合作的必要性和可行性。由于中国广阔的市场与中亚国家丰富的资源具有高度的互补性,中国希望这里成为本国资源开发和对外贸易"走出去"的一个战略重点,推动实现对外经济联系多元化的布局。[②]上合组织成立后,中国大力推动地区经贸合作与安全合作并举。在2002年和2003年相继签署了《〈上海合作组织成员国政府间关于区域经济合作的基本目标和方向及启动贸易和投资便利化进程的备忘录〉的议定书》和《上海合作组织成员国多边经贸合作纲要》后,中国开始大力支持民族企业与中亚国家开展贸易和投资,并积极推动基础设施建设、简化海关手续以及加强人员培训等等,创造良好的环境和条件吸引和扶持有能力的企业走出国门,与中亚国家在能源、贸易、服务、投资等各领域扩大和深化合作。

在2002年5月举行的上海合作组织成员国经贸部长的首次会晤上,中国商务部副部长张志刚曾公开表示,经过两年多的发展,上海合作组织已经进入全面务实合作的阶段,建立自由贸易区是深化本区域经济合作、适应世界区域经济发展的必然选择。中方建议优先启动能源、交通以及与人民生活密切相关并能创造就业机会的经济项目,并在能源领域充分开发区域内的消费市场,规划设计对各成员国有利的能源运输线路,合作开发油气资源。但中国国务院发展研究中心对外经济研究部部长张小济指出,就目前的形势而言,中亚的经贸合作仍然停留在贸易便利化的合作阶段。建立自由贸易区一般来说,需要经过若干阶段。首先实现商品和

---

① 张晓松、王茜:《中国批准上合组织成员国长期睦邻友好条约》,2008年6月26日,参见 http://news.163.com/08/0626/20/4FD35NRQ0001124J.html,2010年8月13日登录。

② 姜毅:《中国的多边外交与上海合作组织》,载《俄罗斯中亚东欧研究》2003年第5期,第50页。

资金的自由流动,然后消除彼此的障碍,创造环境,落实一些项目,推进贸易便利化;再后是多边贸易合作;最后才是建立自由贸易区。因此,建立中亚自由贸易区是上海合作组织在地区经贸合作领域的终极目标。① 目前,在自由贸易方面,中哈在边境口岸霍尔果斯建设的中哈霍尔果斯国际边境合作中心首批商业项目已开工奠基,标志着由中哈两国元首共同促成的横跨两国的大市场正式进入商业开发运营阶段。合作中心的建设对中国向西开放和新疆经济增长的引领、示范作用将日益凸显,伊犁哈萨克自治州将率先受益。尽管这不是真正意义上的自贸区,但对于上合组织而言,也可视为区域合作的示范区。

三、中国对中亚地区的适应

中亚地区与中国周边的其他三个相邻地区最大的不同是,这是一个似是而非的"地区",并且具有复杂多变的地缘政治环境。对于将营造一个稳定理想的周边环境为基本目标的中国,认清地区形势和自己在地区中所处的地位,在适应中寻求利益的有效实现是最为明智的选择。

首先,与中国在东南亚积极地拓展其影响力不同的是,中国在中亚更注重在清醒认识地区现实的前提下的务实合作。这很大程度上得益于中国对地区环境的准确认识和国家间高度的政治互信。中亚地区的现实是,这是一个苏联解体的产物,中亚国家与俄罗斯的关系在政治、经济和社会层面上都是特殊而复杂的。"9·11"事件后,美国军事力量的介入加剧了地缘竞争。中国认识到这一点,并不急于拓展其地区影响力。尤其是当中国面临中亚地区渗透进来的分裂主义威胁,多种势力的交汇和复杂的地区环境使中国领导人在开放的同时更强调稳定的重要性。中国与中亚国家从20世纪90年代以来陆续解决了边界问题,在边境地区裁军的过程中增强了相互信任,并通过签订政治框架文件确保了双边合作的进一步深化。这与东南亚有很大区别,东南亚地区仍在为建立信任措施而不断努力,中国为了消除东南亚国家的担忧和疑虑,通过象征性和实质性行动表示其善意。

---

① 严珊:《中国筹划中亚自由贸易区震动世界》,载《经济》2003年10月23日,参见 http://business.sohu.com/41/07/article214740741.shtml,2010年8月18日登录。

　　其次,中国是与俄罗斯共同主导了上海合作组织内的地区合作,[1]这与西欧的法德轴心主导欧共体有几分相似。中国要兼顾地区利益、中亚国家的利益和俄罗斯在该地区的利益,这与中俄战略协作关系对于中国实现地区利益的重要性是相关的。对于俄罗斯来说,在乌克兰、格鲁吉亚的"西靠"倾向难以改变、独联体国家向心力进一步被削弱的情况下,中亚成为原苏联空间内俄罗斯大国地位的最重要的地缘战略依托。[2] 对于俄罗斯的特殊关切,中国显得小心谨慎。在深化与俄罗斯的经贸合作的同时,发展与中亚国家的能源合作,并不急于冒进,而是采取渐进而温和的方式。

　　最后,中国西部经济实力的不足以及社会环境的脆弱也限制了中国对中亚国家的吸引力,随着西部大开发战略的实施和推进,中亚国家将更加认识到中国作为地区外大国的重要性。而经济互补性、交通便捷等比较优势也将在中国西部经济腾飞的背景下激发出更大的合作动力。比如,在能源合作方面,相对于俄罗斯和美国通过军事手段、技术霸权或历史上的特殊关系所获得的"战略占先",中国在中亚寻求能源供应多元化只是 20 世纪 90 年代后期的事,而且是近年来才上升至国家战略层面。因此,起点晚决定了中国在能源合作上的劣势。但与哈、乌、土等国合作所取得的累累硕果也预示了中国与中亚能源合作的光明前景。

第四节　中亚地区自主性与中国对中亚的地区塑造

一、对中亚地区自主性的评判

　　根据地区自主性的评判标准,笔者从"地区问题地区解决"的能力和意愿、地区一体化水平、与域外大国的关系三方面,对中亚的地区自主性进行定性分析。

　　(一)"地区问题地区解决"的能力和意愿

　　1.物质能力及地区实力格局

---

[1] 参见林珉璟、刘江永:《上海合作组织的形成及其动因》,载《国际政治科学》2009 年第 1 期,第 1—33 页。

[2] 郑羽主编:《中俄美在中亚:合作与竞争(1991—2007)》,前言,北京:社会科学文献出版社 2007 年版,第 2 页。

（1）地区 GDP。独立之后的中亚国家经历了持续数年的经济大幅下滑，再加上亚洲金融危机和俄罗斯金融危机的影响，1999 年，中亚地区的 GDP 仅为 385 亿美元，就连地区经济实力最强的哈萨克斯坦的 GDP 也已下降为 1991 年的 1/4 左右。但新世纪之交，中亚国家进入了低增长率的发展阶段（见表 7—1）。2005 年，中亚地区的 GDP 有了一次较大的飞跃，当年的 GDP 和人均 GDP 大约是 2004 年的近三倍。2009 年，中亚地区的 GDP 和人均 GDP 已分别达到 3190 亿美元和 5200 美元。尽管中亚经济进入平稳发展期，但其整体经济实力仍较弱。中亚五国都是发展中国家，但也存在一定的经济差距（见表 7—2）。哈萨克斯坦是地区内经济实力较为雄厚的国家，发展速度较快。乌兹别克斯坦和土库曼斯坦紧随其后，塔、吉两国则属于最低收入国家，即最不发达国家。可见，中亚国家间存在较大的经济差距，且有逐渐拉大的趋势。

表 7—1　中亚地区的 GDP（十亿美元，PPP*）和人均 GDP（美元，PPP）

	1999	2001	2003	2004	2005	2009
国内生产总值	38.5	47.7	57.6	76.1	233.6	319.0
人均国内生产总值	—	948	1019	1337	3900	5200

*　PPP：Purchasing Power Parity 的简称，即购买力平价。

资料来源：根据 Jim Nichol，"Central Asia：Regional Developments and Implications for U. S.Interests，"（*CRS Reports for Congress*，2001-2010）历年的报告整理而得。

表 7—2　中亚五国的 GDP（十亿美元，PPP）比较

	1999	2001	2003	2004	2005	2009
哈萨克斯坦	15.6	24.8	29.7	40.7	133.2	182.3
乌兹别克斯坦	16.8	7.9	10.0	11.9	52.2	77.6
土库曼斯坦	2.7	12.3	14.8	19.2	29.4	33.6
吉尔吉斯斯坦	1.6	1.6	2.0	2.2	9.3	11.7
塔吉克斯坦	1.8	1.1	1.1	2.1	8.8	13.8

资料来源：根据 Jim Nichol，"Central Asia：Regional Developments and Implications for U. S.Interests，"（*CRS Reports for Congress*，2001-2010）历年的报告整理而得。

（2）地区军费开支。中亚五国的军费少，军队员额少，军队待遇低，国防力量都很薄弱，对地区极端势力的控制和打击能力不足。以中亚军事实力较强的哈萨克斯坦为例，1993 年以来，其军费开支总体上呈递减趋势，由 1993 年的 7.07 亿美元减少到 2001 年的 1.718 亿美元。[①]"9·11"事件促使中亚国家加快了军备建设，但其国内严峻的经济形势和优先发展经济的战略很大程度上决定了其对地区和本国的安全更多地是寻求外部力量的保护。[②] 可见，军费开支是与经济状况密切相关的，中亚的经济实力较弱，其应对安全威胁的军事能力也相对较弱。

在实力格局方面，中亚地区呈现出两极格局的形态，但这种两极格局不是协调合作下的两极格局，哈、乌两国对地区领导权的争夺影响了地区一体化倡议的落实和地区公共产品的提供，其结果就是这两个地区强国无法在自主决定地区事务方面达成一致和形成合力。

2.观念能力

（1）地区认同。中亚国家独立后经历了身份和认同的双重危机，即同属于"苏联公民"的身份和文化、制度认同瓦解，中亚国家内部出现了身份和认同的"真空状态"，民族文化认同、宗教认同以及国家认同等各种观念力量兴起，形成了在相互竞争中塑造地区观念的局面。随着中亚国家与区外国家经济和安全相互依赖的加强，由历史和文化因素构成的地区凝聚力正逐渐被削弱，而新生的地区认同仍未发展成熟。可见，中亚的地区认同还处于自我发展阶段。

（2）对外"软实力"。地区的"软实力"主要体现在对外的吸引力，但中亚较低的经济发展水平、动荡的地区安全局势和较弱的地区认同，使之无法为国际社会提供具有吸引力的有形和无形"产品"。从这个意义上说，中亚的"软实力"明显很弱。

3.制度能力

尽管中亚建立了地区制度，但其运作效用的低下削弱了制度能力的发挥。从制度建立的能力看，中亚于 1994 年建立了中亚经济联盟，体现出一定的制度水平。该联盟的目标则非常明确，即推动中亚地区经济一

---

① 参见独联体国家间统计委员会资料、《世界军事年鉴（2012）》（北京：解放军出版社）、Military Balance（IISS）。

② 杨恕：《转型的中亚和中国》，北京：北京大学出版社 2005 年版，第 174 页。

体化。为此,该组织于 1998 年吸收了塔吉克斯坦,除中立国土库曼斯坦外,中亚四国均成为该组织的成员国,并且建立了国家间委员会及其执委会和中亚合作开发银行。

从制度运作的效用看,中亚经济联盟的制度性作用明显较弱。中亚经济联盟于 1998 年更名为"中亚经济合作组织"(Central Asian Economic Co-operation),2004 年 10 月俄罗斯正式加入该组织,终止了此前中亚国家排除俄的经济一体化进程。[①] 2005 年 10 月 6 日成员国一致决定将中亚合作组织并入欧亚经济共同体,与白俄罗斯共同组成新欧亚经济共同体。中亚合作组织最终被欧亚经济共同体合并,从某种程度上说是中亚地区内生制度的失败,反映出中亚国家在推进制度运作中的能力低下。俄罗斯主导下的新的地区性组织模糊了中亚的地区性,使得中亚国家无法在地区组织中掌握地区事务的主导权。而乌兹别克斯坦于 2008 年 11 月申请退出欧亚经济共同体,则更挫伤了该组织在实现地区经济一体化中的主渠道地位。

4.对实现"地区问题地区解决"的期望

冷战结束以来,中亚国家表达出推动地区融合、加快联合自强的强烈需求。哈萨克斯坦作为实力稍强的地区大国,在推动实现"地区问题地区解决"的进程中扮演了突出的角色。

1994 年,哈萨克斯坦总统纳扎尔巴耶夫提出"欧亚联盟"构想,该构想旨在通过地区政治协调和经济一体化加强国家主权,集中力量加速克服过渡时期的经济和政治困难。2005 年,纳扎尔巴耶夫总统在向哈萨克斯坦人民发表国情咨文时,又提出建立"中亚国家联盟"的构想。在哈萨克斯坦看来,重新整合中亚地区国家关系、密切各国合作、实现中亚地区政治与经济发展一体化,不仅具有迫切性,也具有可行性。[②] 哈萨克斯坦

① 郑羽主编:《中俄美在中亚:合作与竞争(1991—2007)》,北京:社会科学文献出版社 2007 年版,第 86 页。

② 必要性主要体现在:其一,中亚各国、各民族具有经济、文化上的同一性;其二,中亚各国具备了和平相处的法律基础,如乌、吉签署了永久和平、合作和互助协议,哈、吉签署了关于确定联盟关系的和约,哈、乌间的永久和平协议也于 1998 年开始生效;其三,中亚各国间已具有了初步的地区一体化法律基础,如 1994 年哈、吉、乌签署的统一经济空间条约等。哈总统还指出,地区合作对中亚地区和平与繁荣的重要意义,及哈在中亚地区一体化进程中所扮演的关键性角色。参见[哈]阿曼基利迪·塔热诺夫著,赵克帅译:《哈萨克斯坦与区域合作组织》,载《现代国际关系》2006 年第 1 期,第 54—56 页。

外长托卡耶夫曾解释道,中亚国家联盟不是统一的联盟国家,而是加强一体化合作,包括关税联盟,甚至货币联盟,目的是为了统一经济空间,以便商品、服务和人员可以在内部自由流动。随着哈经济实力的增强,纳扎尔巴耶夫在 2007 年的国情咨文中表示,"哈萨克斯坦能成为经济发展的'地区火车头'"。2008 年 4 月,他又提议以分阶段的方式建立中亚国家联盟,并建议在 2009 年首先就成立中亚经济联盟举行国际论坛。

5.对实现"地区问题地区解决"的决心

中亚自主决定地区事务的决心明显不足。以哈萨克斯坦的两次有代表性的地区倡议为例。在哈萨克斯坦于 1994 年提出的构想和理念的基础上,中亚合作组织诞生。但其维持十年后,最终以并入俄罗斯主导的欧亚经济共同体而宣告结束,标志着中亚国家寻求建立区内一体化机制的首次尝试失败。而对于哈萨克斯坦于 2005 年提出的"中亚国家联盟"构想,吉尔吉斯斯坦表示欢迎,乌兹别克斯坦明确表示反对,并强调"建立类似的联盟必须使各国的经济和社会发展提升到相适应的水平",[①]塔、土两国则未作正面回应。中亚地区各国国情和利益差异太大,哈萨克斯坦的实力还不足以代替域外大国成为地区国家主要的贸易和投资来源,乌兹别克斯坦不希望看到哈成为地区领导者,都阻碍了哈地区合作倡议的实施。[②]

(二)地区一体化水平

1.地区一体化目标的确定

(1)地区一体化的目标范围。在中亚地区,不论是 1994 年哈、吉、乌三国根据签署的统一经济空间条约成立的中亚经济联盟,还是哈萨克斯坦倡议下的"中亚国家联盟",都是以经济一体化为当前地区合作的主要目标的。纳扎尔巴耶夫在 2007 年 5 月 21 日第 63 届联合国经社理事会亚太委员会外长会议上曾表示:中亚国家联盟就是要把中亚地区从自由贸易区发展成为关税联盟和统一经济空间。可见,哈萨克斯坦提出的

---

① 王德禄:《乌兹别克斯坦总统反对建立中亚国家联盟》,2008 年 4 月 22 日,http://gb.cri.cn/19224/2008/04/22/2625@2030813.htm,2010 年 12 月 11 日登录。

② 参见钱宗旗:《中亚国家区域合作探索的现状和发展趋势》,载《俄罗斯研究》2008 年第 4 期,第39—45 页;张宁:《浅析纳扎尔巴耶夫的"中亚国家联盟"主张》,载《俄罗斯中亚东欧研究》2008年第 4 期,第 21—26 页。

"中亚国家联盟"实际上是中亚地区经济一体化。[①] 由于中亚地区至今仍未达到经济共同体的水平,建立成员国在政治、经济和安全等各领域实施统一政策的国家联盟形式只能是个远景目标。

（2）地区一体化目标的实现方式。根据统一经济空间条约,中亚经济联盟通过了《1995—2000 年中亚经济共同体国家一体化纲要》。纲要规定建立合资企业实施互利项目,进行能源合作,以及实行统一税率和制定交通运输方面的一致政策。但五年中,建立统一的经济空间进展缓慢,该条约所提出的主要目标未能达到。自由贸易协定也仅局限于双边层面。哈、吉两国的自由贸易协定于 1996 年开始生效,吉、乌两国间的自由贸易协定于 1997 年开始生效。尽管中亚地区经济一体化的目标很明确,但缺乏具体的时间表以督促各成员国完成阶段性目标,使得各国对中亚经济联盟的期望值下降,只能将其并入欧亚经济共同体。

2.地区一体化的发展程度

中亚地区的区内贸易额和投资额相当低,且中亚五国的对外经济依存度很高,极易受到外部经济动荡的影响。以中亚地区的贸易大国哈萨克斯坦为例,其十大进出口贸易伙伴全部是区外国家（见表 7—3、表 7—4）。其他四国的总贸易额很低,且同样严重依赖区外国家尤其是俄罗斯、欧洲、中国等（见表 7—5 至表 7—12）。一体化水平决定于本地区产品和消费品的结构,而中亚恰恰在这个基本的条件上十分欠缺。[②] 换言之,中亚国家相互之间的贸易份额不大,主要是因为各国的产业发展水平普遍较低,以资源性产业作为出口的主要支柱,互补性较差。尽管在中亚地区围绕着自由贸易区、关税同盟、共同市场的地区合作组织和构想陆续出现,但制度性的框架缺少了市场的支撑,是很难产生实质性效果的。

与此同时,哈萨克斯坦作为地区贸易大国,其国内经济结构失调的问题未得到有效解决,国家经济实力还不足以担负起提供地区公共物品的责任。因此,在市场动力不足,且缺乏一个对地区经济融合起到实质性作

---

① 张宁:《浅析纳扎尔巴耶夫的"中亚国家联盟"主张》,载《俄罗斯中亚东欧研究》2008 年第 4 期,第 22 页。

② 蒋新卫:《冷战后中亚地缘政治格局变迁与新疆安全和发展》,北京:社会科学文献出版社 2009 年版,第 120 页。

用的核心领导者,地区经济一体化水平低的现状在短期之内是不可能根本改变的。

表7—3　哈萨克斯坦的十大贸易伙伴(出口)(百万美元)

	1995	2000	2002	2003	2004	2005	2006	2007	2008
中国	297.0	673.7	1023.0	1653.1	1967.3	2638.4	3279.3	5835.6	7327.8
俄罗斯	2365.8	1751.4	1497.8	1967.9	2838.1	2918.3	3476.5	4201.7	4975.9
德国	171.1	550.9	220.3	146.4	212.8	2825.2	3715.7	4346.0	5524.7
意大利	142.5	917.6	904.2	1013.1	3109.0	2105.2	3141.8	2711.0	3614.1
法国	17.4	15.8	27.4	278.1	1468.2	2033.2	2278.9	2530.8	2996.2
罗马尼亚	0.6	0.5	121.0	32.8	32.7	1193.9	1483.5	1236.2	3454.5
伊朗	49.2	203.3	309.9	411.1	712.0	906.6	1119.2	1449.8	1831.4
瑞士	203.5	463.2	792.4	1679.9	3760.4	144.0	351.2	603.7	635.2
美国	43.6	209.5	116.9	99.1	273.5	1058.7	907.5	1172.7	1500.9
土耳其	70.4	62.3	97.4	99.2	147.1	506.9	903.4	1167.2	2120.0
合计	5256.9	9879.4	9670.3	12926.7	20095.2	23508.4	30110.2	37636.2	49822.6

表7—4　哈萨克斯坦的十大贸易伙伴(进口)(百万美元)

	1995	2000	2002	2003	2004	2005	2006	2007	2008
俄罗斯	1899.7	2439.2	2548.8	3282.1	4812.6	7181.7	9867.3	13127.5	15062.3
中国	34.7	151.0	313.0	523.7	758.2	4288.8	5226.7	8192.0	10671.7
德国	196.7	335.7	586.2	734.2	1053.1	1424.5	1997.7	2947.9	2689.6
乌克兰	85.7	81.2	217.1	324.0	722.6	733.9	907.0	1125.6	1285.0
意大利	30.2	155.9	219.1	250.2	426.5	555.9	870.6	870.1	1095.8
土耳其	123.5	144.0	173.7	209.0	342.4	505.9	766.5	1188.1	979.6
美国	64.7	277.5	461.5	470.6	563.2	592.1	710.6	828.3	1084.2
法国	48.6	75.6	110.2	196.9	313.7	638.6	923.7	698.0	793.5
荷兰	29.5	65.6	87.5	127.6	179.3	388.0	447.5	613.3	574.2

续表

	1995	2000	2002	2003	2004	2005	2006	2007	2008
韩国	43.2	83.6	110.2	114.6	247.7	299.8	356.2	600.6	685.7
合计	3807.1	5048.4	6584.1	8408.9	12779.6	20156.3	27109.3	37053.5	42840.6

表 7—5　乌兹别克斯坦的十大贸易伙伴(出口)(百万美元)

	1995	2000	2002	2003	2004	2005	2006	2007	2008
俄罗斯	807.9	602.0	310.6	436.7	556.2	820.0	1172.4	1330.8	1478.7
中国	64.2	10.9	24.9	182.1	371.3	410.0	514.4	330.3	331.7
土耳其	14.6	78.0	68.5	90.4	162.4	235.9	377.9	558.0	528.0
哈萨克	245.0	64.1	78.7	81.6	206.9	236.4	292.2	362.6	414.0
波兰	109.5	36.7	41.3	29.9	53.1	143.3	575.6	619.0	47.0
孟加拉国	—	14.0	41.9	92.2	101.4	163.1	231.2	257.9	343.4
乌克兰	89.5	161.8	25.3	145.9	63.3	186.7	230.7	286.3	326.8
塔吉克	228.5	168.7	120.4	120.6	153.5	139.0	160.4	194.5	222.0
日本	99.5	71.4	66.7	84.3	78.4	113.0	161.7	147.6	287.9
美国	13.1	33.6	74.0	79.5	81.8	88.6	139.3	150.5	266.2
合计	2717.9	2180.9	1568.0	1975.0	2697.4	3467.5	4952.4	5942.5	5567.6

表 7—6　乌兹别克斯坦的十大贸易伙伴(进口)(百万美元)

	1995	2000	2002	2003	2004	2005	2006	2007	2008
俄罗斯	906.5	301.9	498.7	553.6	843.6	946.6	1194.9	1901.9	2200.8
韩国	269.3	253.5	207.3	271.9	395.0	542.4	714.2	823.1	939.7
中国	52.3	43.4	114.6	160.9	182.9	253.2	446.7	842.6	1327.8
德国	389.4	233.3	224.5	235.7	242.9	313.4	306.5	395.9	498.3
哈萨克	168.4	146.9	111.1	151.7	221.9	253.5	313.3	388.8	443.9
土耳其	74.3	90.9	103.1	152.3	159.7	166.2	193.6	247.6	370.6
乌克兰	151.6	125.4	74.9	92.0	141.4	165.7	204.8	254.2	290.2

续表

	1995	2000	2002	2003	2004	2005	2006	2007	2008
美国	69.5	182.7	151.9	282.5	252.9	80.9	59.3	97.6	330.6
塔吉克	145.2	107.6	80.2	73.8	72.5	73.2	74.2	95.7	109.3
白俄罗斯	66.0	11.7	20.9	23.9	43.1	46.3	59.7	102.4	151.9
合计	3029.9	2071.7	2075.7	2484.6	3156.2	3551.5	4354.6	6318.6	8105.1

表7—7 吉尔吉斯斯坦的十大贸易伙伴（出口）（百万美元）

	1995	2000	2002	2003	2004	2005	2006	2007	2008
俄罗斯	114.3	65.1	80.0	97.0	137.7	134.4	153.8	234.6	249.9
瑞士	—	34.0	96.4	118.1	102.0	28.0	207.7	226.1	232.7
哈萨克斯坦	112.5	33.4	36.8	57.1	87.3	116.1	162.6	204.6	216.9
阿联酋	—	1.4	68.8	144.3	189.3	173.1	9.0	14.4	17.3
阿富汗	—	4.4	4.4	6.1	—	12.4	74.8	118.4	176.6
中国	3.0	44.1	41.3	23.3	39.3	26.6	38.1	61.9	108.8
乌兹别克	88.9	89.4	27.8	16.3	14.7	17.1	27.9	85.7	83.3
土耳其	19.1	7.2	16.4	11.0	17.0	18.2	27.2	43.0	43.6
塔吉克	4.8	7.4	10.2	18.9	22.1	22.9	23.9	28.1	32.1
以色列	—	—	0.1	0.0	—	—	—	—	81.8
合计	483.3	501.5	485.5	580.7	705.3	633.8	796.1	1134.1	1347.7

表7—8 吉尔吉斯斯坦的十大贸易伙伴（进口）（百万美元）

	1995	2000	2002	2003	2004	2005	2006	2007	2008
中国	27.4	36.9	59.1	77.7	80.1	102.9	245.6	355.6	6700.4
俄罗斯	104.8	132.5	116.7	176.1	293.7	378.9	652.3	978.8	1099.8
哈萨克	66.8	57.5	123.9	170.9	202.9	174.4	199.8	312.4	327.3

续表

	1995	2000	2002	2003	2004	2005	2006	2007	2008
乌兹别克	70.0	75.2	60.1	39.2	51.9	60.1	65.0	120.9	145.1
土耳其	3.6	26.7	17.0	26.0	33.2	33.4	39.5	50.9	210.5
美国	3.2	53.8	47.4	47.9	44.6	67.2	97.5	95.8	48.7
德国	2.3	25.1	31.4	38.2	52.6	37.6	39.9	54.2	101.7
乌克兰	8.3	7.0	7.8	12.6	23.3	40.1	41.9	79.5	87.7
韩国	—	6.9	7.0	11.7	25.1	27.8	24.3	39.1	40.0
荷兰	—	4.8	16.1	12.3	15.7	18.9	27.7	36.4	41.6
合计	391.5	553.0	587.2	717.0	940.9	1111.6	1710.6	2415.2	9282.3

表7—9 土库曼斯坦的十大贸易伙伴(出口)(百万美元)

	1995	2000	2002	2003	2004	2005	2006	2007	2008
乌克兰	460.3	164.9	1346.1	1353.0	1776.1	2434.6	3009.0	3734.1	4263.1
伊朗	11.4	242.0	355.6	507.9	660.6	841.1	1038.3	1345.1	1699.1
匈牙利	—	0.4	—	0.2	56.7	300.3	159.3	0.3	797.0
土耳其	149.6	186.0	168.1	224.7	159.7	145.9	172.9	360.8	353.9
波兰	0.0	0.8	0.8	3.6	95.2	71.4	2.5	1.2	988.3
意大利	13.0	—	486.8	624.8	158.2	201.1	221.0	216.9	275.6
阿联酋	16.3	7.3	33.9	95.2	123.8	157.7	194.6	252.1	318.5
阿塞拜疆	49.9	37.1	8.1	8.7	104.0	220.9	335.5	36.6	41.8
阿富汗	9.1	38.0	28.6	73.8	96.9	110.7	136.8	169.8	193.8
罗马尼亚	0.2	11.1	0.0	0.1	137.3	129.0	41.2	121.3	224.8
合计	1880.7	2505.2	2815.8	3449.1	4062.6	5698.7	6229.9	7303.4	10534.4

表7—10　土库曼斯坦的十大贸易伙伴(进口)(百万美元)

	1995	2000	2002	2003	2004	2005	2006	2007	2008
阿联酋	13.2	146.6	181.9	190.7	252.3	343.3	431.5	520.6	684.3
土耳其	160.4	253.3	233.5	236.6	236.3	198.7	309.5	372.9	729.1
俄罗斯	95.8	254.5	360.9	538.9	266.6	246.5	251.7	422.6	584.8
中国	7.7	16.4	109.7	104.9	93.9	99.5	178.7	332.5	734.3
乌克兰	416.4	214.3	213.3	382.7	247.6	205.9	254.4	315.8	360.5
德国	52.1	52.6	103.7	106.3	219.5	146.3	215.4	238.2	289.8
伊朗	36.4	90.9	80.9	93.3	123.4	167.8	211.0	254.6	334.6
美国	53.5	62.8	137.3	47.1	323.8	260.9	124.1	203.2	65.7
法国	16.3	75.7	32.6	82.6	136.4	97.0	95.5	55.9	135.6
阿塞拜疆	73.2	36.6	28.2	46.9	157.8	300.9	10.5	15.0	17.1
合计	1364.0	1787.8	2127.9	2511.2	2729.6	2703.6	2781.3	3637.6	4971.9

表7—11　塔吉克斯坦的十大贸易伙伴(出口)(百万美元)

	1995	2000	2002	2003	2004	2005	2006	2007	2008
荷兰	255.2	178.2	216.9	200.8	379.2	423.4	569.4	570.5	31.3
土耳其	8.1	58.4	118.5	193.2	139.7	143.4	442.8	477.6	134.3
以色列	—	—	0.2	—	—	0.1	0.1	—	610.9
俄罗斯	95.3	258.8	87.5	52.2	60.5	82.8	65.4	97.3	117.4
乌兹别克	132.0	97.8	72.9	67.1	65.9	66.5	67.4	87.0	99.3
伊朗	0.7	12.5	28.4	51.4	29.6	36.7	76.1	75.5	95.4
拉脱维亚	21.0	—	30.9	78.0	64.8	44.2	35.1	31.0	0.3
意大利	2.4	21.4	6.9	8.4	11.4	15.6	16.5	16.3	113.6
瑞士	37.2	72.2	68.7	77.0	63.4	27.0	24.5	24.4	25.7
挪威	5.4	—	—	—	—	—	—	—	111.8
合计	748.6	770.0	736.9	797.1	914.9	908.7	1398.9	1468.1	1543.5

表 7—12　塔吉克斯坦的十大贸易伙伴(进口)(百万美元)

	1995	2000	2002	2003	2004	2005	2006	2007	2008
俄罗斯	136.0	105.1	163.5	178.1	240.8	256.5	423.7	813.7	892.5
中国	0.4	11.9	7.6	26.7	57.0	92.5	148.9	275.3	931.7
哈萨克	26.5	82.4	72.2	95.8	152.6	168.3	186.7	332.8	379.9
乌兹别克	251.4	185.6	132.4	132.7	168.8	152.9	176.4	213.9	244.2
阿塞拜疆	1.2	63.1	41.1	62.3	86.0	114.9	138.2	74.1	84.6
土耳其	3.9	4.0	10.5	29.5	37.9	21.9	36.6	72.9	194.1
乌克兰	2.2	84.3	80.5	62.4	53.8	82.0	64.3	52.6	60.1
意大利	—	17.3	25.8	22.8	13.8	51.7	61.6	80.4	26.5
伊朗	0.7	7.6	15.6	23.7	26.3	30.9	34.2	60.9	80.1
土库曼	57.4	29.3	47.1	31.6	33.7	53.8	60.3	38.2	43.6
合计	809.9	670.5	720.5	880.8	1191.1	1330.0	1725.3	2537.7	3598.3

资料来源:根据亚洲开发银行的统计数据整理而得。

(三)与域外大国的关系(受制程度)

中亚地区已进入了一个外部势力运用更活跃、更强制的手段对中亚各国内政施加影响的阶段。在此情形下,中亚各国独立自主的发展进程可能成为域外多极力量战略利益的牺牲品。[①]

中亚与域外大国的关系具体表现在:在政治上,独立后的中亚国家至今仍存在政局不稳、经济体制面临转型和宗教、种族矛盾丛生等国内问题,影响了其国际形象和声誉,也为西方国家提供了"推进民主和捍卫人权"的"合理"借口。在经济上,中亚国家的对外经济依存度很高,极易受到俄罗斯及独联体国家、欧盟、土耳其等主要贸易伙伴经济发展的影响,对中国的经济依赖也逐渐加深。在安全上,中亚国家极其脆弱的防务能力使之无法应对日益严峻的地区安全形势,俄罗斯、美国、北约、中国等都

---

① 〔哈〕阿曼基利迪·塔热诺夫著,赵克帅译:《哈萨克斯坦与区域合作组织》,载《现代国际关系》2006年第1期,第56页。

是其安全伙伴。中亚国家主要是在由这些域外行为体主导建立的地区安全组织或机制中发挥作用。

二、地区自主性、社会化模式与中国对中亚的地区塑造

中亚在"地区问题地区解决"的能力和意愿、地区一体化水平、与域外大国的关系这三个指标上表现出较弱的地区自主性，这便决定了其无法在与相邻大国的互动中扮演社会化主体的角色。

在"地区问题地区解决"的能力和意愿方面，中亚国家相对较弱的物质实力和严重依赖资源出口的产业结构，决定了它们在较长时期内将专注于其国内经济发展，而缺乏机制建立和发展内生规范的动力和能力。显然，中亚地区不具备作为社会化主体基本的硬实力和软实力。在地区一体化水平方面，中亚国家高度依赖域外贸易和投资伙伴的现状短期内不可能根本改变，相似的贸易结构和失调的经济结构导致了其一体化水平难以提高。这对于中小国家构成的地区来说，无疑是地区实力提升的最大障碍。缺乏经济上内聚力的地区是无法成为社会化主体的。在与域外大国的关系方面，由于中亚国家无法形成凝聚自身利益和意志的机制力量，其必然在与域外大国的互动中身处下风。这也决定了其作为一个整体，是无法对域外大国施加社会化的。那么，中亚能否在互动关系中扮演社会化客体的角色呢？换言之，中亚国家是否具有接受域外大国社会化的意愿。答案是肯定的。在强制下，或是利益驱动下，或是偏好的作用下，中亚地区已成为不同域外大国所主导的地区经济和安全组织或机制的组成部分。中亚国家在不同的机制中被域外大国社会化，其地区内部的共同利益也在这一进程中变得清晰化。基于中国与中亚在互动进程中的角色扮演，其社会化模式表现为：中国作为社会化主体，对中亚地区进行了积极有效但同时稳健慎重的社会化。中国主要依托上海合作组织、与俄罗斯一同扮演社会化主体的角色，中亚国家在该机制中逐步认可并接受由中国和俄罗斯倡导的地区规范和机制建设。

中亚作为欧亚大陆能源丰富的地区，成为各大国争夺影响力的舞台。中亚国家脆弱的国内政权、单一的经济结构和与俄罗斯"剪不断理还乱"的特殊关系，决定了中亚无法成为一个"自在自为"的地区。在传统盟友俄罗斯面前，中亚是一个从属于独联体的次地区，是一个"能源俱乐部"；

在强大的美国眼中,中亚与南亚共同构成了"大中亚",是美国反恐的最前沿,也是重要的能源供应地和战略舞台。而在相邻的经济大国中国看来,中亚是上海合作组织所承载的中国关于当代国际政治经济新秩序的主张、新安全观与合作观实施的首要区域,是中国所倡导建立的第一个多边国际组织成功与否的试验田,是相对脆弱的中国西部安全的外部环境,是中国实施能源安全多元化战略的重要地理领域,是中国西部大开发最重要的外部市场之一。[①] 因此,面对中亚地区的弱自主性,中国的地区政策是更为积极主动的,在制度的创建和规范的确立上,中国作为社会化主体,对中亚地区进行社会化。在上海合作组织中,中国并不是唯一的一个社会化主体,俄罗斯也发挥了核心的主导作用。正因为中亚与俄罗斯的特殊关系这一中亚地区的主要特征,中国在社会化的过程中,不仅采取了积极的引导和倡议政策,还尤其注重适应政策的运用。对地区大国竞争态势的适应和对俄罗斯特殊心态的照顾都体现出中国在作为社会化主体过程中的稳健和谨慎。

本章以中国的中亚政策为案例,验证第二章中有关中国周边地区政策动力机制的分析框架。通过分别研究中国对中亚政策中的国内联盟因素和地区自主性因素,笔者得出的结论是:国内联盟在中国对中亚政策的决策过程中发挥了重要作用。作为中国与中亚互动的情境因素,地区自主性通过影响中国和中亚的社会化模式,即双方在社会化进程中的角色扮演,进而决定中国对中亚的地区塑造。以上是本章对分析框架中基本假定的验证,那么有关国内联盟、地区自主性和中国周边地区政策相关性的推论是否也在中国的中亚政策中得以验证呢?

中亚地区自主性较弱,中国同俄罗斯一道对中亚地区进行社会化。作为社会化主体,中国对中亚的地区塑造表现为引导、倡议和适应。因此,在制定中国对中亚的政策时,中国的能动性和灵活性都更强,受到来自中亚地区的约束和限制较少。相比而言,国内联盟对中国的中亚政策决策过程的影响在经济和安全议题上表现得较为明显。

在经济议题方面,首先,在中国倡导和推动上海合作组织框架下经济

---

① 郑羽主编:《中俄美在中亚:合作与竞争(1991—2007)》,前言,北京:社会科学文献出版社 2007 年版,第 2 页。

合作的过程中,中央政府主导下的包括地方政府、企业、银行等多种利益主体的国内联盟发挥了重要作用。其次,在中国对中亚能源政策的决策过程中,由政府和能源企业组成的国内联盟发挥了重要作用。以中石油和中石化为代表的国内能源巨头既是中国能源利益在中亚的拓展者,也是实现国家能源安全的具体实施者,在能源战略方面与政府保持高度一致。

在安全议题方面,首先,在中国对边界问题的政策形成过程中,由中央政府(最高领导人、外交部、公安部等)和军方等利益主体构成的混合性国内联盟发挥了重要作用。其中,国家领导人的决策起到了核心作用;外交部是边界政策的拟定者和外交谈判的执行者;公安部和军方则是边防防卫的主要力量和建立信任措施的具体实施者。其次,影响中国对中亚非传统安全政策的国内联盟,主要包括中央政府(公安部、检察机关、农业部等)、地方政府和军方。各职能部门是中国开展务实合作的具体实施者;地方政府是中国打击"三股势力"的主要受益者;军方则通过联合军事演习、安全对话等方式提升其对中亚的辐射能力,对非传统安全威胁造成一定的威慑作用。

可见,中亚的弱地区自主性为国内联盟影响中国对中亚政策的决策过程提供了较大的空间,促使国内联盟因素对中国的中亚政策的影响逐渐凸显出来。通过以上分析,可以发现,中国对中亚的地区政策验证了本书关于国内联盟、地区自主性与中国周边地区政策相关性的推论。

第八章 政策比较

第六、七章分别阐释了国内联盟和地区自主性两变量对中国对东南亚和中亚政策的影响方式和作用路径,但还不足以解释中国对东南亚和中亚的差异化外交与这两个变量有关。鉴于此,本章将首先对中国的东南亚和中亚政策进行比较分析,然后探讨国内联盟和地区自主性两变量是如何导致差异性的地区政策的,最后对笔者提出的动力机制的假定进行进一步验证、总结和反思。

第一节 中国对东南亚和中亚的政策比较分析

一、中国对东南亚和中亚的差异化外交

比较冷战后中国对东南亚和中亚的政策,差异性主要体现在实现安全的优先手段、塑造地区秩序的基本路径以及在地区规范构建中的角色定位这三个方面。

第一,实现安全的优先手段不同。中国在东南亚和中亚的首要目标都是维护地区稳定和安全,为中国周边外交创造良好的环境,而在实现安全的优先政策手段上存在差别。中国在东南亚主要是运用"以经促政"和"以经济换安全",安全与稳定是终极目标,经济外交则是实现这一目标的手段之一。[①] 通过大力推动对东南亚国家的经济外交,来消除这些国家对中国的担忧和疑虑,增进政治互信,提升中国的地区影响力,减少

---

① 中国实现周边地区安全的手段和途径有很多,经济外交是近年来中国使用最为广泛的一种方式。之所以将经济吸引特别提出来,并作为中国对东南亚政策的内容之一,主要基于实现方式的优先性原则。在东南亚,长期以来中国一直将经济吸引作为其实现地区安全目标的首要途径。

中国在该地区的安全压力,尤其是为中国解决南海争端争取更大的外交活动空间。中国对东南亚国家的经济吸引集中体现为中国倡议建立的中国—东盟自由贸易区(CAFTA)。[1] 相比而言,冷战后中国与中亚国家的关系是在顺利解决边界争端、不断推进信任建立措施的基础上发展起来的,为各方在上海合作组织中的安全合作奠定了较为稳固的信任基础。尽管中国积极倡导上海合作组织中的自由贸易区建设,但出于多种限制因素,经济合作始终落后于安全合作。中国为实现西北边疆稳定和发展,其优先政策手段仍是基于共同利益和相互信任的安全合作。

第二,塑造地区秩序的基本路径不同。中国注重通过加强与地区国家或机制的紧密联系塑造地区秩序,但在增强其地区影响力和话语权的过程中,路径略有不同。在东南亚,中国不断深化和拓展双方在中国—东盟合作(10+1)机制下的紧密合作,将发展与东盟的伙伴关系作为周边外交的优先方向,并通过大力支持东盟共同体建设,融入以东盟为核心的地区合作机制,认可东盟在东亚地区合作进程中的"驾驶员"角色,推动东亚乃至亚洲地区融合。换言之,中国塑造地区秩序的路径是积极参与以东盟为核心的合作机制,而不是另起炉灶和主导秩序重塑。而在中亚,中国面对的是一个在历史和当下都深受苏联影响和控制的地区,[2]因此,接受并维护原有的地区秩序,在此基础上加强与中亚国家在安全、能源、经济等领域的合作,是中国的最优选择。具体表现为与俄罗斯共同主导上海合作组织框架下的地区合作,注重与俄罗斯的战略协调,谨慎推进在中亚的利益延伸。特别是在地区经济一体化方面,中俄之间存在利益分歧,[3]对此,中国认识并接受这一现状,着重在双边层次上加强与地区国

---

[1] 2002年,中国与东盟签署了《中国与东盟全面经济合作框架协议》,启动了建设中国—东盟自由贸易区的进程。此后,双方又陆续签署了《货物贸易协议》、《争端解决机制协议》、《服务贸易协议》等一系列协议,并于2004年开始实施"早期收获计划"。2010年1月1日,中国—东盟自由贸易区正式建成。关于中国创建并大力推动CAFTA的动因,大多数国内学者认为政治收益是中国创建CAFTA的最基本动因。参见邝梅、周舟:《中国—东盟自由贸易区创建与发展的政治经济分析》,载《当代亚太》2008年第3期,第50—64页。
[2] 对于中亚与俄罗斯特殊的历史渊源和紧密的现实联系,很多学者甚至不认为中亚是一个真正的地区,至多是一个独联体地区下的一个次地区。
[3] 中国希望仿效在东南亚的经验,在上海合作组织的框架下推进地区经济一体化,但俄罗斯更愿意在其主导的独联体框架内最重要的经济一体化组织——欧亚经济共同体内实现经济一体化。中俄在地区一体化上的分歧导致了上海合作组织内经济合作的停滞不前。

家的能源和经济合作。

第三,在地区规范构建中的角色定位不同。中国在东南亚总体上扮演的是参与者和推动者的角色。接受并内化东盟地区规范,通过自我约束和战略保证表明自己是一个维持现状且负责任的大国;认可"东盟方式"作为地区组织运作的决策方式,对东盟国家坚持不干涉内政的原则;与东盟签署《东南亚友好合作条约》和《南海各方行为宣言》,参与东盟主导的地区合作机制,以达到自我约束和战略保证的目的;①意识到美国在该地区的存在无法替代,而且美国的安全保护伞也使得地区内国家在和中国打交道时更加放心,②同时承认并接受所有的利益攸关方包括中国都应与地区国家共同承担塑造地区秩序的责任。而在中亚,则表现为与俄罗斯共同主导机制构建和规范制定。根据中国与中亚关系发展的现实,结合中亚特殊的地缘政治经济环境,提出上海合作组织应以经济和安全合作作为两个轮子向前发展,以及建立自由贸易区的远景目标,为上合组织的发展定调;反映出中国战略新思维的"新安全观"和"上海精神"也获得了地区国家的认可,以此为基础建立了上海合作组织的地区规范。③

二、国内联盟对中国的东南亚和中亚政策的影响之比较

国内联盟因素影响中国对东南亚和中亚政策的差异主要体现在国内联盟的构成特点和影响方式上。

(一)国内联盟的构成特点比较

通过比较中国对东南亚和中亚政策中的国内联盟因素,可以发现,两者的构成特点是不同的。影响中国对东南亚政策的国内联盟主要由中央政府、地方政府、军方、企业、学者、媒体等利益主体构成。其中,中央政府扮演着主导者的角色,是影响决策过程的最主要的力量。地方政府在其中发挥了越来越重要的作用,通过"内外互动"策略使地方发展战略上升

---

① 2002年中国同东盟签署了《南海各方行为宣言》。2003年中国加入《东南亚友好合作条约》,成为东盟组织外第一个加入该条约的大国。与东盟签署《联合宣言》,宣布建立"面向和平与繁荣的战略伙伴关系"。中国因此成为东盟的第一个战略伙伴,东盟也成为和中国建立战略伙伴关系的第一个地区组织。中国除了与东盟建立了中国—东盟合作机制,还参与了大湄公河次区域经济合作、东盟地区论坛等地区机制。

② 唐世平、张蕴岭:《中国的地区战略》,载《世界经济与政治》2004年第6期,第10页。

③ 参见李敏伦:《中国"新安全观"与上海合作组织研究》,北京:人民出版社2007年版。

至国家战略层面,实现了地方利益和国家利益的双赢互利。军方在安全议题上的利益延伸促使其加大了与文官部门的协调力度和范围。企业在中国—东盟自由贸易区的建立、东南亚次区域经济合作和能源合作中扮演着利益的拓展者和受益者的角色,学者和媒体则分别在研究和舆论领域对中国的东南亚政策的制定起到了推波助澜的作用。

这一构成有两大特点:一是中央政府和地方政府在国内联盟中表现为双向协调和相互作用,而不是单一的中央政府对地方政府的政策传达。这一特点在经济议题中表现得尤为明显。广西和云南分别在泛北部湾经济合作的建立和"桥头堡战略"的提出过程中发挥了关键性的作用。二是国家层面和社会层面利益主体在国内联盟中表现为广泛接触和联合,其中,社会层面主体对政府的影响力逐渐增强。

相比而言,影响中国对中亚政策的国内联盟主要由中央政府、地方政府、军方、企业、银行、学者等利益主体构成。其中,中央政府发挥了核心作用,留给其他利益主体的影响空间并不大。地方政府作为中国对中亚政策的受益者,常常扮演与中央政府积极配合的角色,但在个别问题上也会与中央政府发生分歧。军方在打击"三股势力"方面发挥了重要作用。企业、银行和学者分别是中国对中亚政策在贸易与投资、金融和研究领域的受益者,但自身的影响不大。

这一构成也有两大特点:一是中央政府和地方政府在国内联盟中更多地表现为单向政策传达。无论是在经济领域还是在安全领域,地方政府发挥影响作用的空间都比较小。二是国家层面和社会层面利益主体在国内联盟中表现为国家层面利益主体的绝对主导地位,而社会力量往往作为响应者或是受益者加入该联盟。社会层面利益主体对政府的影响较小。

(二)国内联盟的影响方式比较

基于国内联盟不同的构成特点,它们对中国的东南亚和中亚政策的影响方式也是不同的。国内联盟对中国的东南亚经济政策的影响方式是自下而上的,对中国的东南亚安全政策的影响方式则是自上而下的。在经济领域,中央政府和地方政府间表现出非常明显的双向互动关系,社会层面利益主体对决策过程的影响力逐渐增强,均反映出地方政府和社会层面利益主体对中央政府发挥影响力的能动性。在次区域合作领域,地方政府的发展战略上升至国家战略层面,成为国家的经济政策,是自下而上的典型案例。而在安全领域,中央政府是对决策过程起决定性作用的利益主体,其他利益主体往往扮演的是具体实施者、利益拓展者和受益者的角色。

而国内联盟对中国的中亚政策的影响方式都是自上而下的。中央政府对地方政府主要是单向的政策传达,与社会层面利益主体相比也是处于绝对主导的地位,因此,中国对中亚政策的形成和发展往往与中央政府内部的博弈有关。在经济议题上,中央政府内部的经济部门之间通过相互协调初步形成政策,进而联合地方政府、企业、学者等利益主体组成国内联盟,推动该政策的完善和实现。在安全议题上,中央政府的高层领导人往往起到了政策出台的核心作用,其他利益主体则作为具体实施者或受益者推动该政策的发展。

三、地区自主性对中国的东南亚和中亚政策的影响之比较

(一)东南亚和中亚的地区自主性比较

东南亚和中亚的地区自主性取值是相对的,通过第七章和第八章的分析,如表8—1所示,东南亚具有较强的地区自主性,而中亚的自主性较弱。

首先,东南亚在领土面积、人口总量、经济总量和军事开支等硬实力指标上都高于中亚,在资源禀赋、地区规范和认同上也差异明显。东南亚与中亚领土面积相差不大,但东南亚的人口约为中亚人口的十倍;[1]东南亚经济总量在2011年达到20807.39亿美元,中亚仅为2681.06亿美元;[2]2011年东盟国家的军费开支总额为281.21亿美元,中亚仅为22亿美元。[3] 然而,这些指标并不能完全构成对两个地区硬实力的最终评判,还应比较两个地区基于特殊地缘位置所具有的资源禀赋和比较优势。东南亚地处亚洲与大洋洲、太平洋与印度洋的"十字路口",处于交叉点上的

---

① ASEAN Secretariat, *ASEAN Community in Figures*, 2011, Jakarta 2012, p.1.See http://www.asean.org/images/archive/documents/ASEAN%20community%20in%20figures.pdf.

② 根据世界银行公布的世界各国 GDP 统计得出。See http://data.worldbank.org/indicator/NY.GDP.MKTP.CD.

③ See http://milexdata.sipri.org/files/? file=SIPRI+milex+data+1988-2011.xls.

马六甲海峡是亚洲联系欧洲和中东地区的重要海运通道。独特的地缘优势赋予了东南亚重要的战略地位,决定了该地区不仅是主要亚太大国竞争博弈的角力场,也是重塑亚太地区秩序的重要力量。中亚则地处亚欧大陆中部,距海较远,是世界上石油和天然气资源蕴藏最丰富的地区之一。能源优势为其带来了丰厚的收益和一定的战略地位,但过度依赖能源发展经济的模式限制了中亚综合实力的提升。东南亚与中亚的差异性还显著表现在地区规范与认同上。自1961年东盟成立以来,制度规范已成为东盟实现自我治理的重要保障。以非正式性、组织最小化、广泛性、协商一致、和平解决争端为核心的"东盟方式",[1]不仅获得地区国家的认可和遵守,在东盟的组织发展中发挥了关键性作用,还逐渐得到域外大国的承认和支持,成为东亚合作规范形成的基础。而中亚国家在地区规范的构建上能力不足,未能形成清晰明确的制度和行为规范,这也是中亚制度化合作进程屡受挫折的重要原因之一。

其次,在制度架构、发展阶段、地区内贸易和投资比重、合作领域等方面,东盟都表现出较强的地区合作能力和水平。制度架构上,东盟建立了由首脑会议、外长会议、常务委员会、经济部长会议、其他部长会议、秘书处、专门委员会以及民间和半官方机构构成的制度框架。完备的制度架构为东盟的地区治理提供了制度保障。中亚国家也成立了自身的区域合作组织,即中亚经济共同体(后改名为"中亚合作组织")。发展阶段上,东盟于2003年启动共同体建设,不仅就不同领域和不同发展阶段的国家制定了详尽的时间表,而且每年东盟峰会都对阶段性成果和目标进行再评估,以此作为下一步行动的依据,确保一体化进程的稳步推进。[2] 中亚国家也曾试图通过建立中亚合作组织来实现区域经济一体化,然而机制建设停滞不前,最终与欧亚经济共同体合并,成为俄罗斯主导的欧亚经济

---

[1]　Lee Kim Chew, ASEAN Unity Showing Signs of Fraying, *Straits Times*, 1998-07-23.

[2]　2003年10月,东盟正式宣布将于2020年建成东盟共同体,其三大支柱分别是安全共同体、经济共同体和社会文化共同体。此后陆续签署了《万象行动纲领》和《东盟关于一体化优先领域的框架协议》两个文件,并通过了《东盟社会文化共同体行动纲领》和《东盟安全共同体行动纲领》两个文件,以及《东盟经济共同体蓝图宣言》、《东盟共同体2009—2015年路线图宣言》、《东盟政治与安全共同体蓝图》、《东盟社会与文化蓝图》、《东盟一体化第二阶段行动计划》等多项文件,确保共同体建设的稳步推进。

共同体的组成部分。① 地区内贸易和投资比重及其发展趋势上,东南亚和中亚国家对域外国家的贸易和投资依赖较强,因此,地区内贸易和投资比重相对不高。据统计,1998 年东盟的地区内贸易比重约为 21%,近年来基本维持在 25% 左右,呈现缓慢上升的势头;投资比重增长更为明显,2000 年地区内投资约占总投资的 3.2%,2009 年已增长至 13% 以上。② 而新世纪以来中亚国家之间的地区内贸易增长了 5 倍,尽管实现了高速增长,但独立后中亚国家的地区内贸易占该地区总贸易的份额则大幅下降。③ 可见,中亚地区的经济合作并不成功,地区一体化水平很低。合作领域上,东盟合作议题的选择呈现出多元化的特点,从过去仅注重成员国之间的政治、经贸和传统安全领域合作,扩展为涉及本地区社会生活各个方面问题的全方位区域共同治理机制。④ 而中亚国家的地区合作更多集中在经贸和打击"三股势力"领域,在合作的广度和深度上都低于东盟。

再次,东南亚和中亚都是大国势力竞相角逐的地区,它们在与关键性大国关系互动的过程中所处的地位决定了它们开展共同外交的灵活度。中美关系是东南亚地区的关键性大国关系。进入新世纪以来,随着中国在东南亚经济、政治、安全和社会文化影响力的不断提升,美国出台了"重返"东南亚的战略举措,表现为对南海、缅甸、湄公河开发、地区合作等地区事务的全方位关注和参与。⑤ 中美所形成的战略竞争关系和由此产生的利益分歧给东南亚地区利用"大国平衡"、确立并巩固地区问题地区解决的独立地位创造了客观条件。中亚的情况则完全不同。俄罗

① 中亚合作组织于 2002 年正式成立,包括哈萨克斯坦、乌兹别克斯坦、吉尔吉斯斯坦、塔吉克斯坦四个国家,俄罗斯于 2004 年加入。与此同时,包括俄罗斯、白俄罗斯和哈萨克斯坦、塔吉克斯坦、吉尔吉斯斯坦五国的欧亚经济共同体也于 2000 年正式成立。2005 年欧亚经济共同体和中亚合作组织合并。此外,中亚地区还有一些跨区域的合作组织,如上海合作组织、中亚区域经济合作机制、关税同盟等。参见王志远:《中亚国家区域一体化进程评估》,载《俄罗斯中亚东欧研究》2010 年第 5 期,第 44—45 页。
② ASEAN, *ASEAN Community in Figures* 2010, Jakarta: ASEAN Secretariat, 2011, pp.9,35.
③ 约翰尼斯 F.林恩:《欧亚开发银行:中亚区域一体化与合作:现实还是幻想?》,国研网:http://www.drcnet.com.cn/www/Enterprise/,2013 年 8 月 30 日登录。
④ 汪新生:《从议题多元化看东盟地区合作领域的扩展》,载《东南亚纵横》2007 年第 3 期,第 25 页。
⑤ 事实上,美国从未离开东南亚,只是说在一定时期内其关注度较低或仅限于个别事务。美国对东南亚地区利益在内涵和外延上的变化导致了其在该地区外交政策和行为上的差异,而核心战略目标并没有发生实质性改变。

斯与中亚国家的特殊关系以及中俄之间所拥有的广泛的战略利益共同
决定了中亚相对"弱势"的地位。在历史上中亚国家与俄罗斯同属苏
联。苏联解体后,俄罗斯曾一度倒向西方,并对经济落后的中亚国家采
取了"甩包袱"的政策,带来的直接后果是 2000 年之前俄罗斯在中亚的
基本态势表现为全面衰退。随着俄罗斯国力的增强和普京总统的上台,
俄罗斯在中亚的战略存在和影响力开始恢复和增强。俄罗斯通过加强与
中亚国家在双边和集体安全条约框架下的军事安全合作,维护其在中亚
安全事务中的主导地位;通过加强与中亚国家在政治、经济、能源等领域
的合作,抑制美国对中亚国家日益增长的影响;通过支持中亚国家抵制美
国推行的"颜色革命",将它们再度拉入俄罗斯的阵营。① 尽管美国在反
恐战争中扩大了其在中亚的影响力,但俄罗斯的战略存在始终是全面而
深入的。作为贯穿地区形成和发展的结构性力量,俄罗斯塑造了地区特
性,也深刻影响着中亚国家的外交政策。此外,中俄之间共同的战略利益
促使两国在中亚地区密切协调与合作,给中亚国家留下的外交活动空间
就相对很小了。

表 8—1　东南亚和中亚的地区自主性比较

地区自主性	东南亚	中亚
"地区问题地区解决"的能力和意愿	强(物质实力相对较强、多极格局、规范确立、机制建立、政治精英具有较强的实现地区自主的政治意愿)	弱(物质实力较弱、经济发展严重依赖资源出口、两极格局、缺乏内生规范、机制被取代、政治精英对于地区自主具有逐渐增强的期望但决心不足)
地区一体化水平	高(东盟自贸区、东盟共同体)	低(区内贸易和投资依存度低)
与域外大国的关系(受制程度)	低(一方面欢迎域外大国在地区事务中扮演符合其利益的角色,防止受制于某一个大国;另一方面坚持联合自强,确保自身利益不至于沦为大国竞争的牺牲品。)	高(进入一个外部势力运用更活跃、更强制的手段对中亚各国内政施加影响的阶段;俄罗斯作为结构性力量)

① 郑羽主编:《中俄美在中亚:合作与竞争(1991—2007)》,北京:社会科学文献出版社 2007 年版,第 82 页。

地区自主性	东南亚	中亚
地区自主性的取值	强	弱

(二)社会化模式对地区塑造的影响比较

结合之前的论述,中国与具有不同自主性的周边地区之间的社会化模式是不同的。如表8—2所示,中国与东南亚的社会化模式分为两个阶段。在亚洲金融危机之前,社会化模式表现为东南亚地区对中国的社会化,即东盟扮演社会化主体的角色,而中国甘于接受其社会化。在亚洲金融危机之后,社会化模式表现为中国与东南亚地区的"双向社会化",即中国和东盟在不同议题不同时间段内扮演社会化主体或客体的角色。

导致这一变化的地区互动因素是由于东南亚的地区自主性逐渐减弱,而中国实力不断提升,具备了作为社会化主体的一定能力和意愿。但中国选择坚持韬光养晦、有所作为的战略,继续接受东盟为其参与地区体系所提供的制度、规范等公共物品。对于中国而言,目前维持与东南亚的"双向社会化"模式是必要的。中国与东南亚的社会化模式的转变影响了中国对东南亚的地区塑造,表现为转向更为积极主动的融入、吸引和一体化。中国与中亚的社会化模式则表现为中国对中亚地区的社会化,即中国扮演社会化主体的角色,与俄罗斯一道,对中亚地区实施共同的社会化。

之所以会呈现出这一模式,原因有二:一是中亚的地区自主性较弱,无法在应对地区问题时形成具有凝聚力的整体,且该地区的一体化意愿很低,各国更愿意为了实现利益最大化在各域外大国之间寻求平衡。在这种情况下,中国为了塑造理想的周边环境,在与中亚的社会化进程中扮演起社会化主体的角色,积极推动了上海合作组织的形成和发展。二是俄罗斯与中亚地区存在特殊的历史、体制、基础设施等联系,这是中国无法比拟的。中俄这一对超越双边和地区层次的大国关系对于中国而言意义重大,为了避免与俄罗斯的竞争,中国在对中亚施加社会化时尤为重视与俄罗斯的战略协调。

与中国和东南亚的社会化模式不同,中国与中亚的社会化模式未有较大变化。中国对中亚的社会化影响了中国对该地区的地区塑造，表现为积极主动的引导、倡议和适应。其中，对中亚的适应主要是指对俄罗斯与中亚地区关系的适应，俄罗斯的特殊地位也影响了中国对中亚的地区塑造。

表8—2　中国与东南亚和中亚的社会化模式比较

社会化模式	东南亚	中亚
中国对地区的社会化		√
地区对中国的社会化	√（亚洲金融危机前）	
中国与地区的"双向社会化"	√（亚洲金融危机后）	

三、国内联盟、地区自主性与中国对东南亚和中亚政策比较

通过对国内联盟、地区自主性与中国周边地区政策的相关性进行验证，可以得出这样一个结论，即面对具有不同自主性的东南亚和中亚，中国周边地区政策中的国内联盟和地区自主性因素的影响力是不同的。

东南亚地区自主性强，但1997年亚洲金融危机前后其自主性取值发生了变化。在亚洲金融危机前，东南亚地区自主性强，中国接受东盟的社会化，对东南亚的地区塑造表现为融入、吸引和一体化。中国作为社会化客体的角色扮演极大地影响了这一时期中国对东南亚的政策。相较于东南亚的地区自主性这一地区情境因素，国内联盟在这一时期对中国的东南亚政策影响并不大。而亚洲金融危机之后，东南亚地区自主性有所减弱，这直接影响了它对中国的社会化。中国在不同议题不同时间段作为社会化主体和客体的角色扮演对这一时期中国的东南亚政策产生了重要影响。随着东南亚地区自主性的减弱，国内联盟在这一时期对中国的东南亚政策的影响逐渐显现出来。但由于东南亚地区仍具有较强的自主性，中国在短期内不会拒绝继续被东盟社会化，地区自主性因素的影响将持续存在。

相比而言，中亚地区自主性弱，中国同俄罗斯一道对中亚地区进行社会化。作为社会化主体，中国对东南亚的地区塑造表现为引导、倡议和适应。因此，在制定中国对中亚的政策时，中国的能动性和灵活性都更强，

受到来自中亚地区的约束和限制较少,从而为国内联盟影响中国对中亚政策的决策过程提供了较大的空间,促使国内联盟因素对中国的中亚政策的影响逐渐凸显出来。

第二节　总结与反思

笔者在第六章和第七章中,以中国对东南亚和中亚的政策为案例,对冷战后中国周边地区政策形成和发展的动力机制的基本假定和推论进行了分别验证,并且在第八章第一节,通过对这两个案例的比较,分析国内联盟和地区自主性两变量的影响程度、范围及其方式。本节中,笔者将对假定和推论进行进一步验证,以考察分析框架对中国在东北亚和南亚的政策中的适用性,并对中国周边地区政策的动力机制框架进行总结和反思。

一、中国对东北亚地区政策

近年来,虽然东北亚在世界经济格局中的地位快速提升,但地区内各国区域经济合作的向心力却没有因此得到明显增强。为遏制中国的发展,美国坚持霸权主义,重拾冷战思维,实施"亚太再平衡"战略,加固美日、美韩军事同盟,激化了东北亚主要国家之间本来已经趋于淡化的历史问题和领土争端问题,对国家间的政治互信造成了严重伤害。从影响中国东北亚政策的国内联盟的角度看,由于中国与日韩等国的利益交织非常密切,与日韩等国保持正常稳定的外交关系、发展自贸区建设、扩大经济和社会交往的意愿非常强烈。但从地缘政治和大国关系的角度看,美国和日本的干扰与破坏,致使图们江区域合作举步维艰,中日韩自贸区谈判停滞不前。[①] 地缘政治和大国关系的因素阻碍了地区融合的内生发展,地区自主性因素让位于大国关系,成为影响中国东北亚政策的重要因素。

（一）国内联盟与中国的东北亚政策

中国与东北亚国家的经济联系和人文来往非常密切,主张发展与东

---

① 李文、王语懿:《政治因素对东北亚地区合作的影响》,载《东北亚论坛》2015年第1期,第52页。

北亚国家关系的国内联盟主要从经济和安全两方面影响中国的东北亚政策。

在经济方面,中日韩自由贸易区和大图们倡议的推动进程中,国内联盟发挥了独特作用。随着中国经济实力的提升,中、日、韩三国相互依赖程度的日益加深,中国国内支持建立中日韩自由贸易区的呼声增强。自 2009 年 10 月中、日、韩三国在启动自贸区官产学联合研究上达成共识后,中央政府、地方政府、企业、学者等利益主体就在影响中国对中日韩自贸区的政策过程中发挥了重要作用。中央政府是这一政策的主要推动者和受益者,地方政府和企业既是积极响应者也是受益者,学者则通过自贸区的可行性研究影响自贸区的构想和实践。对于大图们倡议的提出和落实,各级政府、企业、学者、媒体等均不同程度地有所参与。其中,地方政府发挥了重要作用。参与该机制的中国地方政府涵盖了东北三省,即吉林省、辽宁省和黑龙江省。吉林省在其中扮演的角色最为积极,通过推动中央政府批准建立长吉图开发开放先导区,使吉林省成为面向东北亚地区的对外开放的桥梁。① 吉林省推动图们江流域开发机制上升至国家战略层面,并通过"内外互动"建立起经济特区,为当地的经济发展创造了新机遇。② 对于企业、学者、媒体等来说,同样意味着自身利益的实现。

在安全方面,朝核问题和非传统安全问题的突出,是主张发展与东北亚国家关系的国内联盟所关注的焦点问题。这直接关系到经济和社会活动的安全环境的走向和塑造。关于朝核问题,国内大多数利益相关方是支持中国在该问题上发挥积极作用的,尤其是对过去中国的对朝政策的变化上,国内支持度也是很高的。在此民意基础的推动下,新世纪以来中国对朝核问题和对朝关系的态度发生了微妙转变。其中,中国倡导建立六方会谈和积极推动地区安全架构的建设是政策变化的主要标志。政府层面认知的变化和民意基础的夯实推动了中国在朝核问题上由过去被动

---

① 中华人民共和国中央人民政府网站:《发展改革委就"图们江区域合作开发规划纲要"答问》,http://www.gov.cn/jrzg/2009-11/16/content_1465740.htm,2010 年 12 月 6 日登录。

② See James Cotton, "China and Tumen River Cooperation: Jilin's Coastal Development Strategy," *Asian Survey*, Vol.36, No.11(Nov.,1996), pp.1086-1101.

的反应式外交转向"有所作为"。① 而在非传统安全问题上,东北亚的情
形有些特别,即非传统安全问题与传统安全问题纠缠不清,武器走私问题
与大规模杀伤性武器扩散分不开,非法移民与威胁边境安全相连。② 在
打击这些非传统安全威胁的过程中,中央政府(公安部、检察机关等)、地
方政府和军方是决策和执行的主要力量。值得一提的是,近年来国内智
库的快速发展也为非传统安全实践提供了智力支持,地区层面上的智库
合作也是非传统安全合作的重要内容,为中国进一步完善其安全政策体
系、提高应对非传统安全威胁的能力和开展地区非传统安全合作奠定了
基础。

总的来看,东北亚地区紧密的经济和社会联系需要地区安全形势的
和平和稳定,但东北亚地缘政治的复杂性和安全热点的长期性作为影响
地区安全的结构性因素,威胁着东北亚现有和发展中的经济活动和人文
交往。对于主张发展和深化与东北亚国家关系的利益主体而言,从根本
上改变这一地区现状是不可能的,唯有在特定的领域、议题上影响国家政
策和发展进程,促进地区国家间的相互理解和正确认知,减少彼此误解,
以过程引导结果,逐渐增进地区互信和改善地区环境。政府的创造性战
略思维和运筹帷幄是关键,但社会行为体的积极作为也不容忽视。

(二)地区自主性与中国对东北亚地区塑造

笔者将根据地区自主性的三个评判标准,对东北亚的地区自主性进
行定性分析。在此基础上,笔者将验证地区自主性与中国周边地区政策
的基本假定是否适用于中国的东北亚政策。

从地区自主性的三个评判指标看,东北亚的地区自主性较弱。第一,
集体处理地区问题的能力和意愿。从物质实力上看,近年来东北亚成为全
球经济增长速度较快的地区之一。这一地区既有日本、韩国两个经济合作
与发展组织(OECD)国家,又有经济总量跃居世界第二的中国,俄罗斯的经
济发展趋势也呈现出上升势头。尽管朝、蒙等国经济发展较为落后,但东

---

① 罗洁:《中国为什么积极促成六方会谈——访朝鲜半岛问题专家于美华》,载《世界知识》2003 年
第 18 期,第 25 页。参见崔立如:《朝鲜半岛安全问题:中国的作用》,载《现代国际关系》2006 年
第 9 期,第 42—47 页;朱锋:《中国的外交斡旋与朝核问题六方会谈——为什么外交解决朝核问
题这么难》,载《外交评论》2006 年第 2 期,第 23—30 页。
② 刘卿:《东亚非传统安全:多边合作与制度建设》,载《国际问题论坛》2007 年夏季号,第 70 页。

北亚的经济总量是可观的。然而,东北亚地区的制度能力较弱,主要体现为东北亚至今仍未形成涵盖整个地区的正式的地区组织。这一现状很大程度上要归结于东北亚国家间(包括朝韩之间、中日之间、日朝之间、日韩之间、日俄之间)严重缺乏的战略互信。在意愿方面,尽管各国都具有维护地区繁荣和稳定的期望,但地区国家间的"安全困境"和严重不信任阻碍了集体解决地区问题的决心,导致地区合作能力偏弱。第二,地区一体化水平。从地区内部的贸易依存度看,2007年东北亚地区内贸易额约11120亿美元,占地区内国家对外经贸总额的30%以上。[①] 与东南亚、中亚和南亚相比,东北亚地区的贸易依存度是相对较高的。东北亚的经济一体化是基于市场的地区化,但迄今为止,东北亚地区一体化水平仍较低,既没有在经济合作方面达成有显著意义的协定,也没有在合作机制的构建方面有所突破。这种状况的产生,很大程度上在于政治因素的负面影响。[②] 第三,与域外大国的关系。美国在东北亚地区构建的同盟体系,深刻地影响了该地区自主处理地区问题的能力。可以说,美国深刻介入东北亚地区安全格局是制约该地区自主处理地区问题的重要原因之一。

以中日韩自贸区谈判为例,自开启以来,该谈判进程就困难重重,备受阻碍。除了中、日、韩经济制度的差异和三国所处关税区不同之外,中日韩自贸区建立的政治障碍不容忽视。自2012年11月宣布启动以来,中日韩自贸区谈判进行了六轮。但谈判的次数虽多,成效却很低微,原因在于中、日、韩三国之间缺乏足够的政治互信。美国"重返亚太"战略是阻碍中日韩自贸区建立的外部因素。不论是中日韩自贸区还是东盟"10+3"、"10+6"等亚洲区域经济合作的推进,都深受美国"重返亚太"战略目标的影响。对此,美国一方面加强与日本、韩国和东南亚国家的同盟关系,另一方面在经济上加快推进其主导的跨太平洋伙伴关系协议(TPP)进程,进而吸收更多东亚国家加入谈判,干扰亚洲区域经济合作的进程,阻碍中日韩自贸区的建设,确保其在亚洲区域经济合作方面的主导权。基于历史因素,韩日两国在安全上依赖美国的态势短期内难以改变,因此

---

① See http://comtrade.un.org/,2013-12-20.
② 李文、王语懿:《政治因素对东北亚地区合作的影响》,载《东北亚论坛》2015年第1期,第52页。

韩日两国在推进中日韩自贸区战略过程中,或将不可避免地受到美国的制约。①

那么,面对自主性较弱的东北亚地区,中国在与其互动的过程中,是否有社会化进程的出现?很显然,中国在冷战结束后的较长时期里并未将东北亚作为一个地区来进行塑造。中国对东北亚的地区塑造与地区自主性的关系不大,美日关系、中美关系、中日关系等超越双边层次、上升为全球层次的大国关系因素则发挥了重要的作用。在全球层次的大国关系的作用下,中国与东北亚地区的互动没有出现社会化进程。因此,本书关于地区自主性与中国周边地区政策的基本假定不适用于中国的东北亚政策。

二、中国对南亚地区政策

(一)国内联盟与中国的南亚政策

一直以来,由于南亚地区长期存在的印巴冲突,阿富汗令人担忧的安全状况,恐怖主义形势的不容乐观,以及中印两国的地缘竞争和地区经济融合的相对滞后,相较于东亚而言,中国在南亚投入的外交资源和精力相对较少。进入新世纪以来,随着印度综合实力的增强和国际地位的提升,阿富汗问题与恐怖主义威胁的日益严峻及其对中国国家安全的威胁上升,美国在南亚的战略介入加深等,中国深刻认识到加强对南亚战略布局的重要性和紧迫性。国内学界出现了发展"西进战略"等提法,主张中国加强对西部国家和地区的重视,认为稳定南亚是中国周边战略的重要组成部分。② 而随着新一届政府"一带一路"大战略的提出,中国的南亚政策目标变得更加清晰,即在双边、区域和次区域层次上全面实现与南亚国家的"五通",包括政策沟通、道路联通、贸易畅通、货币流通和民心相通。其中,经贸合作是基础,互联互通是重点。为推进经贸合作和互联互通,中国一方面加大了"政府搭台"的力度,另一方面积极鼓励和引导企业、资本、人员的"引进来"和"走出去",主张和参与"向西看"的国内联盟逐

---

① 张晓兰:《如何应对美国干预成中日韩建设自贸区挑战》,http://news.sina.com.cn/c/2014-04-20/131729972776.shtml,2014 年 12 月 20 日登陆。

② 王缉思:《"西进",中国地缘战略的再平衡》,http://opinion.huanqiu.com/opinion_world/2012-10/3193760.html,2015 年 2 月 18 日登陆。

渐形成,成为推动中国在南亚推进利益的主要力量。

在"政府搭台"方面,中国升级了与包括印度在内的所有南亚国家的睦邻友好合作关系,为双边关系的发展奠定了基调;同时积极谋划对南亚区域国家联盟、孟中印缅经济走廊、南交会等区域和次区域经济合作机制的参与、建立和完善。中央政府的整体布局和地方政府的政策跟进是搭台进程顺利推进的重要保证。

首先,在双边层面,中国与南亚国家政府间构建了一系列战略合作机制,为稳定发展双边睦邻友好关系、扩大经贸合作、推进人文交往奠定了制度基础。中印之间于 2011 年启动了战略经济对话,该机制成立至今在加强宏观经济政策协调、促进交流互动以及共同应对经济发展中出现的问题和挑战、加强经济合作等方面都发挥了重要作用。中巴经济走廊是中巴两国战略合作的重中之重,其中涵盖了交通、通信、电力、港口、能源等一系列基础设施重大项目,对于中国在巴基斯坦乃至整个南亚的经济和政治布局都意义非凡。此外,中国与尼泊尔、斯里兰卡、马尔代夫等国的关系也有较大提升。2014 年 9 月 14 日,习近平主席对马尔代夫进行国事访问,这是中马建交 42 年来中国国家主席首次访问马尔代夫。两国在加强合作特别是共建 21 世纪海上丝绸之路等议题上取得了共识。[1]

其次,在区域层面,中国积极开展与南盟的合作,推动与南亚国家的经济融合。中国于 2006 年正式取得南盟的观察员地位,这是一个中国通过多边和机制化的途径而不是传统的双边和单边方式促进在南亚地区利益和影响的机会。[2] 之所以对南盟采取积极主动的接触政策,一方面是由于南亚自由贸易区的建立,这是地区经济整合的重要转折点。中国国家领导人认识到这对于中国的重大意义,因此选择这一适当时机,参与南盟的制度建设。另一方面,则源于推进实现中国西部大开发战略的内部需求。[3] 建立与南盟的制度联系,为推动企业"走出去"、开拓南亚市场创造了平台,是"政府搭台"的重要举措。

---

[1]　中华人民共和国外交部:《习近平同马尔代夫总统亚明举行会谈　携手构建中马面向未来的全面友好合作伙伴关系》,http://www.fmprc.gov.cn/mfa_chn/gjhdq_603914/gj_603916/yz_603918/1206_604402/xgxw_604408/t1191245.shtmlX,2015 年 2 月 5 日登陆。

[2]　张贵洪:《中国与南亚地区主义:以南亚区域合作联盟为例》,载《南亚研究》2008 年第 2 期,第 3 页。

[3]　参见楼春豪、张明明:《南亚对于中国的战略意义与中国的南亚战略》,载《现代国际关系》2010 年第 3 期,第 42—47 页。

再次,在次区域层面,构建沟通东亚、东南亚与南亚市场及资源的"孟中印缅次区域经济走廊"是中国全方位对外开放的重要战略之一。中国政府与沿线三国政府保持悠久的友好关系,主导了双边主要大型项目的立项和建设,促进了当地经济发展,也推动了中国相关企业走出去并生根发展。这种合作模式多年来是比较顺畅高效的,企业习惯于依靠政府拿项目,由双边中央和地方政府解决项目立项、占地、规划开工等一系列手续问题,自身只负责具体承建和运营工作。但是随着三国特别是缅甸近年来社会转型步伐加快,其政府的影响力不复从前,议会、军队、政党等多权力中心和媒体、NGO、宗教组织等多利益群体共治的局面开始形成,企业单纯依靠政府外交的传统模式开始受到挑战。① 因此,开展政府、企业、民间组织三方协调机制,探索发挥多层次平台作用变得刻不容缓。

在"企业唱戏"方面,各级政府搭建的制度平台和出台的优惠措施为商会、行业协会、企业、资本、人员等行为体积极参与"引进来"和"走出去"创造了条件,反过来,为了更好地实现自身的发展需求,具有向南亚国家推进海外利益的行为体结成特定的国内联盟,争取政府给予更多的政策支持。一直以来,南亚相对落后的经济发展现状和令人担忧的安全形势是制约中国企业、人员、资本"向西看"和"向南看"的主要因素。在中国政府加大政策扶持力度,通过"政府搭台"的方式深化与南亚国家合作的背景下,国企作为"企业唱戏"的生力军,在面向南亚"引进来"和"走出去"的过程中发挥了主要作用。但随着印度、巴基斯坦、斯里兰卡、尼泊尔等国对发展基建、电力、通信、制造等行业的需求增加,中国在这些领域的技术、资金、人力等资本优势凸显出来,再加上中国在这些领域的国内市场正趋于饱和,要保持增长,"走出去"才是解决之道。因此,面对日趋改善的南亚国家投资环境和不断拓展的海外市场,越来越多的民营企业、民间资本、人员等也开始重视南亚市场,寻求在南亚的发展机会。以电信业为例,近年来印度等南亚国家的智能手机市场呈现出巨大的增长空间。相对于苹果手机,价格低廉、品质优良的中国智能手机厂商在南亚

---

① 孙海燕、黄蕊:《从孟中印缅经济走廊相关实践看"一带一路"公共外交》,http://news.china.com. cn/world/2014-12/03/content_34221385.htm,2015 年 2 月 12 日登陆。

国家受到了广大消费者的青睐。作为电信设备供应商,华为和中兴在印度市场发展顺利。华为早在1999年就在印度班加罗尔成立了研发中心,中兴也在印度市场开拓10多年。近几年,联想、小米等手机制造商也纷纷进军印度市场。其中,小米与印度最大的电商企业flipkart合作,其销售热门程度一度让该网站崩溃。

在"政府搭台,企业唱戏"的基本思路下,中国与南亚国家的关系日渐紧密,"引进来"和"走出去"的进程也进展顺利。但值得注意的是,相较于东亚,南亚的投资环境和安全环境仍面临诸多问题和挑战,这也成为制约有意推动与南亚国家合作的国内联盟发挥作用的主要障碍。

(二)地区自主性与中国对南亚的地区塑造

笔者将根据地区自主性的三个评判标准,对南亚的地区自主性进行定性分析。在此基础上,笔者将验证地区自主性与中国周边地区政策的基本假定是否适用于中国的南亚政策。

南亚地区自主性的取值可从三个方面进行评判。第一,集体处理地区问题的能力和意愿。从物质实力上看,南亚地区经济整体发展水平低下,并且各国的经济发展水平差距巨大。斯里兰卡、尼泊尔、不丹均属于最不发达国家。巴基斯坦的经济发展严重受制于动荡的国内政局。印度的经济发展较快,但人口众多,基础设施落后,种姓制度和民主低效都是其发展国力的重要障碍。总体来说,南亚地区的物质能力相对较弱。从制度能力上看,尽管该地区早在1985年就成立了南亚区域合作联盟(简称"南盟"),但从组织的发展进程来看,印巴两国并未起到与之能力相匹配的主导作用,导致该组织长期以来空有口号而无实质进展。[1] 从意愿上看,印巴的对抗关系决定了南亚各国都对集体解决地区问题不抱太大期望。第二,地区一体化水平。南盟成员国间的贸易规模不大。据统计,2003年南盟对外贸易构成中,与欧洲的贸易占65%,对东盟贸易占22%,而地区内贸易仅占4.4%,近两年的地区内部贸易规模也仅在5—6%之间。[2] 这一数据与东南亚、东北亚地区相比是相当低的。第三,与域外大国的关系。在"多孔化"的南亚,美、俄等具有传统影响力的非相邻大国

---

[1]　参见李涛等主编:《南亚区域合作发展趋势和中国与南盟合作研究》,成都:巴蜀书社2009年版;孙建波:《南亚区域合作联盟的历史与未来》,载《南亚研究季刊》2003年第1期,第29—33页。

[2]　见南盟自由贸易区网站:http://www.saarc-sec.org/。

和作为相邻新兴大国的中国对地区事务的介入都没有从根本上改变以印巴冲突为主要特点的地区态势。换言之,南亚地区内部的印巴对抗性决定了地区合作动力的缺乏,并且导致了南亚两极格局的维持。域外大国介入与否或程度多大对地区自主性的取值并没有很大影响。可见,南亚的地区自主性较弱。其主要根源并不是来自域外大国的介入,而是源于地区大国印巴之间难以改变的对抗关系,甚至可以说,域外大国的介入在某种程度上强化了南亚的两极格局。

那么,地区自主性与中国周边地区塑造之间关系的假定是否适用于中国的南亚政策呢? 显然,面对自主性较弱的南亚地区,中国与该地区的互动没有出现社会化进程,中国也没有将自身定位为社会化主体的角色。冷战结束后,中国一直没有将东北亚作为一个地区来进行塑造。与中国对东北亚的地区塑造类似,中国对南亚的地区塑造与地区自主性的关系也不大,无法用地区互动的动力机制进行解释,中印、美印、中美、美巴、中巴等超越双边和地区层次的大国关系则发挥了决定性作用。

可见,本书所提出的基本假定和推论适用于中国对东南亚和中亚的政策,而不完全适用于中国对东北亚和南亚的政策。国内联盟在中国对东北亚和南亚政策的决策过程中作用在提升,但相对于中国对东南亚的政策,社会层面利益主体的影响力不大。地区自主性因素则与中国对东北亚和南亚的地区塑造关系不大,这主要是由超越双边和地区层次的大国关系所导致的。由于超越双边和地区层次的大国关系因素对东北亚和南亚的地区态势影响显著,大国关系作为中国与这两个地区互动的重要情境因素,影响了中国的地区塑造,而不是本书假定中所述的地区自主性因素。这也直接导致了中国在东北亚和南亚的政策与在东南亚和中亚的政策的差异性。

三、周边外交总体构想与多层次差异化的地区政策

进入新世纪以来,中国一直奉行"睦邻、安邻、富邻"的周边政策,大力发展与所有周边国家的友好合作伙伴关系。该政策为稳定周边、扩大合作奠定了坚实的基础,但在新形势下,为打开周边外交新局面,彰显中国的大国影响力,继续沿用这种单一、宏大且略显理想化的政策显然是不够的。因此,在睦邻友好外交的大方针下,还应注重中观和微观层面上的

政策优化,尽早构筑起层次化和差异化的政策框架。2013年10月24日至25日,周边外交工作座谈会在北京召开,这是中国最高领导层统一周边外交国内共识、为今后一段时间的周边外交方针绘制蓝图的重要会议。以此次会议为契机和起点,国内决策层和学术界加强了对中国周边外交的总体谋划和策略研究,围绕今后5至10年周边外交工作的战略目标、基本方针、总体布局,以及解决周边外交面临的重大问题的工作思路和实施方案,巩固和加强了国内基本共识,明确了战略目标和总体布局。其中,对周边外交政策进行优化设计,构筑层次化和差异化的政策框架是总体构想的重要一环。层次化的外交政策框架已逐渐成型,但在明确层级周边、注重内外联动和统筹规划方面还有待完善。而制定差异化的周边地区政策是我国塑造理想周边环境和构建地区秩序面临的主要任务。尽管中国根据国内联盟的特点、地区的不同特性制定了不同的地区政策,但显然,还远远不够。必须着重于不同国家的特性、实力、地位、与中国的亲疏关系等多重因素,采取有区别的政策和策略。这就需要我们更为深入地了解和认识周边国家和地区;对于重点的"支点国家"和"节点国家",加强区别投入和全局谋划,从而更好地维护我国的周边安全和地区利益。

　　中国周边外交走向成熟的重要标志之一是差异化,即对不同国际体系(可将中国周边分为若干层次的国际体系)、不同特性的地区、同一地区的不同国家采取差异性的外交策略和战略谋划。差异性外交整合起来构成了目前和今后相当长一段时期中国周边外交的基本布局。本书重点探讨的是地区层次的差异性外交,并试图运用地区自主性这一情境变量解释不同的地区特性和能力因素对中国的东南亚和中亚外交所产生的影响。两点启示值得进一步思考,其一,开展深入而全面的跨学科地区研究非常必要,比较地区研究更是解答中国外交中现实性问题和学理性问题的重要路径;其二,通过研究差异性外交,容易发现中国周边外交是多层次、多侧面的,从任意一个层次或侧面看都有不同因素组合和力量的相互作用,因此,试图为中国周边外交建构一个宏观而系统的解释框架是很难的,应注重对中观和微观层次的分析和认知,在此基础上开展中国周边外交的现实关照和理论建构。

参考文献

一、中文部分

（一）中文著作

1.柴喻、陆建人、杨先明：《大湄公河次区域经济合作研究》，北京：社会科学文献出版社 2007 年版。

2.陈东晓等：《建设合作共进的新亚洲——面向 2020 年的中国亚洲战略》，上海：上海国际问题研究院 2008 年版。

3.曹云华：《新中国—东盟关系论》，北京：世界知识出版社 2005 年版。

4.陈志敏：《次国家政府与对外事务》，北京：长征出版社 2001 年版。

5.陈玉刚、袁建华：《超越威斯特伐利亚体系——21 世纪国际关系的解读》，北京：时事出版社 2004 年版。

6.郭明：《中越关系新时期》，北京：时事出版社 2007 年版。

7.古小松：《越南国情与中越关系》，北京：世界知识出版社 2008 年版。

8.贺圣达等：《走向 21 世纪的东南亚与中国》，昆明：云南大学出版社 1998 年版。

9.郝雨凡、林甦：《中国外交决策：开放与多元的社会因素分析》，北京：社会科学文献出版社 2007 年版。

10.金灿荣：《多边主义与东亚合作》，北京：当代世界出版社 2006 年版。

11.蒋新卫：《冷战后中亚地缘政治格局变迁与新疆安全和发展》，北京：社会科学文献出版社 2009 年版。

12.季志业：《俄罗斯、中亚"油气政治"与中国》，哈尔滨：黑龙江人民出版社 2008 年版。

13.柳丰华:《俄罗斯与中亚:独联体次地区一体化研究》,北京:经济管理出版社 2010 年版。

14.李义敢等:《大西南与澜沧江—湄公河次区域合作开发》,昆明:云南民族出版社 2001 年版。

15.裴晓睿:《现代化进程中的中泰关系:纪念中泰建交 25 周年论文集》,北京:世界知识出版社 2000 年版。

16.庞中英:《中国与亚洲:观察·研究·评论》,上海:上海社会科学院出版社 2004 年版。

17.秦放鸣等:《中国与中亚国家区域经济合作研究》,北京:科学出版社 2010 年版。

18.秦亚青:《东亚地区合作:2009》,北京:经济科学出版社 2010 年版。

19.孙壮志:《中亚新格局与地区安全》,北京:中国社会科学出版社 2001 版。

20.唐世平:《塑造中国理想的安全环境》,北京:中国社会科学出版社 2003 年版。

21.唐世平等:《冷战后东盟国家对华政策研究》,北京:世界知识出版社 2005 年版。

22.唐希中、刘少华、陈本红:《中国与周边国家关系:1949—2002》,北京:中国社会科学出版社 2003 年版。

23.吴恩远、吴宏伟:《上海合作组织黄皮书·上海合作组织发展报告(2010)》,北京:社会科学文献出版社 2010 年版。

24.王光厚:《冷战后中国东盟战略关系研究》,长春:吉林大学出版社 2008 年版。

25.韦红:《地区主义视野下的中国—东盟合作研究》,北京:世界知识出版社 2006 年版。

26.魏玲:《规范、网络化与地区主义:第二轨道进程研究》,上海:上海人民出版社 2010 年版。

27.王逸舟:《中国对外关系的转型(1978—2008)》,北京:社会科学文献出版社 2008 年版。

28.邢广程:《中国与新独立的中亚国家关系》,哈尔滨:黑龙江教育出版社 1996 年版。

29.薛君度、邢广程:《中国与中亚》,北京:社会科学文献出版社 1999年版。

30.许勤华:《新地缘政治:中亚能源与中国》,北京:当代世界出版社 2007 年版。

31.许涛、季志业:《上海合作组织——新安全观与新机制》,北京:时事出版社 2002 年版。

32.谢益显:《中国当代外交史(1949—2009)》,北京:中国青年出版社 2009 年版。

33.杨洪常:《云南省与湄公河区域合作:中国地方自主性的发展》,香港:香港中文大学亚太研究所 2001 年版。

34.杨恕:《转型的中亚和中国》,北京:北京大学出版社 2005 年版。

35.赵常庆等:《中亚五国与中国西部大开发》,北京:昆仑出版社 2004 年版。

36.赵常庆、孙壮志、邢广程:《二十一世纪的中国与中亚》,北京:东欧中亚研究所 2001 年版。

37.中华人民共和国外交部政策规划司:《中国外交(2010 年版)》,北京:世界知识出版社 2010 年版。

38.中国国际问题研究基金会、俄罗斯中亚研究中心:《中亚区域合作机制研究》(论文集),北京:世界知识出版社 2009 年版。

39.赵华胜:《中国的中亚外交》,北京:时事出版社 2008 年版。

40.张宁:《中亚能源与大国博弈》,吉林:长春出版社 2009 年版。

41.曾培炎:《西部大开发决策回顾》,北京:新华出版社 2010 年版。

42.郑羽:《中俄美在中亚:合作与竞争》,北京:社会科学文献出版社 2007 年版。

43.张云:《国际政治中"弱者"的逻辑——东盟与亚太地区大国关系》,北京:社会科学文献出版社 2010 年版。

44.张蕴岭:《中国与周边国家:构建新型伙伴关系》,北京:社会科学文献出版社 2008 年版。

（二）中文论文

1.［哈］奥利格·西多罗夫:《上海合作组织成员国的地缘政治利益与前景》,载《国际问题研究》2006 年第 3 期。

2.［哈］阿曼基利迪·塔热诺夫:《哈萨克斯坦与中国在地区安全领域中的合作》,载《国际政治研究》2005 年第 1 期。

3.陈超、雷聪:《从复合相互依赖理论看中国与东盟的关系》,载《东南亚纵横》2007 年第 7 期。

4.崔立如:《朝鲜半岛安全问题:中国的作用》,载《现代国际关系》2006 年第 9 期。

5.陈向阳:《对中国睦邻外交的国际关系理论分析》,载《江南社会学院学报》2006 年第 4 期。

6.曹云华:《中国与周边国家（和地区）关系中的经济和政治》,载《当代亚太》1994 年第 4 期。

7.程永林:《区域合作、利益协调与机制设计——基于泛珠三角与东盟跨边界次区域经济合作的研究》,载《东南亚研究》2009 年第 2 期。

8.陈玉荣:《中国与中亚地区经济合作》,载《国际问题研究》2004 年第 4 期。

9.陈志敏:《全球多层治理中地方政府与国际组织的相互关系研究》,载《国际观察》2008 年第 6 期。

10.邓浩:《中国与中亚国家关系:回眸与前瞻》,载《国际问题研究》2002 年第 3 期。

11.［越］杜进森:《越南—中国关系正常化 15 年来的回顾与展望》,载《东南亚纵横》2007 年第 2 期。

12.邓显超、徐德荣:《论中国亚洲地区主义战略的构建及影响因素》,载《东南亚研究》2005 年第 2 期。

13.方长平:《多边主义与中国周边安全战略》,载《教学与研究》2004 年第 5 期。

14.方奕贤:《俄美中亚角力及其对中国能源安全的影响——地缘政治分析视角》,载《西伯利亚研究》2008 年第 2 期。

15.高科:《地缘政治视角下的美俄中亚博弈——兼论对中国西北边疆安全的影响》,载《东北亚论坛》2008 年第 6 期。

16.郭清水:《中国参与东盟主导的地区机制的利益分析》,载《世界经济与政治》2004 年第 9 期。

17.古小松:《泛北部湾区域经济合作的难点与突破》,载《当代亚太》2009 年第 3 期。

18.高祖贵:《中国与周边国家关系:走向区域整合的新阶段》,载《和平与发展》2008 年第 3 期。

19.邹庆治、王珂:《"全面合作伙伴关系":从比较的观点看》,载《现代国际关系》2002 年第 5 期。

20.贺圣达:《1988 年以来的中缅经济合作:现状、问题和前景》,载《云南社会科学》2005 年第 2 期。

21.侯松岭:《冷战后中国与新加坡关系的发展》,载《当代亚太》2000 年第 7 期。

22.侯松岭、迟殿堂:《东南亚与中亚:中国在新世纪的地缘战略选择》,载《当代亚太》2003 年第 4 期。

23.蒋新卫:《中亚石油地缘政治与我国陆上能源安全大通道建设》,载《东北亚论坛》2007 年第 3 期。

24.姜毅:《中国的多边外交与上海合作组织》,载《俄罗斯中亚东欧研究》2003 年第 5 期。

25.[韩]姜宅九:《中国地区多边安全合作的动因》,载《国际政治科学》2006 年第 1 期。

26.[韩]姜宅九:《中国参与六方会谈:斡旋角色与前景》,载《当代亚太》2007 年第 2 期。

27.康泽民:《中国与哈萨克斯坦战略伙伴关系述评》,载《解放军外国语学院学报》2006 年第 6 期。

28.柳丰华:《中国在中亚:政策的演变》,载《俄罗斯中亚东欧研究》2007 年第 6 期。

29.柳丰华:《新"丝绸之路"与当代中亚的地缘政治》,载《国际论坛》2007 年第 6 期。

30.卢光盛:《中缅经贸合作的现状、问题与建议》,载《亚太经济》2002 年第 5 期。

31.刘建文:《广西在中国—东盟的次区域经济合作中的地位和作

用》,载《东南亚纵横》2008 年第 11 期。

32. [韩]李南周:《朝鲜的变化与中朝关系——从"传统友好合作关系"到"实利关系"》,载《现代国际关系》2005 年第 9 期。

33. 刘培栋:《地区主义与中国》,载《东南亚纵横》2005 年第 6 期。

34. 刘稚:《大湄公河次区域经济走廊建设与中国的参与》,载《当代亚太》2009 年第 3 期。

35. 刘中民:《冷战后东南亚国家南海政策的发展动向与中国的对策思考》,载《南洋问题研究》2008 年第 2 期。

36. 苗华寿:《适时的议事日程——加强中国与中亚国家和地区经济关系及区域合作》,载《国际贸易》2003 年第 11 期。

37. 马嫚:《中国参与地区合作的理念演进、特点及前瞻》,载《毛泽东邓小平理论研究》2008 年第 7 期。

38. 马燕冰、张学刚:《湄公河次区域合作中的大国竞争及影响》,载《国际资料信息》2008 年第 4 期。

39. 潘光:《上海合作组织和"上海精神"——第三代领导集体对邓小平国际战略思想的发展》,载《社会科学》2003 年第 12 期。

40. 庞中英:《中国的亚洲战略:灵活的多边主义》,载《世界经济与政治》2001 年第 10 期。

41. 庞中英:《中国:以亚洲为支点》,载《世界知识》2001 年第 22 期。

42. 苏长和:《周边制度与周边主义——东亚区域治理中的中国途径》,载《世界经济与政治》2006 年第 1 期。

43. 苏长和:《发现中国新外交——多边国际制度与中国外交新思维》,载《世界经济与政治》2005 年第 4 期。

44. 苏长和:《中国地方政府与次区域合作:动力、行为及机制》,载《世界经济与政治》2010 年第 5 期。

45. 沈红芳:《中国入世和"10+1"背景下的中菲经济政治关系》,载《当代亚太》2004 年第 11 期。

46. 孙学峰、陈寒溪:《中国地区主义政策的战略效应》,载《世界经济与政治》2006 年第 5 期。

47. 石源华:《论新中国周边外交政策的历史演变》,载《当代中国史研究》2000 年第 5 期。

48. 唐世平:《中俄战略伙伴关系下的中亚地区经济一体化》,载《当代亚太》2000 年第 7 期。

49. 唐世平:《中国—印度关系的博弈和中国的南亚战略》,载《世界经济与政治》2000 年第 9 期。

50. 唐世平、张蕴岭:《中国的地区战略》,载《世界经济与政治》2004 年第 6 期。

51. 韦红:《从周边外交看中国在国际体系变动中的身份定位》,载《当代世界与社会主义》2008 年第 2 期。

52. 卫和世、王会平:《菲律宾的外交政策及其与中国和东盟的关系》,载《当代亚太》2002 年第 5 期。

53. 吴继新:《中俄在中亚的反恐合作》,载《俄罗斯研究》2006 年第 4 期。

54. 王胜今:《中国与周边国家区域合作的研究》,载《东北亚论坛》2003 年第 3 期。

55. 徐本钦:《中缅政治经济关系:战略与经济的层面》,载《南洋问题研究》2005 年第 1 期。

56. 邢广程:《中国与中亚各国的安全合作问题》,载《世界经济与政治》1998 年第 9 期。

57. 邢广程:《上海合作组织:迈向自由贸易区》,载《中国评论》2003 年第 11 期。

58. 邢广程:《中亚地区对新疆稳定和发展的影响及我应对战略》,载《中国社会科学院信息专报》2000 年第 9 期。

59. 邢广程:《十多年来中国与哈萨克斯坦关系发展的情况》,载《俄罗斯东欧中亚情况》2003 年第 27 期。

60. 肖欢容:《中国的大国责任与地区主义战略》,载《世界经济与政治》2003 年第 1 期。

61. 薛勇:《中印巴三角关系与中国的南亚政策》,载《南亚研究季刊》2007 年第 1 期。

62 邢悦、詹奕嘉:《新身份·新利益·新外交——对中国新外交的建构主义分析》,载《现代国际关系》2006 年第 11 期。

63. 杨闯:《试论中亚的安全问题及中国与中亚关系》,载《外交学院学报》2004 年第 3 期。

64.张贵洪:《竞争与合作:地区视角下的中印关系》,载《当代亚太》2006 第 12 期。

65.中国现代国际关系研究所东盟课题组:《中国对东盟政策研究报告》,载《现代国际关系》2002 年第 10 期。

66.朱立群:《美国学者对中国亚洲政策的认知》,载《外交学院学报》2005 年第 2 期。

67.张旭东:《中新建交后中国对新加坡的认知变化——以国内发表的相关新加坡报道和文章数量变化为例》,载《南洋问题研究》2005 年第 1 期。

68.周晓莉:《中国参与大湄公河次区域经济合作的回顾与展望》,载《当代经济》2008 年第 5 期。

69.张小明:《中国与周边国家关系的历史演变:模式与过程》,载《国际政治研究》2006 年第 1 期。

70.张友国:《中亚利益格局中的美国与中国》,载《东北亚论坛》2004 年第 3 期。

71.张蕴岭:《中国与邻国的新关系》,载《当代亚太》2007 年第 2 期。

72.张玉山:《中韩全面合作伙伴关系的回顾与展望》,载《亚非纵横》2007 年第 4 期。

73.朱振明:《中泰建交 30 年来中泰关系的发展及启示》,载《东南亚》2005 年第 1 期。

(三)中文译著

1.[加拿大]阿米塔·阿查亚著,王正毅、冯怀信译:《建构安全共同体:东盟与地区秩序》,上海:上海人民出版社 2004 年版。

2.[美]彼得·卡赞斯坦著,秦亚青、魏玲译:《地区构成的世界:美国帝权中的亚洲和欧洲》,北京:北京大学出版社 2007 年版。

3.[英]巴瑞·布赞、奥利·维夫、迪·怀尔德著,朱宁译:《新安全论》,杭州:浙江人民出版社 2003 年版。

4.[美]胡曼佩马尼著,王振西译:《虎视中亚》,北京:新华出版社 2002 年版。

5.[英]克里斯托弗希尔著,唐小松、陈寒溪译:《变化中的对外政策政治》,上海:上海人民出版社 2007 年版。

6.[日]毛里和子著,徐显芬译:《中日关系——从战后走向新时代》,北京:社会科学文献出版社 2009 年版。

7.[美]玛莎·布瑞尔·奥卡特著,李维建译:《中亚的第二次机会》,北京:时事出版社 2007 年版。

二、英文部分

(一)英文著作

1. Alastair Iain Johnston and Robert S.Ross, eds., *Engaging China : The Management of an Emerging Power*, London : Routledge, 1999.

2. Alastair Iain Johnston, *Social States : China in International Institutions, 1980-2000*, Princeton and Oxford : Princeton University Press, 2008.

3. Amitav Acharya and Evelyn Goh, eds., *Reassessing Security Cooperation in the Asia-Pacific : Competition, Congruence, and Transformation*, Cambridge, Mass : MIT Press, 2007.

4. Avery Goldstein, *Rising to the Challenge : China's Grand Strategy and International Security*, Stanford, Calif. : Stanford University Press, 2005.

5. Boris Rumer, ed., *Central Asia : A Gathering Storm?*, Armonk, NY : M. E.Sharpe, 2002.

6. Carolyn W.Pumphrey, ed., *The Rise of China in Asia : Security Implications*, Carlisle Barracks, PA : Strategic Studies Institute, U. S. Army War College, 2002.

7. David A. Lake and Patrick M. Morgan, *Regional Orders : Building Security in a New World*, University Park : Penn State University Press, 1997.

8. David Lampton, ed., *The Making of Chinese Foreign and Security Policy in the Era of Reform*, 1978 - 2000, Stanford, CA : Stanford University Press, 2001.

9. David Shambaugh, ed., *Power Shift : China and Asia's New Dynamics*, Berkeley, Los Angeles, London, University of California Press, 2005.

10. Emanuel Adler and Michael Barnett, eds., *Security communities*, Cam-

bridge：Cambridge University Press，1998.

11. Ernst Haas，*When Knowledge is Power：Three Models of Change in International Organizations*，Berkeley：University of California Press，1990.

12. Evelyn Goh and Sheldon W.Simon，eds.，*China，the United States，and Southeast Asia：contending perspectives on politics，security，and economics*，New York；London：Routledge，2008.

13. Evelyn Goh，*Developing the Mekong：regionalism and regional security in China – Southeast Asian Relations*，International Institute for Strategic Studies，2007.

14. Evelyn Goh，ed.，*Betwixt and Between：Southeast Asian Strategic Relations with the U.S. and China*，Singapore：Institute for Defense and Strategic Studies，IDSS Monograph，No.7，2005.

15. Evelyn Goh，*Meeting the China Challenge：The U.S. in Southeast Asian Regional Security Strategies*，Washington，D. C.：East – West Center，Policy Studies Monograph，No.16，2005.

16. G..John Ikenberry and Michael Mastanduno，eds.，*International Relations Theory and the Asia–Pacific*，New York：Columbia University Press，2003.

17. Harry Harding，ed.，*China's Foreign Relations in the 1980s*，New Haven：Yale University Press，1984.

18. Ho Khai Leong and Samuel Yu，eds.，*Reassessing China–ASEAN Relations：Global Changes and Regional Challenges*，Singapore：Institute of Southeast Asian Studies，2005.

19. James Shinn，ed.，*Weaving the Net：Conditional Engagement with China*，New York：Council on Foreign Relations，1996.

20. Jennifer Anderson，*The Limits of Sino–Russian Strategic Partnership*，Oxford：Oxford University Press for the International Institute of Strategic Studies，Adelphi Paper 315(Dec.)，1997.

21. Peter Carey，ed.，*Burma，the Challenge of Change in a Divided Society*，London：Macmillan Press，1997.

22. Louise Fawcett and Andrew Hurrell，eds.，*Regionalism in World Politics*，Oxford：Oxford University Press，1995.

23. Michael Leifer, *The ASEAN Regional Forum: Extending ASEAN's Model of Regional Security*, London: International Institute for Strategic Studies, Adelphi Paper, No.302, 1996.

24. Gerald Segal and David S.G.Goodman eds., *Towards Recovery in Pacific Asia*, London: Routledge, 2000.

25. Michael Leifer, *ASEAN and the Security of Southeast Asia*, London: Routledge, 1989.

26. Robert G.Sutter, *China's rise in Asia: promises and perils*, Rowman & Littlefield Publishers, 2005.

27. Roy Allison and Lena Jonson, eds., *Central Asia Security: The New International Context*, New York: Brookings Institution Press/London: Royal Institute of International Affairs, 2001.

28. Seng Tan and Ralf Emmers, eds., *An Agenda for the East Asia Summit: Thirty Recommendations for Regional Cooperation in East Asia*, Singapore: Institute of Defence and Strategic Studies/S.Rajaratnam School of International Studies, November 2005.

29. Shaun Narine, *Explaining ASEAN: Regionalism in Southeast Asia*, Lynne Rienner Publishers, Inc., 2002.

30. S.D.Muni, *China's Strategic Engagement with the New ASEAN, An Exploratory Study of China's Post-Cold war Political, Strategic and Economic Relations with Myanmar, Laos, Cambodia and Vietnam*, Institute of Defence and Strategic Studies, IDSS Monograph No.2, 2002.

31. Stephen M.Walt, *The Origins of Alliances*, Ithaca and London: Cornell University Press, 1987.

32. Tang Shiping, Li Mingjiang and Amitav Acharya, eds., *Living with China: regional states and China through crises and turning points*, New York: Palgrave-Macmillan, 2009.

33. Thomas W.Robinson and David Shambaugh, eds., *Chinese Foreign Policy: Theory and Practice*, Oxford: Oxford University Press, 1995.

34. Tsunekawa, ed., *The rise of China: responses from Southeast Asia and Japan*, Tokyo, Japan: National Institute for Defense Studies, 2009.

35. Walter Matti, *The Logic of Regional Integration: Europe and Beyond*, Cambridge/New York/Melbourne: Cambridge University Press, 1999.

36. Zhang Yongjin and Rouben Azizian, eds., *Ethnic Challenges beyond Borders: Chinese and Russian Perspectives on the Central Asian Conundrum*, London: Macmillan, 1998.

(二)英文论文

1. Alastair Iain Johnston, "Treating international institutions as social environments," *International Studies Quarterly*, Vol.45, No.4 (Dec.2001).

2. Alice D.Ba, "China and ASEAN: Renavigating Relations for a 21st-century Asia," *Asian Survey*, Vol.43, No.4 (July/August 2003).

3. Alice D.Ba, "Who's socializing whom? Complex Engagement and sino-ASEAN Relations," *Pacific Review*, Vol.19, No.2 (June 2006).

4. Allen S.Whiting, "ASEAN eyes China: The security dimension," *Asian Survey*, Vol.37, No.4 (April 1997).

5. Annette Bohr, "Regionalism in Central Asia: new geopolitics, old regional order," *International Affairs*, Vol.80, No.3, 2004.

6. Barry Buzan, "The Southeast Asian Security Complex," *Contemporary Southeast Asia*, Vol.10, No.1, 1988

7. Bates Gill, "Shanghai Five: An Attempt to Counter U.S.Influence in Asia," *Newsweek Korea*, (May 2001).

8. Dana R. Dillon and John J. Tkacik Jr., "China and ASEAN: Endangered U.S.Primacy in Southeast Asia," *Backgrounder*, No.1886, 2005

9. David C.Kang, "Getting Asia Wrong: The Need for New Analytical Frameworks," *International Security*, Vol.27, No.4 (Spring 2003).

10. David Martin Jones and Michael L.R.Smith, "Making Process, Not Progress: ASEAN and the Evolving East Asian Regional Order," *International Security*, Vol.32, No.1 (Summer 2007).

11. David Shambaugh, "China Engages Asia: Reshaping the Regional Order," *International Security*, Vol.29, No.3 (Winter 2004/05).

12. Denny Roy, "China and Southeast Asia: ASEAN makes the Best of

the Inevitable," *Asia-Pacific Security Studies*, Vol.1, No.4 (November 2002).

13. Denny Roy, "Southeast Asia and China: Balancing or Bandwagoning?," *Contemporary Southeast Asia*, Vol.27, No.2 (August 2005).

14. Donald M.Seekins, "Burma-China Relations: Playing with fire," *Asian Survey*, Vol.37, No.6, (June 1997).

15. Ellen L.Frost, James J.Przystup, and Phillip C.Saunders, "China's Rising Influence in Asia: Implications for U.S.policy," *Strategic Forum*, No. 231, (April 2008).

16. Evan S.Medeiros, Taylor M.Fravel, "China's New Diplomacy," *Foreign Affairs*, Vol.82, No.6, (Nov/Dec 2003).

17. Evelyn Goh, "Southeast Asian Perspective on the China Challenge," *Journal of Strategic Studies*, Vol.30, No.4 (August 2007).

18. G.John Ikenberry and Charles A.Kuchan, "Socialization and Hegemonic Power," *International Organization*, Vol.44, No.3, 1990.

19. Joseph Y.S.Cheng, "China's ASEAN policy in the 1990s: pushing for regional multipolarity," *Contemporary Southeast Asia*, Vol. 21, No. 2 (August 1999).

20. Joseph Y.S.Cheng, "Sino-ASEAN relations in the early twenty-first century," *Contemporary Southeast Asia*, Vol.23, No.3 (Dec.2001).

21. Jörn Dosch and Oliver Hensengerth, "Sub-regional Cooperation in Southeast Asia: The Mekong Basin," *European Journal of East Asian Studies*, Vol.4, No.2 (Sep.2005).

22. Kai He, "Institutional Balancing and International Relations Theory: Economic Interdependence and Balance of Power Strategies in Southeast Asia," *European Journal of International Relations*, Vol.14, No.3, 2008.

23. Kuik Cheng-Chwee, "Multilateralism in China's ASEAN Policy: Its Evolution, Characteristics, and Aspiration," *Contemporary Southeast Asia*, Vol. 27, No.1, 2005.

24. Michael R.J. Vatikiotis, "Catching the Dragon's Tail: China and Southeast Asia in the 21st Century," *Contemporary Southeast Asia*, Vol.25, No. 1 (April 2003).

25. Paul Kubicek, "Regionalism, Nationalism, and Realpolitik in Central Asia," *Europe-Asia Studies*, Vol.49, No.4, 1997.

26. Paul Kubicek, "The Commonwealth of Independent States: an example of failed regionalism?," *Review of International Studies*, Vol.35, No. S1, 2009.

27. Philip Andrews-Speed and Sergei Vinogradov, "China's Involvement in Central Asian Petroleum: Convergent or Divergent Interests?," *Asian Survey*, Vol.40, No.2 (Mar.-Apr.2000).

28. Robert S.Ross, "Balance of Power Politics and the Rise of China: Accommodation and Balancing in East Asia," *Security studies*, Vol. 15, No. 3 (July-Sept.2006).

29. Robert G.Sutter, "China's Recent Approach to Asia: Seeking Long-term Gains," *NBR Analysis*, Vol.13, No.1 (March 2002).

30. Rosemary Foot, "China in the ASEAN Regional Forum: Organizational Process and Domestic Modes of Thought," *Asian Survey*, Vol. 38, No.5 (May 1998).

31. Roy Allison, "Regionalism, regional structures and security management in Central Asia," *International Affairs*, Vol.80, No.3, 2004.

32. Shaun Narine, "Institutional theory and Southeast Asia: The case of ASEAN," *World Affairs*, Vol.161, No.1 (Summer 1998).

33. Shaun Narine, "ASEAN and the Management of Regional Security," *Pacific Affairs*, Vol.71, No.2, 1998.

34. Stuart Harris, "China's regional policies: how much hegemony?," *Australian Journal of International Affairs*, Vol.59, No.4, (Dec.2005).

35. Tim Huxley, "Southeast Asia in the Study of International relations: The rise and decline of a region," *The Pacific Review*, Vol.9, No.2, 1996.

36. Yuen Foong Khong, "Making Bricks without Straw in the Asia-Pacific?," *Pacific Review*, Vol.10, No.2, 1997.

(三)英文报告和报刊文章等

1. Amitav Acharya, "*Seeking Security in the Dragon's Shadow: China*

and Southeast Asia in the Emerging Asian Order," A Working Paper for Institute of Defence and Strategic Studies Singapore, March 2003.

2. Bates Gill and Matthew Oresman, "*China's New Journey to the West*: *China's Emergence in Central Asia and Implications for U.S.Interests*," CSIS Report, 2003.

3. Bruce Vaughn and Wayne M.Morrison, "*China—Southeast Asia Relations: Trends, Issues, and Implications for the United States*," CRS Report for Congress, 2006-4-4.

4. Dana Dillion and John Tkacik, "*China's Quest for Asia*," 2005-12-14, available at <http://www.heritage.org/>.

5. David Shambaugh, "China's New Engagement with the Region," *The Asian Wall Street Journal*, 2004, 2(19): 9.

6. Derek J.Mitchell and Brian Harding, "*Chinese Soft Power and its Implications for the United States*," A Report of the CSIS Smart Power Initiative, March 2009.

7. Evelyn Goh, "Understanding 'Hedging' in Asia—Pacific Security," *Pac Net*, No.43, 2006-8-31, available at <http://www.csis.org/media/csis/pubs/pac0643.pdf>.

8. Jeffrey A.Bader, "*China's Role in East Asia: Now and the Future*," available at < http://www. brookings. edu/speeches/2005/0906china _ bader. aspx>.

9. Jonathan D.Pollack and Richard H.Yang, eds., "*In China's Shadow*: *Regional Perspectives on Chinese Foreign Policy and Military Development*," Rand Report, 1998.

10. Mohan Malik, "*China and the East Asian Summit: more discord than accord*," Asia—Pacific Center for Security Studies, February 2006.

11. Richard W.Hu, "*China and East Asian Community Building: Implications and Challenges Ahead*," Transcript Produced From A Tape Recording at the Brookings Institution, 2007-10-2.

12. Susan L. Shirk, "*China's Multilateral Diplomacy in the Asia—Pacific*," Before the U.S.—China Economic and Security Review Commission

"China as an Emerging Regional and Technology Power:Implications for U.S. Economic and Security Interests" ,2004-2-13.

13. Wang jisi, *China's Changing Role in Asia ,* " Asia Programs Occasional Paper in Atlantic Council of the United States,January 2004.

14. Zhu zhenming, "*Mekong Development and China's (Yunnan) Participation in the Greater Mekong Subregion Cooperation,* " Institute of International Relations and Area Studies, Vol.38, March 2009.

后　记

　　《冷战后中国周边地区政策的动力机制研究》一书是在我博士论文的基础上修改完成的,也是我大学以来九年求学生活和外交学院四年工作以后,对我国周边外交的思考和拙见。在几年来的工作和写作过程中,我得到了师长、领导、同事和家人的支持和帮助,在此谨表示衷心感谢。

　　我要感谢我的导师吴心伯教授。他是一位思维敏捷、逻辑清晰、语言简洁、具有独特幽默感的老师。与吴老师相处下来,最大的感受是,只有自己付出了十二分的努力,才能得到他的一个微笑或是一句肯定。在博士一年级,我并没有很好地调适自己,对接下来的学习和工作也没有明确的规划和安排,其结果就是论文开题并不顺利。吴老师一方面严厉批评我,使我一度非常沮丧,但另一方面也给我提出了很多建议,使我重振旗鼓,决定不再辜负老师的苦心。在博士论文的写作过程中,我每写完一章给他看一章,在他的修改稿基础上开展接下来的写作。这种方式使我受益匪浅。吴老师给我的帮助不仅是在大方向上把关,还体现在他对论文逻辑、规范、文字表达等各方面的修改和耐心讲解。与老师探讨论文的这段经历,对我来说是一段精神愉悦的学术之旅,也是我人生中的一笔重要财富。几年来,吴老师雷厉风行的处事风格、轻松幽默的生活态度和张弛有度的健康理念使我受益颇多,是我未来工作和生活的人生导师。

　　感谢唐世平教授在本书的选题和写作过程中给予的批评、鼓励和帮助。唐老师的理论功底强,逻辑严密,对方法论有独到的见解,总能一针见血地指出我论文的漏洞。在我的开题阶段,唐老师就严厉地指出,"这还够不上一篇研究论文"。这对我来说是一次很大的打击,使我一度怀疑自己的能力。但他引导我,使我认识到什么才是研究。他的告诫如一记闷棍将我打醒,尽管我还不能完全做到他要求的地步,但如他所说,我

"已经入门了"。

感谢外交学院,给予我从学生到科研工作者的身份转变的平台和机会。感谢学院领导的关心和指导,感谢亚洲研究所的领导和同事,不仅让我有机会参与"东亚思想库网络"这一重要的第二轨道工作,而且在具体工作中给予了我鼓励和帮助。

感谢复旦大学石源华教授和祁怀高副教授,正是他们的努力促成了"中国周边外交研究丛书"及本书的出版。感谢复旦大学国际问题研究院任晓教授的审稿意见。感谢中华书局的张荣国编辑对书稿提出的宝贵建议。

最后,我要感谢我的家人,特别是我的父母、丈夫和女儿,他们的爱与包容是我前进的动力,激励我在学术探索的道路上不断前进!